太空，未来战场！？

美国太空军事化新态势新走向

丰松江　董正宏・编著

时事出版社
北京

图书在版编目（CIP）数据

太空，未来战场!?：美国太空军事化新态势新走向/丰松江，董正宏编著．—北京：时事出版社，2021.1

ISBN 978-7-5195-0401-4

Ⅰ.①太…　Ⅱ.①丰…②董…　Ⅲ.①外层空间战—研究—美国　Ⅳ.①E864

中国版本图书馆 CIP 数据核字（2020）第 238730 号

出版发行：时事出版社
地　　址：北京市海淀区万寿寺甲 2 号
邮　　编：100081
发行热线：（010）88547590　88547591
读者服务部：（010）88547595
传　　真：（010）88547592
电子邮箱：shishichubanshe@ sina. com
网　　址：www. shishishe. com
印　　刷：北京朝阳印刷厂有限责任公司

开本：787×1092　1/16　印张：19.5　字数：245 千字
2021 年 1 月第 1 版　2021 年 1 月第 1 次印刷
定价：110.00 元

目　录

成军篇

能力篇

附件：特朗普政府《国家太空战略》要点

结束语

引　言

2016年4月24日，在首个“中国航天日”到来之际，习近平总书记作出重要指示强调，探索浩瀚宇宙，发展航天事业，建设航天强国，是我们不懈追求的航天梦！2019年2月20日，习近平总书记在会见探月工程“嫦娥四号”任务参研参试人员代表时进一步强调，探索浩瀚宇宙是全人类的共同梦想。太空是全人类的共同财产，太空安全关乎全人类的生活与社会进步。中国人民的梦想同各国人民的梦想息息相通。

20世纪五六十年代以来，蕴藏着巨大政治、经济、军事、科技价值的太空，吸引着美国等世界大国竞相发展航天技术。航天技术的快速发展与广泛应用在造福人类社会的同时，其军事化应用也逐渐地由试验验证起步走向初步应用、快速发展与广泛应用阶段，太空成为维护国家安全与利益、争夺军事优势的战略制高点。近年来，伴随着军事航天技术日新月异并进入全面应用阶段，世界新一轮太空竞争趋紧、较量升级，呈现对抗态势。综合研判，太空安全形势的日趋严峻复杂，使太空安全乃至世界和平与发展都面临着更多的复杂性与不确定性，也直接影响国际战略竞争格局和国家发展大局。虽然和平利用太空仍是发展的主题，但太空军事博弈愈加突出，太空军事化以及武器化值得高度关注，有力维护太空安全的重要性与紧迫性骤增。

特别是自2018年6月18日美国总统唐纳德·特朗普签署命令指示国防部组建美国第六大军种“完全独立的太空部队”（或称“太空军”“天军”)、并全力备战太空以来，太空由传统的“支撑性”军事应用领域转变升级为与陆地、海洋、空中等领域并列的“战场性”应用领域——作战域的态势进一步凸显。一方面，美国政府、国防部、美国空军以及一些智库等持续渲染中国和俄罗斯“太空威胁论”，为美国备战太空维持霸权战略鼓吹造势。同时，美国“弹性太空”战略日渐成熟，并将应对太空安全面临的网络威胁、导弹防御系统面临的高超声速武器威胁摆上重要地位。另一方面，2019 年 3 月 12 日，美国正式成立太空发展局，旨在统一整合美国的太空力量，运用创新性解决方案，加速形成新质能力，以有效应对未来可能出现的威胁，确保在太空战场中制胜。2019 年 8 月 29 日，美国正式重建第 11 个联合作战司令部——太空司令部，特朗普扬言要确保美国“在太空的统治地位永不受质疑和威胁”。2019 年 12 月 20 日，特朗普签署 2020 财年《国防授权法案》，正式授权美国组建“相对独立的太空部队”（或称“小天军”），美国在太空整军备战、重塑军事力量体系的帷幕正式拉开。与此同时，美军全方位提升太空态势感知能力、发展下一代高性能高抗毁性军用卫星、研发新型防御性和进攻性太空技术，并持续扩大太空军事化“朋友圈”，觊觎通过全面提升太空联合作战能力，维护其在太空的绝对优势与霸权地位。

宇宙浩瀚，星汉灿烂。然而，面对上述新态势，人们不禁会问：“未来，太空真的会成为战场吗？”或许伴随太空军事化武器化发展趋势，人们不得不接受与正视这一现实——太空正在成为战场。但是，即使太空会成为战场，也不代表太空就一定会发生战争，因为人们永远希望太空和平，且太空需要和平。这正是吾辈不懈努力的方向，尽管任重而道远！知己知彼，百战不殆。本书希望重点梳理特朗普政府尤其是 2018 年以来美国太空军事化进程中的一些典型事件，成体系地、较深刻地分析美国太空军事化的战略企图与重点方向，透视其组建独立太空部队、重建一级太空司令部、成立太空发展局等过程中隐含的问题本质与思想理念，掌握其全面提升太空军事能力的重要举措与关键动态，希望能够为维护我国的太空安全与发展尽绵薄之力；同时，也愿能抛砖引玉，与所有关心和致力于太空安全与发展的志士仁人产生共鸣，始终保持强烈的忧患意识，自觉增强敏锐性和鉴别力，居安思危，警钟长鸣，共同为之不懈奋斗，不要让“科幻”成真。

应说明的是，为方便读者更直观地了解和掌握相关信息，在撰写相关章节的过程中，笔者尽可能原汁原味地保留原文献中的相关立场与观点。这不代表笔者同意或支持其立场与观点，读者在阅读过程中可自行甄别。另外，态势与走向研究是一项具有长期性、系统性、预测性的重要工作，但为发挥研究成果应用的时效性和针对性，有关专家建议、笔者也希望本书能早日付梓出版，以便为读者及时提供阶段性的参考、支撑或窗口。但暂时搁笔总有意犹未尽之感，且由于笔者才疏学浅，不足之处也恳请广大读者批评指正。笔者后续仍会坚持尽心尽力做好深入研究工作，不断提升水平，为实现航天强国的战略目标、维护我国太空安全与发展利益尽职尽责。

在本书的撰写过程中，笔者得到了上级机关和有关部门、军事科学院、国防大学、国防科技大学、中国电子科技集团、航天工程大学等单位有关领导和专家的关心、指导与支持。特别是业内外同仁的有关成果似“粒粒珍珠”，为本书由点及面“串珠成链”提供了丰富翔实的数据与资料参考。值本书即将正式出版之际，笔者谨向各位领导、专家、同仁，所有给予关心、指导和帮助的朋友们，一直给予默默支持的家人，一并表示衷心的感谢，也祝福所有关注太空、经略太空和为建设航天强国、维护太空安全辛勤奉献的人们！

众志成城，胜利可期。借此机会，作者永怀感恩之心，向所有奋战在打赢这场没有硝烟的人民“战疫”中的英雄们致敬！向秉持人类命运共同体理念同舟共济风雨同行携手“抗疫”的英雄们致敬！

丰松江

2020 年 4 月

战略篇

“谁控制了太空，谁就控制了地球；谁控制了太空，谁就控制了战争的主动权。”

——美国前总统约翰·肯尼迪

一、美国欲组建独立太空部队“恰逢其时”吗?

太空部队，顾名思义是以太空为作战域的部队。太空部队以及与其紧密相关的太空作战等概念在美国军事术语中早已有之。例如，美国在 1985 年成立的负责联合指挥各军种太空力量的太空司令部，即标志着美国太空部队的诞生；1993 年建成的太空战争研究中心，包括太空战研究室、太空战学院和第 527 太空进攻中队等，长期开展大规模的太空军事演习。即使“9·11”事件后，美国太空司令部被整合到战略司令部成为二级作战司令部，“施里弗”太空战演习不但没有受此影响，而且是“愈演愈烈”。2018 年 4 月 10 日，美军参谋长联席会议（简称参联会）① 颁布 JP3 – 14《太空作战条令》，将“太空作战”从美国空军的“空天作战”理论中正式独立出来，表明美军已经将注意力从天空转向太空，争夺太空军事优势的步伐日益趋紧。②

与其同时，美国围绕是否建立一支独立的太空部队也讨论了数十年。2017 年，美国国会③众议院军事委员会在 2018 财年《国防授权法案》中曾起草有关成立独立太空部队的条款，但由于多方意见不一而被撤销。自 2018 年 3 月起，美国总统特朗普多次在不同场合明确表示，正在考虑是否组建独立的太空部队以专注应对太空战争

① 美国参谋长联席会议是总统与国防部长最高军事咨询机构，一般由主席、副主席、陆军和空军参谋长、海军作战部长及海军陆战队司令等组成。

② 沈松．美军联合出版物 JP3 – 14《太空作战》．知远战略与防务研究所，2018 年 5 月．

③ 美国国会是美国最高立法机构，由参议院、众议院组成。

的问题。2018 年 6 月 18 日，特朗普在国家太空委员会[①]会议上命令国防部立即启动必要程序组建与陆、海、空军地位相当的“完全独立的太空部队”（或称“太空军”“天军”）[②]，以在太空领域保持对中国和俄罗斯等战略竞争对手的绝对优势，更是将美国组建独立太空部队的议题引入高潮。对此，我们不妨先做一简要分析。[③]

（一）既是现实所需也是现实所迫

在当前国际体系深刻演变的背景下，大国之间围绕权力和利益再分配的斗争呈明显加剧态势。巩固和扩大在陆地、海洋、空中、太空、网络空间及其他新兴领域的军事优势，构成特朗普政府战略调整的重要指向，也是其新版《国家安全战略》和《国防战略》的重要内容和关键支撑。美国视太空为其维护自身战略利益的支柱领域，地位不可替代。近年来，面对国际太空领域日益呈现的拥挤、竞争、对抗以及多极化、全球化战略新格局，伴随“重返亚太”“第三次抵消”和“反介入/区域拒止”等战略实施，美国太空战略优势实际上得到巩固甚至扩大。

那么，特朗普为何还要极力推动太空部队独立成军呢？综合来看，主要有以下几个方面的原因：一是美国对太空体系的高度依赖

---

① 2017 年 6 月，特朗普签署重启国家太空委员会的行政令。该委员会主席为副总统彭斯，成员包括国务卿、国防部长、商务部长、国土安全部长、参联会主席等多位高官要员。委员会作为美国国家太空事务的统领机构，主要发挥跨部门协调的作用，负责从更为长远的角度考虑美国的太空政策和战略。

② 需要说明的是，在汉语中，“太空部队”与“独立太空部队”是两个不同的概念。“太空部队”在美军早已有之。特朗普要求组建的是“独立太空部队”，而且是“完全独立的太空部队”。但是目前即美国 2020 财年《国防授权法案》批准建立的是隶属于空军部的“相对独立的太空部队”，即地位上与美国海军陆战队相当，但又低于陆、海、空军的“小军种”，可称为“小天军”。海军陆战队即是设在海军部下的一个独立的“小军种”。下文主要使用“太空部队”这一表述，其具体所指由语境而定。

③ 丰松江．美国太空部队欲独立成军“恰逢其时”吗．世界知识，2018 年 7 月 16 日．

性与太空体系自身的高度脆弱性之间的矛盾[①]，使特朗普政府认为当前其太空安全面临日益严峻的威胁，即所谓的竞争对手太空实力增强威胁了其太空利益和行动自由，从而将太空视为与陆地、海洋、空中并列的新型作战域。二是美国或欲通过“这一手”实现一箭双雕的目的。这也许是比较现实的原因。一方面，正如特朗普所言，创立太空部队和推动美国宇航局（NASA）以及私营部门的太空探索行动，无论是从经济上还是军事上都具有重要意义；另一方面，特朗普或欲以此举引发新的军备竞赛，进而妄想实现通过类似当年冷战时期“星球大战”计划拖垮苏联的全球霸权竞争之战略目的。正如俄罗斯《独立报》援引独联体国家研究所副所长叶夫谢耶夫的评论称，美国组建太空部队与特朗普欲在世界居主导地位的愿望有关。

当然，特朗普也指出，目前太空军事力量发展与应用受限，也是其极力推动成立与空军“隔离 + 并列”的太空部队的重要原因。一方面，美国太空军事力量长期在空军的督管框架内进行运作，造成太空军事力量建设获得的重视程度与其战略地位不相匹配，出现建设经费投入不升反降、决策体制不成体系、太空专业人才晋升渠道受限等一系列问题；另一方面，美国太空军事力量除主要从属于空军太空司令部外，还有部分归海军太空与海洋战争系统司令部、陆军太空与导弹防御司令部以及导弹防御局、国家侦察局、国家海洋与大气管理局等部门，造成力量资源不集中、重复投入、成本增加等问题，不利于整合和扩充太空资源，无法满足高效应对太空竞争和威胁的迫切需求。可见，特朗普渴求尽快成立独立的太空部队是多重因素的驱使，但究竟其“葫芦里卖的什么药”，值得长期关注与高度警惕。

---

① 美军当前几乎所有作战系统都高度依赖太空资源的关键支撑，重点涉及定位导航授时、侦察监视、测绘遥感、通信传输等多个职能领域。但美军现有的太空系统在早年研发设计之初，并未充分考虑应对潜在的太空威胁，整体相对脆弱。

（二）加快步伐说起容易但落实难

特朗普组建独立太空部队的议题提出后，立即引发美国参议院、众议院、国防部、空军部等相关各方的激烈讨论。即使“硬核”特朗普已明确指示国防部启动组建程序，但各方并未就此议题达成一致，甚至存在较大分歧，其中更不乏反对意见。从多方响应情况看，美国太空部队独立成军的步伐可能会加快，但从当时各方的反应看，落实起来也不会很顺利。

据有关报道，2018 年 3 月美国国防部即应国会要求对太空部队进行评估，并定于 2018 年 8 月提交中期报告，12 月底前提交最终报告。白宫发言人在声明中也表示，总统希望国防部立即着手组建一支太空部队，国家太空委员会和其他政府机构将配合国防部，尽快落实总统指示。随后，美国国防部官员呼吁，确保美军在太空的主导地位和优势至关重要；美国参联会也将与国防部长办公厅及其他国防部机构、国会密切合作，尽快落实总统指示。就连最初持反对意见的美国国防部前部长詹姆斯·马蒂斯、空军部前部长希瑟·威尔逊等也“勉为其难”地改变了态度。2018 年以来，马蒂斯对独立太空部队的态度开始变得中立，他在 5 月底表示需要重新审视独立太空部队问题，如果必须改变组织结构，他将持开放态度。威尔逊也转变态度表示，空军期待与国防部、国会以及其他国家安全机构共同推进独立太空部队计划。不过，2018 年 12 月 23 日，特朗普在社交媒体上宣布，马蒂斯将于 2019 年 1 月 1 日离职，国防部副部长帕特里克·沙纳汉将担任代理国防部长[①]。2019 年 9 月 1 日，马蒂斯接受哥伦比亚广播公司采访时，首度谈及自己离职的前因后果，称

---

① 2017 年 1 月 27 日，詹姆斯·马蒂斯任美国国防部长。

自己与特朗普已“不再产生共鸣”。[①]无独有偶，威尔逊 2019 年 3 月 8 日宣布，她已向特朗普表明去意，计划 5 月 31 日正式离职，转任得克萨斯大学埃尔帕索分校校长[②]。马蒂斯与威尔逊的先后离职，表明特朗普独立太空部队计划在国防部和空军部高层并没有形成一致意见。

除马蒂斯、威尔逊等美军高层官员外，这一议题仍面临许多反对声音，是否能最终落地，当时尚且没有明确的答案。比如，与特朗普支持太空部队完全独立为美国第六支武装力量不同，众议院在 2018 年 5 月通过的 2019 财年《国防授权法案》中支持建立一支隶属空军部但拥有独立采办体系的太空部队，在美国战略司令部[③]下建立一个专门负责太空的联合司令部，相关规划拟于 2019 年 12 月 31 日前提交国会国防委员会。在审议 2019 财年《国防授权法案》时，参议院官方虽然未就独立太空部队表态，但参与太空议题的民主党参议员纳尔逊称，现在不是空军分裂的时候，组建太空部队将是一项大规模的机构重组，这将使美国在短期内打一场太空战争的能力变得更加复杂而不是增强。

的确如此，如果美国国会最终立法批准这一议题，组建完全独立的太空部队不可避免地会对美军组织结构调整和太空备战行动瞬间产生深远影响。且由于美国现有太空力量分散在多个部门，历史遗留问题较多，机构调整涉及范围广，需大量的具体规划，且受经费、硬件、国际法等制约，完全独立的太空部队快速组建完成的可能性较小。

---

① 美前防长马蒂斯谈离职：与特朗普已“不再产生共鸣”. 资讯 – 海外网，2019 年 9 月 3 日。

② 2017 年 5 月 16 日，希瑟 · 威尔逊正式就职美国空军部长。

③ 美国战略司令部于 2002 年由美国太空司令部和战略司令部合并而成，旨在将太空、信息对抗和进攻打击能力有机结合在一起，执行太空和全球打击等任务。其任务领域为：网络战、导弹防御、太空和全球打击，情报、监视和侦察以及大规模杀伤性武器等。

（三）太空可“被主宰”“被独立”吗?

特朗普宣称：“在保卫美国方面，仅仅让美国保持在太空的存在是不够的。必须让美国主宰太空。”① 对此，美国海军军事学院国家安全事务教授约翰逊·弗里兹指出，特朗普关于“主宰”太空的想法引发质疑，因为从军事角度而言，“主宰”通常意味着在一段有限时间内完全控制一片有限区域，那么，如何“主宰”太空？如何控制一切无限之事物？

鉴于太空环境特性、太空系统运行与应用机理完全不同于陆地、海洋、空中三大传统领域，太空本身没有明确的疆域边界，正是上述之无限之事物。与特朗普强调的太空攻防行动相比，太空信息支撑性应用才是无时无刻不在太空内外发生。且伴随网络技术发展和临近空间飞行器的出现，“太空、空中、网络、临近空间”与“陆地、海洋”等传统空间都将深度融合。此时，如何将太空与其他领域轻易地“剥离”或“划界”？比如，临近空间将连接太空与空中，使“空、天”等各层无缝衔接。将来，临近空间力量发展到一定程度之后，太空力量、临近空间力量等将如何融合并协同运用以深远经略空天？通过网电手段“悄无声息”地遂行太空行动，需要的也是多域力量的密切协同。②

另外，不分你我的太空作为全人类的共同财产，人类对太空的探索和利用关乎全人类的利益。未来的太空也不可能是导弹、卫星、电磁波的无限对抗，而应被各大国的太空设施共同利用。目前，太空轨道开始日益拥挤，太空碎片越来越多，太空环境亟须治理。此

---

① 美专家质疑组建太空部队必要性：浪费钱还制造更多太空垃圾。参考消息，2018 年 6 月 23 日.

② 丰松江．经略临近空间——大国战略竞争的新制高点．北京：时事出版社，2019 年 6 月．

时，如果再像海军竞赛和核军备竞赛那样争夺空间性因素，最终会一损俱损、互相毁灭。据此可判断，未来若出现“星球大战”，其核心趋势是对抗，而不一定会是对攻。竞争双方强大的太空攻防系统可能均处于蓄势待发的状态，目的不是在太空发动“硬核”攻击，而主要是慑止发生太空“硬核”攻击，从而维护太空的安全、行动自由与支撑性应用，届时，太空系统在其他领域的高效应用仍将长期是太空力量运用的重点样式。在这种情况下，具有令对手无法防御的进攻能力便成为决定对抗态势的关键，且这种能力也并非必须属于太空攻防领域。因此，哪怕总体上处于劣势，但只要具备一两项对方无法制约的非对称“一招鲜”进攻能力，弱者也足以保护自己，何必再跟着搞太空“军备竞赛”呢？

此时，再看美国康奈尔大学军事和海军历史学家施特劳斯所说的“此事不是总统拍拍脑袋就能做成的”，就不足为奇了！因此，美国太空部队完全独立成军很难较快地有实质性的进展，但其加紧积极“备战”太空的趋势不可不防。这或许与特朗普的个性和意志尤其是美国国家安全战略紧密相关，值得长期关注。

理念决定思路，思路决定出路。我们应不断地全方位思考这个问题。

二、美国加紧积极“备战”太空的战略意图是什么？

制定和实施《国家安全战略》，是每任美国总统的法定职责，它通常明确本届政府立场，影响预算和立法，受到国际社会密切关注。上文提到的特朗普极力推动太空部队独立成军，即与其政府秉持的国家安全战略理念紧密相关。自特朗普上台以来，将国家安全战略重心由反恐转向大国竞争，坚持奉行“美国第一”的国家安全战略理念，明确将中国和俄罗斯视为主要威胁。其中，增强太空能力[①]成为特朗普政府国家安全战略的核心内容之一，其《国家太空战略》则直接受到这一国家安全战略思想的引领与影响，强调“美国必须像主导地球一样主导太空”，将巩固在太空领域的绝对优势地位作为国家战略的重要方向。为此，特朗普政府从维护国家安全的战略高度明确将太空视为“作战域”，围绕太空安全战略目标，积极为“制胜”太空储能备力。[②] 本部分重点从探讨特朗普政府主要战略文件中有关太空领域的论述入手，希望能洞悉美国加紧太空军事力量发展、积极备战太空的战略方向及其影响。[③]

（一）视全力维持太空领导力和自由行动为战略目标

自特朗普政府上台以来，从政治、军事、经济和科技等领域对战略竞争对手进行全方位战略施压，太空领域也不例外。特朗普扬言：“无论是中国还是俄罗斯处于太空领先地位，都是不可接受的。”2017 年 6 月，特朗普签署命令重新组建国家太空委员会，将其作为国家太空事务的统领机构。2017 年 12 月，美国《国家安全战略》提出，美国必须维持在太空自由行动的领导地位，任何干扰或攻击美国太空资产并对其利益造成威胁的行为将遭报复[④]。2018 年 1 月，美国《国防战略》要求优先发展弹性、重建和作战能力，把资金优先用于恢复重建和确保太空任务执行能力的项目上，以确保美军太

---

① 太空能力可以提供全球通信，定位、导航和授时（PNT），环境监测，天基情报、监视和侦察（ISR），以及向作战指挥官、军种和各机构提供报警服务等。当把太空能力融入军事行动中时，被证明是一种重要的兵力倍增器，是国家安全的关键赋能器。

② 丰松江．美国备战太空的新动向．世界知识，2019 年 2 月 20 日．

③ YR. 从战略层面看美国太空战略目标．学术 plus，2019 年 3 月 20 日．

④ 蓄意干扰美国的太空系统，包括其太空系统的支撑性基础设施，都将被视为侵犯了美国的权益。

空能力优势。2018 年 3 月，美国《国家太空战略》提出，实施转变太空体系架构、增强威慑和作战能力选择、提升太空行动效能基础能力、创造有利国内和国际环境等举措，强化太空威慑与作战能力，全力维持其太空领导力和太空自由行动。

从国家安全层面看，特朗普政府《国家安全战略》一语道破美国国家安全坚持“美国第一”这一核心观点，“坦承”当今世界充满竞争，并提出了如何来适应这一充满竞争的世界：一是坚持“美国第一”。强调坚持“美国第一”的国家安全战略，是美国政府的职责，也是美国维持全球领导地位的基础，是由美国人的价值观、对美国利益准确判断以及应对美国面临的重重挑战的决心而决定的。这是不是把冷战思维、霸权思维、零和思维说的“冠冕堂皇”？二是强调当今世界充满竞争。强调美国在政治、经济与军事方面都面临越来越激烈的竞争，在此背景下，美国的主要任务就是要确保美国持续的军事优势，并结合国家其他力量要素，随时准备应对美国可能遭到的复杂挑战。现代信息环境下的对抗，更加深了政治、经济与军事领域的竞争。数据就像能源一样，将决定美国的经济前景以及未来美国在世界上的战略位势。可以说，运用数据的能力对美国经济增长、压制敌对意识形态以及建设世界上最强大军队十分重要。竞争并不总是意味着敌对，同时也不是必然会导致冲突。塑造一个充满竞争力的美国，是预防冲突的最好方法。这或许倒是讲了一些“实话”，但应坚持可以互促前进的良性竞争。三是努力适应这一充满竞争的世界。强调要充分发挥美国人民的聪明才智、维持并进一步增强美国在政治、经济、军事与技术领域的优势，适应这个充满竞争的世界，保护四项最重要的国家利益：第一，保护美国人民、美国本土以及美国人民的生活方式，强调要加紧建设多层导弹防御系统，保护免遭敌方导弹攻击。第二，促进美国繁荣，强调必须保持在科学技术方面的世界领导力。第三，以实力促和平，强调要重建强大军队，威慑敌人，并在必要的情况下击败与打赢敌人；要综合运用国家的所有力量工具，确保世界上任何地区不被某一地区强国所主导；特别要加强美国的能力，包括在太空、网络空间方面的能力，特别是大力强化以前所忽略的一些能力。第四，增强美国在全世界的影响力，强调一个支持美国利益、反映美国价值观的世界，可以使美国更加安全、更加繁荣。可以看出，“美国第一”战略下的四项最重要国家利益“确实”是处处体现了“美国优先”的战略企图。

正是在这“美国第一”的战略指导下，特朗普政府《国家安全战略》为美国太空优先和能力建设提供了战略引领，强调从太空安全战略层面看，太空是美国生活方式、国家安全和现代战争的重要组成部分；保持美国在太空领域的优势，对于赢得与新兴的中国和复兴的俄罗斯之间的大国竞争胜利至关重要①。一是加强导弹防御。提出部署多层导弹防御系统，以保卫美国本土免遭来自其他国家的导弹威胁；要求该系统拥有在敌方导弹发射之前予以摧毁的能力，即“发射前摧毁”，要求可谓更高。二是重建一支全谱作战军队。重点开发新型作战概念和相应的能力，锤炼在不能取得绝对主导权的空中、海上、陆地、太空与网络空间等各域作战的能力，同时要做好在常规军事冲突门槛以下行动的准备，“雄心”可谓更大。三是提升能力。强调鉴于地缘政治环境表现出来的新特征，美国必须重建重要能力，以应对面临的种种挑战。其中，太空是排在军力、核力量之后，网络空间、情报之前的一个重要领域，可谓重中之重之关键。四是美国必须维持在太空自由行动的领导地位。通信网络、金融网络、军事系统、情报系统、天气监测、导航等领域，都依赖于

① 特朗普政府《国家安全战略》明确将中国和俄罗斯视为美国及美国盟友、伙伴国家面临的三类主要挑战国之一；特朗普政府《国防战略》明确与中国和俄罗斯的长期战略竞争是国防部的首要优先事项，并将中国视为头号战略对手。

太空资产和太空能力，因此，在太空必须贯彻“美国第一”的战略指导，以实现其“维持在太空自由行动的领导地位”的战略目标。

同时，特朗普政府《国家安全战略》也强调，随着美国对太空依赖性的增强，其他国家也逐渐拥有基于太空的系统与信息。某些国家和企业可以用越来越低的成本将卫星发射到太空。如果将图像数据、通信数据与地理位置服务等功能整合起来，这些国家和企业便可以获得以前无法得到的信息。这必将对美国的军事行动及打赢未来战争的能力产生很大影响。当前，为支持本国的战略军事行动，许多国家购买了卫星。还有一些国家认为攻击敌卫星资产可以获得相对于强大敌人的非对称优势，因而开始谋求与研发反卫星武器。对此，美国始终认为，确保在太空领域的行动自由对维护美国利益至关重要；任何干扰或攻击美国太空系统重要构成部分的行为，都会直接影响美国的重要利益，都应得到惩罚。为此，明确了以下优先事项：一是将太空作为优势领域加以发展。美国国家太空委员会要对美国长远太空发展目标进行审查，开发将所有太空系统构成部分集成在一起的战略，支持太空技术创新，维持美国在太空领域的领导地位。二是促进商业太空发展。为增强国际竞争力，美国政府要采取简化商业太空活动管理规定等措施促进其发展。一方面，美国政府要与美国商业太空公司合作，努力提高本国太空体系的弹性；另一方面，要根据需要将地方企业纳入国家安全保护对象的范畴。三是维持在太空开发方面的领导地位。为促进人类对太阳系的开发并为地球谋求新的机遇，要加强政府与有关地方企业之间的伙伴关系，加强美国与盟友、伙伴国家之间的协作。可见，在美国《国家安全战略》的引领下，特朗普政府已将全力维持太空领导力和太空自由行动视为其在太空安全领域的战略目标。

此外，特朗普政府《国家安全战略》还提出“确保全球公域自由出入”和“因地施策，开发地区战略”。[①] 为此，美国要在国际法框架内，为塑造与管理太空、网络空间等全球公域提供领导力和技术。美国虽然称支持在国际法框架内和平解决争端，但还要运用所有可能的力量手段保卫美国利益，确保其在全球公域保持自由。美国要根据不同地区的情况，因地施策，保护国家利益。要根据威胁的性质、竞争的激烈程度、预期机遇以及当地所有政治的、经济的、社会的与历史的情况，开发地区战略。例如，要与日本、韩国合作发展导弹防御系统，增强区域反导能力。这体现了特朗普政府欲充分利用规则优势、借助盟友力量灵活塑造美国国家安全战略优势的意图，也必将会对其太空安全战略实施产生影响；同时，这也是美国为何将寻求扩大盟友优势作为其改善太空态势感知和提升太空作战能力重要途径的战略基点。

（二）强调将太空“拥挤、竞争、对抗”环境视为“作战域”

自2011年版《国家安全太空战略》首次将太空环境描述为“拥挤、竞争、对抗”起，美国便开始逐步认为太空战不可避免。例如，在2014年美国国家安全委员会开展的太空战略投资组合评审结果中，再现以武力应对太空威胁的主导和控制基调。随后，美国空军极力渲染和鼓吹太空是“作战域”。2016年6月，美国空军《太空任务部队》白皮书提出，要在对抗激烈、能力降级和作战受限的环境中挫败威胁、赢得胜利。2017年第33届太空年会上，美国空军太空司令部司令约翰·雷蒙德重申，军事太空已进入高级阶段，太空是与陆地、海洋、空中、网络空间并行的联合作战域。不言而喻，这一系列对太空安全环境认识的变化，不乏美国空军等刻意炒作以

① YR. 深度解读：美国太空战略目标、中国指挥与控制学会，2019年3月20日.

强化自身重要性的可能，同时也表明美国对太空安全态势的新变化已产生巨大的“焦虑”。

特朗普政府《国家太空战略》提出，推行整个政府层面的方法，谋求通过调整军事航天理念和开展商业监管改革，加快太空战略调整，重塑太空军事力量体系，保护美国太空利益，实现美国在太空领域的领先地位。所谓的“推行整个政府层面的方法”表明，美国政府、议会和军队高层在太空安全领域围堵与压制战略竞争对手达成了历史上空前的共识。该方法还寻求与私营部门和盟友密切合作，形成四大支撑要素，从而实现其太空领导地位：一是加快太空体系架构转型，以增强弹性、防御能力和受损后重建的能力，增强威慑和作战选项。二是增强自身及盟友的作战选项，以慑止潜在对手将冲突扩展到太空，并在威慑失败时，击败对手的恶意威胁。三是改进态势感知、情报和采办等基础能力、结构和程序，实现有效的太空作战①。四是营造有利的国内和国际环境，通过简化监管框架、政策和程序，更好地利用和支持美国商业产业，并追求双边和多边合作，以支持人类探索、促进责任分担并制定合作的威胁应对措施。在公布这个战略的声明中还明确表示“该战略申明，对于任何对太空架构重要组成部分的有害干扰或攻击行为，美国将自行选择时间、地点、方式和领域予以审慎的回应”。

事实上，美军一直非常重视太空作战。例如，为加强联合太空作战指挥控制体系的建设，美军在联合作战层面数次制定和完善了太空作战条令、作战概念、作战架构等。1998 年美国空军《太空作战条令》系统阐述了联合太空作战行动的基本原则、指挥关系、计划制定、部署实施等内容。2000 年美国参联会首部《太空作战战

---

① 美军太空作战主要由以下任务领域组成：太空态势感知、太空力量增强、太空支援、太空控制、太空力量运用等。

术、技术和程序联合条令》标志着太空作战正式成为美军联合作战的组成部分。2009 年美国参联会《太空作战条令》明确了军事航天在联合作战中的作用、太空任务领域、太空力量指挥与控制、太空力量各部门职责以及太空军事行动规划等。2013 年美国参联会再版《太空作战条令》首次将太空威慑作为太空作战的基本原则之一。2015 年美国空军发布《2035 年未来作战概念》，提出将综合运用空中、太空和网络空间作战能力，在战场上实现多域指挥控制、自适应作战域控制、全球一体化情报监视侦察、快速全球机动、全球精确打击等核心作战任务的理想效果。2017 年美军《太空作战架构》进一步明确了太空已成为作战域、太空力量必须面向对抗环境转变为作战部队，并提出了 2030 年计划。2018 年 4 月，美国参联会新版《太空作战条令》首次确立“太空联合作战区域”概念，详细对太空联合作战的计划、指挥、控制、评估等环节进行规范。该作战条令强调，太空作战不仅包括将军事太空能力融入联合作战，而且包括对抗对手的进攻性太空行动，以确保自身太空系统安全；将原太空作战任务所包含的“太空态势感知、太空力量增强、太空支援、太空控制、太空力量运用”五大领域，调整为“态势感知，太空控制，定位、导航与授时，情报、监视与侦察，卫星通信，环境监测，导弹预警，核爆探测，太空运输及卫星操作”等十大能力领域，进一步突出了太空联合作战深度融合的思想。太空作战理论的发展，标志着美军太空力量运用日趋成熟，也集中体现了特朗普政府积极备战太空的战略动向。

2018 年，特朗普政府备战太空的呼声日益高涨。2018 年 10 月 4 日，美国国会参议院发布的《2019 年美国军力指数》便明确指出：“对于美军来说，太空目前是非常脆弱的领域。美国信奉绝对安全，不允许任何国家拥有威胁美国的能力。”时任美国国防部副部长沙纳汉发文《浅析导弹、太空和网络能力在 2019 年美国国家战略中的地位》表示，2018 年是美国国防部发生深刻变化的一年。[①]在这一年中，国防部发布了 2018 年版《国防战略》，这一版本的特点是：建设更具杀伤力的美军部队；加强盟友合作，吸引新的伙伴；改革国防部以提高执行、采办与交付能力。为支持上述工作，国会通过了史上最大数额的国防预算。目前，国防部正在努力恢复战备状态，巩固全球同盟及伙伴关系，改革国防部并加快美军现代化。沙纳汉指出，导弹、太空和网络空间三个领域为美军确保当前和未来的军事优势创造了机会。当前，国防部必须提高在这三个关键领域的能力，届时国防部将在美军所有梯队充分整合国防战略，确保美国在所有领域的主导地位。要做到这一点，需要整个国防部与国会和国防工业基地加强合作。其中，在太空领域，美国正推进立法，拟将太空部队作为美国的第六大军种，并建立一个以太空为中心的联合作战司令部。与此同时，成立太空发展局，作为一个联合开发机构，将国防部内各种基于太空的系统和技术以及新技术和新装备结合起来，以主导太空这一有争议的战争环境。在组建这些机构时，将压缩总部和日常费用开支，加大能力开发方面的投入。最后，将利用商业太空领域的大量投资、技能和技术。

2018 年 12 月 18 日，特朗普便指示国防部组建一级太空司令部。2019 年 8 月 29 日，美军正式成立太空司令部，迈出全力备战太空的重要一步。这一新组织作为美国第 11 个联合作战司令部，全面负责美军太空作战行动。美国副总统迈克 · 彭斯表示，新的太空司令部将整合现有美军各军种太空力量，发展太空作战纲领、策略、技术和流程，提升新时代太空作战能力。根据美军战争实践及相关条令论述，太空作战是以太空作战力量为主体，以太空为主要战场，为

---

① 陈培．美国防部副部长撰文论述导弹、太空和网络能力在 2019 年美国国家战略中的地位．国防科技要闻，2018 年 12 月 14 日．

有效控制和利用太空、充分发挥太空作战力量的效能而采取的各类军事行动。其中，夺取和保持太空优势是美军太空作战力量的根本目的。而摧毁、破坏或削弱敌方太空作战力量体系，保持己方太空作战力量安全，为己方部队提供可靠太空信息支撑和保障，则成为其太空作战力量的三大任务。

2019 年 2 月 19 日，特朗普在签署成立独立太空部队的备忘录时称："尽管美国在太空系统历史上保持了对潜在对手系统的技术优势，但这些潜在对手正在提升自身的太空潜力，发展出阻止我们在危机和冲突时期利用太空的方法"，"美国必须做好充分准备，捍卫我们的切身利益，因为我们的对手正在训练太空部队并发展航天技术"，"我们正在对我们的太空能力增加投资，尤其是加强太空军事力量的投入"。特朗普强调："我们在地球之外的命运不仅仅是国家认同问题，而是国家安全问题。"对此，白宫表示，成立太空部队是"保证美国太空主导地位的一个大胆的战略步骤"（a bold，strategic step toward guaranteeing American space dominance）。但是，关注科学家联盟全球安全计划的高级科学家 Laura Grego 在一份声明中说："太空安全不能单方面或单独通过军事手段实现。它需要与其他航天国家进行协调与合作"，"如果集中全力发展军事太空力量，会刺激各国制造太空武器，增加发生冲突的可能性，那将是一个非常糟糕的主意"。[①]不过，尽管质疑声不断，经过美国国会参、众两院的激烈讨论，2019 年 12 月 20 日，特朗普正式签署 2020 财年《国防授权法案》，宣布作为美国第六支武装部队的"相对独立的太空部队"（或称"小天军"）正式成立，标志着美军基于太空这一作战域创建独

① Trump orders Pentagon to draft space force legislation. Xinhua，Feb. 20，2019.

立太空部队正式开始①。

（三）聚焦"天眼"与"快打"体系建设提升太空战能力

现今，美军通信、指挥控制、导弹预警、核爆探测、天气和全球定位等各种功能卫星系统对美国国家安全至关重要。据统计，美军90%的军事通信与战略情报、100%的导航定位与气象信息等来自太空系统。可以毫不夸张地讲，没有可靠的太空支援，美军精确制导弹药、远程无人侦察机、全球指挥控制系统等信息化武器装备都将失灵，美军将退回到机械化战争时代。因此，太空既是美军的长处，又是美军的软肋。但在美军对卫星系统的高度依赖已经不是秘密的情况下，这反过来能成为美国将中国和俄罗斯等所谓的战略竞争对手在太空领域取得的进展视为对其威胁的"借口"吗？我们可以不断地思考这一问题，以及为什么美军要不断地渲染中俄"太空威胁论"？

物极则必反。也许正是由于美军对太空系统的强烈依赖，才使其越发感到太空系统的脆弱性和易受攻击性，才使其对太空安全尤其是保持太空领先地位缺乏"自信"。对此，2018 年美国参联会新版《太空作战条令》强调，采取防御性作战、重构及弹性三类措施，减缓美国太空作战面临的自然威胁和人为威胁，以实现"太空任务保证"。而实现"太空任务保证"需要强大能力做支撑。2018 年 8 月，美国国防部发布《关于国防部国家安全太空部门组织和管理结构的最终报告》，概述了美国国防部确保太空优势的五大举措：将太空技术发展纳入《国防战略》中概述的现代化优先事项；建立太空

① 特朗普政府目前组建的其实是"相对独立的太空部队"，即地位上与海军陆战队相当，但又低于陆、海、空军的"小军种"，或称为"小天军"。可以认为，"小天军"是特朗普政府的当前目标，"完全独立的太空部队"应是其长远目标，但能不能成或什么时候能成，我们拭目以待。

发展局，发展下一代太空体系架构；建立太空部队；建立低成本、高效的太空部队服务和支持机构；建立新的太空司令部，改进和发展太空作战能力。在该报告中，国防部提出未来太空力量发展愿景及必须具备的八大能力：对先进导弹目标的持续全球监视；针对先进导弹威胁的预警、跟踪、指示；全球定位系统（GPS）拒止环境下的定位、导航、授时能力；全球近实时太空态势感知；发展太空威慑能力；快速响应、弹性的通用地面基础支持设施；跨域、网络化、与节点无关的指挥控制和通信能力，包括核指挥、控制与通信；基于人工智能的大规模、低延迟、持久全球监控能力。事实证明，这些举措与发展愿景正是基于对太空作为现代化优先事项这一明确的战略定位，牵引其在太空领域加紧备战成军与能力快速提升。其中，有两个方面是备战太空的核心——“天眼”与“快打”。

一方面，“天眼”体系建设需求迫切。不管是减缓自然威胁还是人为威胁，都首先需要构建强大的太空态势感知体系，为实现“太空任务保证”提供“天眼”，为预防以及反击行动锁定目标。美军2002年即已启动“天基太空监视卫星计划”以及正在实施的“地球同步轨道太空态势感知计划”等，将提高美军掌握太空目标特征的能力，为其遂行太空军事行动提供所需的太空战场态势感知信息。美军“天眼”建设不但聚焦太空目标感知，还紧盯提升探测高超声速武器等新型目标的能力。比如其下一代“过顶持续红外”计划即包含加速更新和部署探测高超声速武器目标预警卫星系统的任务。2019年12月7日，美国国防部长马克·埃斯珀指出，美国在高超声速武器方面落后于俄罗斯和中国，美国实际上在这一领域处于“追赶”的地位。2020年2月27日，美国海军代理部长托马斯·莫德利在美国众议院军事委员会听证会上发言时称，目前对手正在加速研制的高超声速导弹，会使美国处于绝望的境地，我们必须发展各种能力来应对这一问题，我们正在非核即时打击框架下研发武器。[1]这些急迫的需求正促使美国天基感知与拦截等新型能力的加快发展。

另一方面，“快打”体系建设有序推进。随着美国各军兵种的强势介入与热心参与，由美国陆军最先提出的多域作战理论，正发展成为汇聚“陆、海、空、天、网、电”等作战域战场数据快速分析和诸军兵种协同的多域作战理论。美国《防务新闻》周刊网站2018年9月发表文章称，“太空系统使得多域作战成为可能，而这正成为现代战争的常态”，这是太空对美军所有军种都非常重要的原因之一。在多域作战中，太空系统除对美军实施全球指挥控制、提高联合作战能力、夺取信息化战争优势等提供决定性支撑作用外，从太空投射力量构建“快打”体系，也正成为美军“常规快速打击计划”全球部署、全球到达和全球进攻以及全球导弹防御等任务的重要组成部分。2019年1月美国新版《导弹防御评估》报告宣布对其导弹防御计划进行全面改革，称需要“对导弹威胁采取全面的导弹防御策略”。该报告强调，在突出提升太空态势感知需求的基础上，寻求对高超声速武器等全程跟踪和监视能力，探索未来可能的天基拦截弹能力，即另外一种天基“快打”体系。尽管目前美国各方关于其研制生产与部署成本、部署数量、作战效能等方面尚有较大争议[2]，但特朗普在详细介绍《导弹防御评估》报告时表示，美国将“投资建设天基导弹防御层。它是新技术，它最终将是美国进行防

---

① 美军承认高超音速武器落后于中国，让美处于“绝望”境地．新浪军事，2020年2月29日．

② 美国战略与国际研究中心在一份报告中称，要实现对重点地区覆盖，至少需部署数千颗卫星；按照部署1646颗天基拦截弹计算，成本至少需要花费670亿~1090亿美元。作为曾参与20世纪80年代里根总统时期“星球大战”计划的主要成员之一，国防部负责研究和工程的副部长迈克尔·格里芬则认为天基拦截弹在技术和成本上都具有可行性，指出现阶段只需部署1000枚拦截弹即可实现覆盖重点地区，且部署成本只需200亿美元。有学者表示，部署天基拦截弹势必加剧“太空武器化”进程，必然会引起国际社会的普遍反对，其未来走向存在变数。胡冬冬．攻防一体、以攻代防——2019年美国高超声速武器防御体系建设动向及发展态势研判．海鹰资讯，2019年11月19日．

御，显然也是美国展开攻击时非常重要的一个组成部分”。他说：“这个系统将监控全球，凡敌对国家发射导弹，甚至是某个国家的误操作，都将被予以终止，绝不容许其发生。无论是什么类型的导弹，无论袭击来自何地，美国都将确保敌方导弹在地球上、在我们头顶的空中没有藏身之所。”[①]该报告还确认“太空是以太空部队为主力的崭新作战领域”，称这支部队将确保“美国在太空的主导地位”。可见，美军太空部队将是执掌“天眼”与“快打”体系的主力军。

（四）太空竞争与备战太空剑指俄罗斯与中国

自20世纪后期以来，美国凭借着自己在太空领域的技术优势，一直是太空军事化和太空军备竞赛的发起者：里根时期就发起了“星球大战”计划[②]；特朗普政府上台后，将巩固在太空领域的绝对优势地位作为国家战略重要方向，极力推动组建独立的太空部队、成立太空发展局、太空司令部，太空军事化动作频频、趋势明显。特别是2019年1月17日，特朗普在视察美国国防部时表示，全面升级导弹防御系统，全力备战太空。特朗普此举以及新版《导弹防御评估》报告的出台，立即被视为“星球大战”2.0版，似乎正在兑现其“无论让中国还是俄罗斯处于太空领先地位，都是不可接受的”这一论调。

紧接着，2019年2月11日，美国国防部情报局发布《太空安全挑战》报告称，中国和俄罗斯已拥有一定的定向能反卫星手段，正在加强反太空能力，将挑战美军在该领域的主导地位，是美国在太

① “星球大战”计划卷土重来，普京担心美将太空军事化．网易，2019年12月9日．

② “星球大战”是美国在20世纪80年代研议的一个反弹道导弹军事战略计划，源自美国前总统罗纳德·里根在冷战后期（1983年3月23日）的一次演说。

空中面对的“关键性安全威胁”。[1] 2019 年 4 月 4 日，美国战略与国际研究中心发布 2019 年《太空威胁评估》报告，安全世界基金会发布《全球太空对抗能力》开源评估报告，不约而同地称中国和俄罗斯反卫星武器的出现和太空电子战是正在重塑外空力量平衡和挑战美国霸主地位的两大趋势。[2]美国众议院军事委员会战略力量小组委员会主席吉姆 · 库珀在 2019 年《太空威胁评估》报告的序言中称，太空安全环境变化是美国为何成立独立太空部队的一个关键理由。他写道，美国并不是反卫星技术的领跑者；我们曾天真地希望我们的卫星因为“太高”从而使敌人根本“够不着”去攻击它，或者其他国家不敢这么干；但太空对抗武器眼下已成现实，而五角大楼为减小这一生存风险所做的事情非常少；这是一个决策年，特朗普最近已要求组建太空部队，五角大楼已提出一项提案作为响应，而 2020 财年《国防授权法案》将决定结果。《全球太空对抗能力》报告说，太空军事化令人担忧。越来越多的国家和商业行为体正在涉足太空，在为地球带来更多创新和效益的同时也导致太空更加拥挤，竞争更加激烈。更多国家正在打算利用太空增强军事实力和维护国家安全，并在发展可用于欺骗、干扰、拒止、削弱或摧毁太空系统的对抗能力。太空对抗能力的存在并不新鲜，但围绕这些能力的激烈对抗氛围却是新出现的。随着全球经济和社会对太空应用的依赖度进一步提高，发展进攻性太空对抗能力的诱惑力将会更大，其使用所带来的潜在后果也会更加严重。

2019 年 9 月，特朗普政府为内阁级官员召开了一次高度机密的会议，讨论俄罗斯和中国对美国太空系统日益增长的威胁。与会者

① Russia challenges US defense in space，developing capabilities – Intel Report. Sputniknews，Feb. 14，2019.

② Sandra Erwin. New studies provide fresh insights into the escalating space arms race. SPACE NEWS，Apr. 4，2019.

被告知，由于美国对轨道资产的依赖程度很高，莫斯科和北京正在获得“反太空”能力，以阻止美国在未来战争中的军事胜利，并严重损害美国经济，且大多数危险都来自中国。这是一些令人震惊的挑战，一些与会者此前并未意识到这些挑战。在会议结束时，美国战略司令部司令约翰·海顿告诉听众，他们回到各自的机构后不能讨论他们所听到的内容，因为信息过于敏感。①与此同时，美国政府管理与预算办公室和科技政策办公室联合提交备忘录，规划2021财年研发活动优先领域。②备忘录称，美国已经进入了科技发展的“第二个大胆时代”（二战后为“第一个大胆时代”，奠定了美国在全球科技发展的领先地位），其特征是前所未有的知识储备量、对数据的高速访问速度、无处不在的即时通信和新兴技术以及面临新的威胁等。为此，备忘录将为美国的“第二个大胆时代”提供指南，使其作为美国一项长期的、跨部门的国家战略，推进科技的跨越发展，确保美国在未来继续保持其全球科技领先地位。其中，进攻和防御性高超声速武器、弹性国家安全太空系统是五大优先领域重点发展方向中美国国家安全领域投资研发的优先事项。

可见，美国在国家安全战略以及国防战略中，将中俄视为战略竞争对手、特别是将中国视为头号战略对手的同时，更是不会忘记在太空领域剑指中俄。对于美国频频在太空领域渲染中国和俄罗斯“威胁论”并进行“贼喊捉贼”的无理指责，中国和俄罗斯等多次予以驳回。例如，在美国国防部情报局发布《太空安全挑战》报告后，中国外交部发言人华春莹在2019年2月12日曾表示，美方所作所为实质是为自身推进太空军力建设寻找借口。华春莹表示：“近

---

① Loren Thompson. Secret Pentagon Space Program Driven by Fear of China. *Aerospace & Defense*, Sep. 12, 2019.

② 廖小刚，羽丰，张明月．美国政府2021财年研发预算优先事项．国防科技要闻，2019年9月16日．

一段时间以来，我们确实看到太空安全领域出现了一些消极动向。尤其令人警惕和关注的是，美国将太空定性为作战疆域，宣布组建独立的太空部队，不断开展太空作战演习。这些行为导致太空武器化[①]、战场化危险日益成为现实。”同一天，俄罗斯联邦外交部防扩散和军控问题司司长弗拉基米尔·叶尔马科夫也警告说：“美国以卫星遭受威胁为借口发展天基防御系统的想法十分危险，将不可避免地导致太空军备竞赛，对国际安全和战略稳定造成极为不利的影响。”[②]“太空冷战回来了。”德国新闻电视台称，迄今为止，美国在浩瀚的太空中并没遇到对手；但近年来，由于中国在太空中的崛起以及俄罗斯逐渐回归，正在改变美国独霸太空的现状；美国政府表示，将致力于在太空中扩充军备，考虑在太空中部署导弹防御系统的战略；特朗普上台后一直强调，太空是一个新的战场；观察家们因此担心世界将发生新一轮太空军备竞赛；这意味着，一旦美国与中国和俄罗斯未来在太空中发生冲突，将引发一场从太空到地面的全面战争，整个人类将会处于混乱和灾难之中。德国《焦点》周刊称，对美国来说，太空中的霸主地位是美国强权的一个象征；过去，美国向苏联发起了一场太空竞赛，并最终获得胜利；美国的报告似乎警告，如果中国和俄罗斯在太空领域继续前进，美国也可以就太空发起一场类似贸易战的制裁。俄罗斯卫星新闻网称，1966 年联合国大会通过《外层空间条约》，禁止向太空部署大规模杀伤性武器，包括美国、俄罗斯（苏联）、中国在内的 100 多个国家在该条约上签了字；这一协议禁止在太空中部署大规模杀伤性武器，但并不限制其他武器；此后，俄罗斯和中国在联合国裁军大会上多次提出“防

---

① 太空武器化可认为是在太空部署各类武器以及在陆、海、空等领域部署但攻击点在太空的武器。而太空军事化主要是通过运用太空资源增强传统军事力量的效率，或是为了军事目的使用太空资源，如通信、电子侦察、成像侦察、气象监控、早期预警、导航等。尽管太空军事化程度日益严重，但是到目前为止太空武器化行为尚没有真正发生。

② 美国扩充太空军备，外媒担忧“太空冷战回来了”. 网易，2019 年 2 月 15 日.

止在太空部署一切武器以及使用武力威胁”条约草案，目的就是保证太空没有武器，对所有国家开放太空和平研究，但这一提案一直受到美国的阻挠，这不禁令人怀疑，华盛顿真正渴望的是获得在太空中部署武器的完全自由，而不是对和平利用太空感兴趣。

尽管如此，特朗普政府正在通过实施一系列项目计划向这些目标快速迈进，“星球大战”2.0版或许真的来了。可以研判，在目前的全球竞争与安全态势下，美国图谋持续强化太空竞争优势、全力备战太空，目标明确、走向鲜明、重点突出，必然会刺激世界太空竞争日趋激烈，世界太空不稳定、不安全因素日趋增多。但与“星球大战”1.0版不同的是，此次已有前车之鉴，此招未必好使。对此，应坚持“在战略上藐视，在战术上重视”，努力做到知己知彼、统筹谋划、审慎应对，以保持战略主动。

三、美国第35届太空研讨会上“火药味”十足

2019年4月8日至11日，美国第35届太空研讨会在科罗拉多州斯普林斯举办，来自美、欧、英、加、阿联酋等10个国家和地区的航天局负责人参加，探讨载人探索、航天工业发展等问题。美国军方高层也在会上发言，并讨论了成立太空部队、太空司令部和太空发展局对应对俄罗斯、中国等对手威胁的重要性，强调利用商业能力在近地轨道快速、大规模、低成本部署小卫星星座等问题。[①②]尽管维持美国太空优势自然而然会成为本次会议的主旋律，但纵观美国军方高层等发言，美军对太空领域俄罗斯的复兴和中国的崛起

---

① US Space Dominance Dominates 35th Dpace Dymposium Agenda. Space，Apr. 11，2019.

② 张铃金．看美国如何描绘太空发展未来之沙纳汉．星际智汇，2019年4月18日．

十分焦虑。美国认为其太空绝对优势的霸主地位不可受到威胁，对俄罗斯和中国在航天领域的快速发展可谓充满了“火药味”。常言道，言由心声，希望能借此“窥一斑而知全豹”，了解美国太空军事化方面的一些战略动向、重点、策略等。

（一）“下一次重大冲突可能在太空定输赢”

美国时任国防部代理部长帕特里克·沙纳汉称，美国正处于一个大国竞争的时代，下一次重大冲突可能在太空中赢得或失败（Next big war may be won or lost in space.）；竞争对手都在发展太空武器，威胁很明显。[①] 为了应对与日俱增的威胁，确保在太空的主导地位，美国需要发展致命性、弹性强、有威慑力且成本低的军事太空能力。可见，这四个特点足以表示美国太空军事能力发展方向的重点，其中之意一目了然。[②]

沙纳汉称，传统的“陆、海、空”疆域都发生过战争，而下一场战争可能会在太空爆发；由于俄罗斯、中国和其他国家的行动，太空不再是庇护所，而是一个作战领域；这不是未来或理论上的威胁，而是现实的威胁；对此，美国不会坐视不管，而会采取行动。[③] 他说：“我们的竞争对手目前正在部署可以攻击我们太空资产的武器，中国和俄罗斯都在武器化太空，意图使美国太空能力面临风险。他们已发展了干扰能力，可以影响美国卫星通信、情报、监视和侦察以及全球定位系统；部署定向能武器；准备对美国太空系统进行

---

① C. Todd Lopez. Shanahan：Next big war may be won or lost in space. U. S. Department of Defense，Apr. 9，2019.

② Shanahan，Wilson，Goldfein offer views for ensuring U. S. superiority in space. Aerotech News，Apr. 10，2019.

③ U. S. Defense Secretary：Establish a Space Force to Protect Future. China Military，Apr. 17，2019.

网络攻击；在先进的武器能力方面发展迅速，特别是美国无法追踪的高超声速武器，使美国现有太空资产面临着风险。”对此，需要一个新的组织来捍卫美国的太空利益。他说：“今天我们需要建立一支太空力量（太空部队）来保护我们的未来。美国价值 19 万亿美元的经济也越来越依赖于太空，未来几年内还将有数千颗卫星进入太空，这将释放新的机遇，并提升美国经济发展中太空的重要性。正处于大国竞争时代的美国必须采取行动，阻止冲突扩展到太空，并确保美国能够在威慑失败时及时应对，以保持太空主导地位。”

（二）“为打败中国，美国需要太空部队、太空司令部、太空发展局”

沙纳汉扬言，为打败中国，美国需要太空部队、太空司令部、太空发展局（To beat China，We need Space Force，Space Command，Space Development Agency）。[①]他认为，建立太空部队以及太空司令部和太空发展局，是确保美国在提升太空能力方面领先于对手的必要条件。他将这个问题视为美国国家和经济安全问题。他说：“太空既是我们现代生活方式的基础，也是我们现代战争方式的基础，美国的未来取决于太空。国防部必须加强保护日益变得像陆、海、空一样重要的太空疆域。为此，国防部将开展三个方面的工作，即建立太空部队、太空司令部和太空发展局。”

一是在太空部队方面，美国将在空军内部建立一支小规模的太空部队（从现有部队中抽调大约 1.5 万～2 万人），额外成本很低，并以与其他军种相同的方式组织、训练和装备作战部队。同时，太空部队将建立专业的太空人才发展体系，深入研究太空疆域、技术

---

① Sandra Erwin. Shanahan，To beat China，we need Space Force，Space Command，Space Development Agency. Space News，Apr. 9，2019.

和战争，以确保现在和未来都拥有太空力量，并确保太空部队重点放在提高作战能力而不是官僚主义上。美国太空部队的目标是建立美国太空优势和对抗外国太空威胁。二是在太空司令部方面，美国将设立一名专注于太空的作战指挥官，特朗普已提名空军太空司令部司令约翰·雷蒙德来负责该司令部。“我们需要一个把100%时间倾注于太空的司令部和指挥官。”三是在太空发展局方面，该机构将集中精力发展和交付下一代天基通信和地球观测能力，同时继续目前的工作。太空发展局的工作不仅对国家安全很重要，对国家的太空经济也很重要。该机构未来将开展以下四项工作：（1）统筹和大规模集成。太空发展局有难得的机遇首次为国防部提供一个统一、多域的指挥和控制系统。每个军种目前都有自己独特的卫星通信系统，除窄带和受保护的卫星通信终端外，其中主要的宽带终端即包括130多种不同类型。太空发展局可以跨通信能力部门开展工作，寻求提高效率和节省成本。（2）负责真正的国家系统工程。太空发展局可以在设计太空系统的多个复杂组件方面发挥核心作用，例如运载火箭、卫星平台、有效载荷、标准和协议、网状网络、地面站、终端等。（3）利用商业领域的创新和投资。到2040年，全球航天工业产生的收入可能将超过1.1万亿美元，国防部必须利用私营部门的投资从而抓住这一机遇。（4）对商业创新和国防部独有能力进行整合，包括能够探测和跟踪高超声速武器威胁的传感器技术等，最终建立一个适应性强、灵敏且领先于各种威胁的太空架构。这些突破将大幅提升美军多域作战的指挥和控制能力。此外，沙纳汉还称，美国的太空目标远大——建立由大规模星座组成的持续覆盖、经济可担负、人工智能支撑下的国家安全太空体系。对此，任何一个单独的实体（如国防部）都无法实现。美国需要利用本土工业和盟友提供的不对称优势，与各领域密切合作，共同最大限度地发展并保护太空，这是任何竞争对手都无法比拟的。这些竞争对手已做出让美国在太空受到威胁的选择，但美国已做好准备，且随着威胁的扩大，将继续做好准备。

（三）“俄罗斯和中国准备挨美国新鲜有趣的一击吧”

美国时任空军部长希瑟·威尔逊和空军参谋长戴维·戈德芬积极回应并秉持了这些主题和理念，同时也提供了空军如何迎接太空发展新架构等方面的细节信息。

威尔逊扬言，俄罗斯和中国，保持你们的望远镜、传感器、雷达高度运行，继续训练你们的天基交会与抵近操控能力，准备迎接美国正在筹划的新鲜而有趣的一击吧［Russia and China. Keep your telescopes, radars and other sensors highly tuned. Keep practicing your RPOs（Rendezvous and Proximity Operations）and prepare to be alarmed and puzzled by something new and interesting the United States is cooking up.］。①她表示，2019 年 2 月，美国空军结束了为期 90 天的“太空战略研究”，并完成了相关研究报告，参与研究的还有联合参谋部、各作战司令部、国家侦察局和国防先期研究计划局等机构；该研究重新评估了空军两年前提出的太空战略，模拟了不同的冲突阶段，并设想了未来太空架构的运行方式；虽然最终的研究报告暂不对外公布，但为慑止潜在敌人，美国将演示验证进攻性太空对抗能力。②

威尔逊表示，中国正在将商业太空技术军事化，并将反太空技术纳入作战战略；俄罗斯正在开发地基动能导弹、定向能武器和先进的卫星，以提高其反卫星能力。对此，必须能够利用商业太空产业的创新来保持技术的最前沿，并确保进入太空的能力。她扬言，

---

① Colin Clark. Air Force sec says US may demo new space weapon to deter. Breaking Defense, Apr. 11, 2019.

② 田甜．看美国如何描绘太空发展未来之威尔逊．星际智汇，2019 年 4 月 19 日．

美国可能要展示一些能力，以便使对手明白，他们无法拒止美国使用太空而不承担相应后果；这种能力必须是让对手“一眼便知道厉害”的能力。威尔逊表示，威慑的最后一个因素是不确定性。所以，俄罗斯和中国准备挨美国新鲜有趣的一击吧。她补充说：“他们有信心，但他们知道我们能做的一切吗?”①

威尔逊还专门提到“赏金猎人”太空项目②。尽管威尔逊表示，该项目公开的投资非常小，也就是几百万美元而已，但安全世界基金会国家和国际太空安全项目策划负责人布赖恩·威登对此表示：“这将是某种‘在太空’能力的展示，甚至是进攻性的能力展示。它可能是对先进的非动能能力的测试或某种对共轨反卫星能力的主动防御。但我不确定这种展示会对俄罗斯或中国卫星攻击能力有多大的威慑价值，因为它们都不会像美国那样依赖卫星”。

（四）“我们永远是捕食者，永远不是猎物”

美国空军参谋长戴维·戈德芬在发言时称，对手必须明白，如果太空资产在冲突中受到威胁，美国军队可以而且会作出反应。他说，仅仅进入戒备并进行防御、阻挡和招架是不够的；在某些时候，必须回击；对手必须知道美国拥有这种能力；因此，美国将在选择的时间、地点和方式上快速开发和研究抵御来自任何领域对手所需的技术；我们永远是捕食者，永远不是猎物（Always the predator, never the prey.）。

他还指出，阻止对手的另一种方法是加强与盟国和太空伙伴的

---

① Valerie Insinna. Air Force leaders on space deterrence: ‘At some point, we’ve got to hit back’. *Defense News*, Apr. 16, 2019.

② “赏金猎人”太空项目，由美国空军于2016年7月11日发布招标文书，拟采取螺旋式开发方式，不断满足用户新的需求。该项目能够在特定作战区域内，为美军的信息系统提供太空控制的防御支援能力，并提供防止对手有效使用C4ISR的能力。

联系。他说，澳大利亚、加拿大、丹麦、法国、德国、意大利、日本、荷兰、新西兰、挪威、英国和美国参加了此次活动。戈德芬补充道，与会者谈到了他们对“负责任地利用太空”的承诺，但威慑的主题仍然是一个热门话题。他强调提高太空态势感知的重要性，以及美国如何与其合作伙伴快速分享有关太空态势感知的信息以应对威胁。

（五）“近地轨道天基传感器层不可或缺”

美国战略司令部司令约翰·海顿表示，他坚持要求国防部构建一个近地轨道的卫星层来跟踪距地球更近的目标，而不是现有的地球静止轨道导弹预警星座。[①]海顿说，美国国防部需要建立更强大的防御系统，以防御新兴的高超声速导弹，这些导弹将被发射到太空，然后滑入大气层并以不可预测的轨迹进行机动。他说，这需要全球覆盖，而且最有效的方法就是在低地球轨道上部署大型卫星群。此外，海顿表示，理想情况下，太空体系架构需要混合轨道，有些轨道上拥有许多卫星，有些轨道上则相对较少，这样可以提供更精湛的太空能力，且对手将很难在每个轨道上击落卫星。海顿说，自从他担任工程师以来，已经研究低地球轨道星座 30 年了。至于低地球轨道星座是否可以改善对高超声速武器的防御，海顿说必须尝试并看看它是否有效。他补充说，太空发展局想要做的事情是有价值的。

太空发展局首任局长弗雷德·肯尼迪在会上也表示，该局有意在 2019 年夏天发布首份信息征询书，向工业企业和科研院所寻求关

---

① Sandra Erwin. Hyten：Hypersonic missile defense satellites a job for the Space Development Agency. *Space News*，Apr. 10，2019.

于近地轨道巨型卫星星座的相关信息。[①]肯尼迪在国防部高级研究计划局（DARPA）履职期间曾主持的“黑杰克”项目，旨在寻求研发具有较低“尺寸、重量、功耗及成本”特征的低轨军事通信与监视卫星，最终发展一种由 60～200 颗卫星组成的星座。太空发展局首份信息征询书的核心内容即与“黑杰克”项目相差无几，计划利用私人金融资本和商业航天公司的航天发射能力与微小型卫星研发能力，为美军在近地轨道部署数百乃至上千颗小型卫星。太空发展局已得到国防部长办公室的预算和授权，因此卫星星座将不再停留于在轨技术演示验证阶段，而是形成以作战能力为目标。肯尼迪表示，他计划快速推进卫星星座项目，有意在 2022 年实现卫星入轨。对此，海顿表示，近地轨道天基传感器层是导弹防御体系架构不可或缺的一部分，并对肯尼迪利用商业航天公司快速开发天基传感器项目的构想表示支持。

（六）“维持美国在竞争日益激烈的全球航天市场中领先”

美国商务部长威尔伯·罗斯在发表主题演讲时称，商务部肩负越来越多的商业航天监管职责，希望通过监管改革和宣传推广，维持美国在竞争日益激烈的全球航天市场中的领先地位。[②]

一是提高美国航天工业的全球竞争力。罗斯表示，目前产值达 4000 亿美元的全球航天经济将迅速增长到 1 万亿美元，到 2040 年可能达到 3 万亿美元。美国不仅需要在太空通信、遥感、导航和天气等传统领域继续创新，还需要抓住新兴航天市场的机遇，如机器人、增材制造、卫星服务、太空旅游、碎片清除和太空资源开采等。

---

① 廖南杰．美国太空发展局首份信息征询书，将聚焦近地轨道天基传感器层．国防科技要闻，2019 年 4 月 17 日．

② 孔紫琴．看美国如何描绘太空发展未来之商务部长罗斯．星际智汇，2019 年 4 月 20 日．

二是简化对太空商业化应用的监管。罗斯表示，应特朗普第2号太空政策指令要求，商务部正在改革频谱管理、出口管制和遥感方面的法规。2018年5月24日，特朗普签署第2号太空政策指令，改革简化美国商业太空监管框架，以激发活力、提高效率，确保美国在太空领域的领导地位。此外，罗斯还提到，美国参议院已于2019年3月28日开始重新评估新的《太空边疆法案》，该法案要求将商务部现有的“商业太空办公室”提升为由助理部长领导的“商业太空局”。

三是加强太空态势感知和太空交通管理。2018年6月18日，特朗普签署第3号太空政策指令《国家太空交通管理政策》，以确保美国在太空交通管理和缓解太空碎片影响领域的领导地位。罗斯表示，第3号太空政策指令规定商务部将承担起商业太空态势感知和太空交通管理的主要职责。商务部将创建一个高保真的信息系统，允许运营商与其他运营商合作管理其太空资产；与政府和行业合作伙伴共同开发基于国防部“权威编目”的开放式架构数据存储库，以便为商业运营商提供交汇数据；同时创建具有驱动创新服务功能的平台。商务部已于2019年4月11日发布信息征询书，寻求改善太空安全和交通管理的最佳行业做法和标准，包括：商业实体目前和将来可通过开放式架构数据库向公众提供的具体能力，以加强美国政府目前提供的太空态势感知数据和太空交通管理服务能力；太空态势感知、太空交通管理和轨道碎片减缓最佳做法；对商务部应采用的合理监管架构的建议等。

总之，美国第35届太空研讨会上“太空军事竞赛”的话题可谓火热，其中折射出美军太空军事化的一些理念、思路、发展计划与重点以及部分重大项目等。但仍禁不住人们设想，若太空真要“打”起来尤其是“硬打”“热打”起来，美国受得了吗？世界人民同意吗？美国就一定能占便宜吗？事实或许并非如此。那么，为什么这一话题在此次太空研讨会上仍愈演愈烈呢？一方面，美国或是真想重演“星球大战”，图谋把太空再次作为军备竞赛的领域，从而企图对其对手形成战略欺骗，觊觎误导对手甚至牵制对手。另一方面，上述言论或主要是为其不可告人之目的（其实已经告人了：为自身谋求单方面太空军事优势和霸权）造势、吹牛、寻找借口；同时，为迎合特朗普政府成立太空部队、太空司令部、太空发展局“摇旗呐喊”。值得关注的是，其明显针对中国和俄罗斯的做法和言论，实则是为其在加速发展太空能力的同时加大自身投资太空系统寻找借口。这再一次暴露了其狭隘的霸权主义理念，也必定会使其所谓的战略竞争对手愈加坚定“越是艰险越向前”和“狭路相逢勇者胜”的斗争精神。

四、美国智库频刷存在感为太空军事化造势

伴随美国第35届太空研讨会继续造势鼓吹太空军备竞赛、太空战等基调，美国国防部情报局以及华盛顿两大智库战略与国际研究中心、安全世界基金会也都不约而同地发表报告，极力渲染他国太空威胁，为特朗普政府太空军事化加速发展制造舆论环境。这些报告也往往被认为是美国政府与军方的“喇叭筒”，其中内容与观点值得警惕和思考。

（一）《太空安全挑战》扬言中俄是美国在太空的“关键性安全威胁”

2019年2月11日，美国国防部情报局发布《太空安全挑战》报告称，天基能力可以为军事、商业和民事等领域应用提供一体化

支持。[①]当前，进入太空所面临的技术和成本障碍已经降低，这让更多国家和商业公司得以参与卫星研制、航天发射、太空探索和载人航天事务。虽然这些进步正在带来新的机遇，但美国的太空服务也开始面临新的风险。某些国家政府意识到太空行动的好处后，正在开发威胁其他国家利用太空的能力，尤其是中国和俄罗斯。[②] 该报告宣称，中国和俄罗斯已拥有一定的定向能反卫星手段，正在加强反太空能力，这将挑战美国军方在该领域的主导地位，将阻挠美国及其盟友自由地利用太空，是美国在太空中面临的“关键性安全威胁”。[③] 该报告还指责俄罗斯和中国推行限制太空军事化的提案，旨在为两国留下建立反太空武器的空间。[④]

1. 激光反卫星武器

报告称，中国可能正在寻求用激光武器来破坏或损坏卫星及其传感器，并且可能已经具有有限的利用激光系统对抗卫星传感器的能力。到2020年，可以对抗低轨道太空传感器的地基激光武器可能会投入使用，到21世纪20年代中后期，中国可能会发展功率更高的系统，将威胁扩展到非光学卫星的结构。俄罗斯可能正在寻求激光武器来破坏、降级或损坏卫星及其传感器；2018年7月之前，俄罗斯开始向航空航天部队提供激光武器系统，该系统可能用于反卫星任务；俄罗斯也正在开发一种空基反卫星激光武器系统，用于打击天基导弹防御系统的传感器。

---

① Russia challenges US defense in space, developing capabilities – Intel Report. Sputnik News, Apr. 14, 2019.

② 美报告臆测当前太空战：中俄或用激光废掉美卫星．网易，2019年2月14日．

③ 王璐菲．美国防情报局《太空中的安全挑战》报告强调中俄威胁．战略前沿技术，2019年2月15日．

④ 张羽丰，张明月．美国国防情报局报告分析美国太空安全面临的挑战．国防科技要闻，2019年2月16日．

2. 地基反卫星导弹

报告称，传统的地基反卫星导弹可以从地面基地发射攻击运行在近地轨道的卫星。俄罗斯可能正在开发一种能摧毁近地轨道太空目标和弹道导弹的地基机动导弹系统，这种武器系统很可能在未来几年内投入使用。中国可能在研制更强大的反卫星武器，能摧毁运行在地球同步轨道的卫星。

3. 在轨反卫星武器

航天器的“在轨修复能力”也被该报告视为太空反卫星武器的可能选项之一。报告称，俄罗斯正在开发军民双重用途的增强型在轨两用技术，或可用于攻击和永久禁用卫星，比如，检查和服务卫星，也可用于接近另一个国家的卫星并进行导致临时或永久性损害的攻击。俄罗斯总统普京在公开声明中称其为“新型战术武器”，俄罗斯国防部声称它能够“对抗轨道上的卫星”。俄罗斯 2017 年部署了所谓的“能从最近距离诊断俄罗斯卫星技术状况的检测卫星”。中国也在进行类似的研究，包括发射多颗卫星进行太空维护技术科学实验，并尝试进行空间碎片清理。

4. “软杀伤”反卫星手段

相对于上述反卫星的“硬杀伤”手段，该报告认为，对美国卫星系统发动电子战和网络战等“软杀伤”手段可能更具现实威胁。该报告称，中国认为电子战能力是现代战争的“关键资产”，强调使用电子战武器来压制或欺骗敌方装备。俄军将电子战视为获得和维持信息优势的重要工具，使俄罗斯能够通过破坏对手的指挥、控制、通信和情报能力来完成行动。俄罗斯已经部署了各种地面电子战系统来对抗美军基于卫星系统的 GPS、战术通信、卫星通信和雷达。

俄罗斯致力于开发和实施全方位的电子战能力，以便在2020年之前对抗西方的指挥通信和武器制导系统。从2010年以来，俄罗斯军方一直优先发展网络作战能力，以确保信息优势。俄罗斯认为信息领域具有“战略决策性”，并已采取措施使其军队的信息攻防组织和能力现代化。

5. 太空态势感知

报告认为，中国和俄罗斯两国拥有强大的太空监视传感器网络，能搜索、跟踪和识别地球轨道上的所有卫星。这种监视网由各种望远镜、雷达和其他传感器组成，可以执行包括情报收集、反太空目标、导弹预警、航天防卫、卫星异常解决方案和空间碎片监测等在内的众多任务。反之，美方需重视太空态势感知能力，因为其是进行任何太空行动的基础。

（二）《太空威胁评估》尽数中、俄、伊、朝反太空武器威胁

2019年4月4日，美国战略与国际研究中心发布2019年《太空威胁评估》报告，从反太空武器及手段的角度，对世界主要国家和地区构成的太空威胁进行系统评估。其中，报告用大量篇幅梳理了美国的四个战略竞争对手——中国、俄罗斯、伊朗和朝鲜的反太空动能武器、非动能武器、电子战武器及网络攻击手段，并对这些武器和手段产生的影响进行了评估。[①]

1. 中国的反太空能力

报告称，中国在过去20年中取得了一系列航天成就，正在向全

---

① 韦玮，石强，张明月，张羽丰．美智库评估美国主要竞争对手的太空威胁．装备参考，2019年4月17日．

球航天强国稳步发展，在发展反太空能力方面的投资没有放缓迹象。一是中国已测试多种能够攻击近地轨道卫星的直升式反卫星武器和常规中程导弹拦截器。迄今为止，中国主要瞄准低地球轨道，其对中地球轨道和地球同步轨道等目标的直升式反卫星能力可能仍处于试验或发展阶段，但中国对反卫星武器的投资可能会使得所有轨道上的卫星都面临潜在威胁。二是中国正在定向能技术领域取得进展，这一技术可使灵敏的天基光学传感器致盲或将其摧毁，如用于遥感或导弹防御的传感器。2019 年，美国国防情报局表示，中国可能正在研制激光武器，以干扰、降级或摧毁卫星及其传感器，并可能已拥有运用激光系统对抗卫星传感器的一定能力。此外，中国的军事和技术著作中常将定向能作为成功反太空战略的一项关键技术。三是中国具备干扰普通卫星通信频带和 GPS 信号的能力，并将卫星干扰系统的研制和部署作为优先任务。美国国防情报局表示，中国正在开发干扰技术，针对广泛频率范围内的卫星通信进行干扰，其中还包括几个军用保护的通信频段。四是中国拥有高度先进的网络能力，解放军在其军事著作中阐述了信息战和网络战在现代冲突中的有效性，并提倡瞄准敌方的指挥控制和后勤网络，以在冲突早期阶段侵袭敌方的作战能力。

2. 俄罗斯的反太空能力

报告称，虽然俄罗斯军事条令表明，意图在太空部署武器的行为是一种军事威胁，俄罗斯将致力于建立一项“防止在太空部署任何类型武器的国际条约”，但其反太空武器试验和武器发展计划均对太空安全构成重大挑战。俄罗斯国防部高级官员表示，俄方需开发既能对抗侵略者，又能实施先发制人打击的防御系统，美国的弹道导弹防御系统和太空行动是俄罗斯发展本国反太空武器的主要原因。一是俄罗斯正在部署多种动能反太空武器，包括地基 - 空基直升式反卫星系统、共轨反卫星系统等。美国情报部门认为，俄罗斯 PL－19/Nudol 系统测试系为反卫星武器设计，俄罗斯武器库中其他非专门设计用来攻击卫星的导弹也能命中太空目标，如 S－300 和 S－400 地对空导弹等。俄罗斯多样化的弹道导弹和巡航导弹库构成了重大的反太空威胁。二是俄罗斯将可能使用高空电磁脉冲与定向能武器系统等非动能手段摧毁和降级太空卫星。俄罗斯正在更新其苏联时期研发的空中和地面激光武器。三是俄罗斯已在乌克兰和叙利亚等冲突地区开展了大量 GPS 干扰和欺骗活动，并正在发展更广泛的 GPS 干扰能力。四是俄罗斯黑客组织曾使用恶意软件拦截商业卫星互联网服务，英国、法国、德国等也都指责俄罗斯发动类似的网络攻击。鉴于俄罗斯在诸多领域大量实施网络攻击，其网络能力将严重威胁太空安全。

3. 伊朗的反太空能力

伊朗计划 2025 年实现载人航天，企图通过运载火箭技术的发展，助力洲际弹道导弹研发。尽管伊朗大力投资太空发射能力，但远未达到直升式反卫星武器的高度。同样，受限于在轨卫星数量，伊朗不太可能在近期发展共轨式反卫星武器。其可能的方案是利用现有弹道导弹技术发射非制导弹头至目标卫星附近，即使无法命中也能制造“尘埃”威胁在轨卫星。伊朗可能具备并已使用可通过激光致盲卫星的反卫星武器，其效果尚不明确。伊朗发展的具备欺骗 GPS 信号能力的电子战武器，可挫败美国精确制导武器。伊朗正在积极探索利用网络能力破坏敌人的反导系统、遥控飞机、后勤行动以及指控链路等。

4. 朝鲜的反太空能力

朝鲜目前的导弹能力尚不会对卫星系统构成重大威胁，其是否已开发出用于远程导弹的大气再入技术也尚不明确。朝鲜没有进行直升式或共轨反卫星能力的试验，也没有相关计划。朝鲜拥有的运载火箭和弹道导弹技术可用于发展反卫星武器，其可从境内发射导弹打击周边如位于韩国的 GPS 地面站，其现有弹道导弹和巡航导弹的射程和精度有限，不太可能对远程地面站构成威胁。美国国防情报局 2017 年的一份评估报告认为，朝鲜有能力生产可用于弹道导弹的小型核弹头。因此，理论上朝鲜有能力向太空发射核武器并实施核电磁脉冲打击。朝鲜已具备并积极使用电子战武器攻击太空系统的能力。自 2010 年以来，朝鲜多次对韩国实施 GPS 干扰。此外，朝鲜频繁动用网络力量对美、韩等国家发动攻击。根据韩国国防部报告，朝鲜的网络战人员从 2013 年的 3000 人左右增加到 2015 年的 6000 人。

2020 年 3 月 30 日，战略与国际研究中心发布 2020 年《太空威胁评估》报告，对全球反卫星武器进行第三次年度评估①，继续以研究美国潜在对手的太空对抗能力并表征威胁程度为主。报告仍将太空对抗威胁分为四类：动能物理威胁，包括反卫星武器、共轨反卫星武器等，可直接物理接触并摧毁卫星；非动能物理威胁，包括高功率激光或微波武器等，无需实际接触就可对卫星产生物理影响；电子威胁，包括可以干扰和欺骗射频信号的武器；网络威胁，以信号中的数据为主要目标。②报告称，美国已意识到必须采取行动，保护卫星免受越来越多的太空对抗武器的威胁，因其对手国家正大力推进太空对抗能力。

---

① 2018 年 4 月 11 日，战略与国际研究中心发布首份即 2018 年度《太空威胁评估》报告。

② 全球君．美国国际战略研究中心发布《2020 年太空威胁评估》报告．全球技术地图，2020 年 4 月 1 日．

（三）《全球太空对抗能力》宣称反卫星武器和太空电子战重塑太空格局

2019年4月4日，美国安全世界基金会发布2019年《全球太空对抗能力》开源评估报告，称反卫星武器的出现和太空电子战是正在重塑太空力量格局的两大趋势，对全球太空对抗和反卫星能力进行了评估。[①] 该报告汇总了中国、俄罗斯、美国、伊朗、朝鲜和印度有关多个国家正在开发的五类太空对抗能力的公开信息并作出评估。这五类能力分别是：直升式、共轨式、电子战、定向能和网络空间对抗能力。[②] 报告评估了每个国家的现有能力、近期能力以及潜在的军事影响。报告称，多国都重点研发了多类动能（即破坏性）和非动能太空对抗能力，但目前军事应用更广泛的是非动能武器。[③]

1. 太空对抗能力潜在的军事影响

太空域正在经历一系列重大变化。越来越多的国家和商业机构参与太空，在给全球带来更多创新和利益的同时，也导致太空更为拥挤且竞争更为激烈。从安全的角度看，越来越多的国家正寻求利用太空来增强其军事能力和国家安全。国家安全对太空越来越多的利用和依赖也导致更多国家考虑开发各自可用来欺骗、中断、拒止、降级或摧毁太空系统的太空对抗能力。太空对抗能力的存在并不新鲜，但与其密切相关的形势却是新近出现的。目前，开发并可能使用进攻性太空对抗能力的诱因日益增多。这些能力的广泛运用也将带来更大的潜在后果，会产生远远超出军事领域的全球影响，因为

---

① 田甜．美智库发布《全球太空对抗能力：开源评估》报告．星际智汇，2019年4月14日．

② 唐睿．美国安全世界基金会发布2019年《全球太空对抗能力》年度评估报告．国防科技要闻，2019年4月17日．

③ 《全球太空对抗能力：开源评估》．战略前沿技术，2019年10月13日．

全球经济和社会运行的诸多领域越来越依赖太空的支撑。

2. 中国太空对抗能力

报告称，中国至少有一项并有可能有多达三项计划正在研发直升式反卫星武器系统，以及将其作为专用太空对抗系统或可提供太空对抗能力的中段导弹防御系统。2005 年以来，中国已经对这些能力进行了多次、渐进的试验，表明这是一项重要的、持续的、有组织的活动。中国针对近地轨道目标的直升式反卫星能力可能已成熟，并可能正处于将其作战部署到机动发射装置上的过程中。中国针对深空目标——中地球轨道和地球同步轨道——的直升式反卫星能力可能仍处于实验或开发阶段，没有足够的证据能够断定未来是否有意将它发展成为作战能力。中国目前已对近地轨道和地球同步轨道中的交会与抵近操控进行了多次技术测试，意味着中国可能正在研发共轨式反卫星能力。中国可能正在开发用于太空对抗用途的定向能武器，但公开信息很少。有确凿证据表明中国在进行专门研究与开发，并报道了试验情况，但关于已部署能力的作战状态和成熟度的详细信息非常有限。即便如此，也不确定中国在未来的冲突中是否会全面使用其进攻性太空对抗能力，或者目标是否是将这些能力作为对抗美国侵略的威慑。没有公开证据表明中国在当前的军事行动中积极主动地使用太空对抗能力。

3. 俄罗斯太空对抗能力

报告称，俄罗斯极可能具备有限的直升式反卫星作战能力，但该武器系统可能尚未达到对美国太空资产构成严重威胁的规模或强度。俄罗斯的核心直升式反卫星能力尚不能作战使用，当前正在开发的那些能力预计不能对近地轨道以远的目标造成威胁。看起来俄罗斯有很明确的动机来继续这些开发，即使军事效用可疑，至少部分原因是由于官僚主义的压力。过去10年俄罗斯启动了一系列用以恢复部分冷战时代太空对抗能力的计划。2010年以来，俄罗斯一直在试验可形成或支持共轨式反卫星能力的近地轨道和地球同步轨道交会与抵近操作技术，其中部分成果与冷战时代的近地轨道共轨式反卫星计划相关联。这些技术也可以用于非侵略式应用，到目前为止进行的在轨试验并无确凿证据证明它们是关于反卫星计划的。最近有证据表明，俄罗斯的近地轨道交会与抵近操作活动中至少有一些是近地轨道太空态势感知和监视能力的一部分，太空态势感知能力可能支持独立的共轨式反卫星计划。俄罗斯将军事行动中的电子战列为高优先级，并一直大力投资电子战能力的现代化建设。大部分的升级聚焦在多功能战术系统上，其太空对抗能力限于干扰战术距离内的用户终端。俄罗斯拥有大量可干扰局部区域内GPS接收机的系统，从而有可能干扰无人航空器、制导导弹以及精确制导弹药的制导系统，但从公开渠道还不知道是否具备利用射频干扰来干扰GPS卫星自身的能力。俄罗斯陆军部署了多种机动电子战系统，其中一部分能干扰战术距离内的特定卫星通信用户终端。俄罗斯有可能具备从固定地面站设施对大范围的通信卫星上行链路进行干扰的能力。俄罗斯从最近的战役中获得了使用太空对抗电子战能力的作战经验。在定向能武器方面，俄罗斯具有坚实的技术知识基础，并正在开发激光系统在各种环境下的大量军事应用。俄罗斯已经恢复并将继续不断发展一项传统计划，该计划的目标是开发一种将成像侦察卫星的光学传感器作为攻击目标的机载激光系统，但目前尚未有证据表明它已具备作战能力。尽管反卫星不是俄罗斯地基卫星激光测距设施的预定用途，但它可用来致眩光学成像卫星的传感器。没有迹象表明俄罗斯正在或计划开发高功率天基激光武器。

此外，俄罗斯军事思想家认为现代战争是信息主导的战争和网络中心战，通常发生在没有明确边界和作战区域不相邻的域中。为了应对现代战争天基方面所提出的挑战，俄罗斯正在追求将电子战能力纳入整个军队中的高远目标，以保护自己的太空赋能能力以及降级或拒止敌方的相应能力。在太空中，俄罗斯正通过部署大量的陆基、空基和天基进攻性能力，试图减小美国天基资产的优势。最近，俄罗斯将其军事航天部队重组成一个结合了太空、防空和导弹防御能力的新组织。尽管仍面临着技术挑战，但俄罗斯领导层已指示，俄罗斯将继续寻求在太空领域与美国比肩。

4. 美国太空对抗能力

报告称，美国在近地轨道和地球同步轨道中对交会与抵近操控、跟踪、瞄准和拦截技术进行了多项技术测试与演示。进行这些试验和演示验证是为了其他非进攻性任务，例如导弹防御、在轨监视、卫星在轨服务，美国没有明确的共轨能力开发计划。然而，美国具备一旦决定开发即可在短时间内将这些技术转化为共轨反卫星武器的能力。尽管美国没有可作战使用的、明确的直升式反卫星能力，但它毕竟具备可作战使用的中段导弹防御拦截器，并且已经演示验证了它针对近地轨道卫星的反卫星能力。过去美国曾开发了专用的直升式反卫星武器，既有常规的，也有带核弹头的，可能具备如果决定开发即可在短时间内进行开发的能力。美国拥有可作战使用的电子战太空对抗系统，即“太空通信对抗系统”，它可全球部署，能对地球同步轨道通信卫星的上行链路进行干扰。通过“导航战”计划，美国能够干扰全球局部作战区域内的全球卫星导航系统的民用信号，而且在几场军事演习中已经对此进行了演示验证。美国可能也具备干扰全球导航卫星系统军用信号的能力，但基于公开可用的信息难以评估其效能。美国针对对手干扰和欺骗 GPS 军用信号行动的对抗措施的效能也未知。

此外，过去几十年美国已经建立了关于太空对抗能力的条令和政策。20 世纪 60 年代以来多届美国政府都指示或授权进行太空对抗能力的研究和开发，以及某些情况下为太空对抗系统开“绿灯”进行试验或作战部署。这些能力通常在范围上受限，并设计用来对抗特定的军事威胁，而不是用作更大范围的高压或威慑威胁。美国太空控制的军事条令包括防御性太空控制和进攻性太空控制，并由太空态势感知提供支持。2014 年以来，美国政策制定人员将更多的重点放在太空安全上，并越来越多地公开谈及为潜在的“太空战”做好准备。过去两年，他们公开声称太空为作战域，尽管这可能不是内部政策的变化。这种言辞一直伴随着对重组国家安全太空架构以及提高太空系统弹性的重新聚焦。最近，一直在重新公开讨论将美国军事太空能力重组成一个独立军事分支，该分支也可能承担更强有力的太空对抗任务。此外，美国有可能也已经开始开发新的进攻性太空对抗能力，尽管没有可公开获得的政策或预算指示要求这么做。最近的预算建议要求研究和开发具备潜在太空对抗能力的天基导弹防御拦截器和定向能武器。美国也将继续举行年度太空作战模拟和演习，越来越多的密切盟友和商业伙伴将参与进来。

5. 伊朗、朝鲜、印度太空对抗能力

伊朗目前在实施一个初步的太空计划，以制造和发射有限能力的小卫星。技术上，伊朗不可能具备制造共轨式或直升式反卫星武器的能力，并且当前缺乏开展类似研究的军事动机。伊朗已经演示了持续干扰商业卫星信号的电子战能力，但难以确定其是否具备干扰军用卫星信号的电子战能力。

朝鲜没有演示过对美国太空资产发起动能攻击的能力：既没有直升式也没有共轨式反卫星系统。在官方声明中，朝鲜从未提及反卫星行动或意图。朝鲜似乎也没有开发专门太空对抗系统的动机，尽管其弹道导弹计划中的某些能力可能最终会朝着这种用途发展。

朝鲜不可能将其少数核武器的某一个作为电磁武器。朝鲜已经演示了干扰有限地理区域内民用 GPS 信号的能力，其对抗美国军用 GPS 信号的能力尚不清楚。尽管仍不知道朝鲜的技术能力，但朝鲜一直没有演示过干扰卫星通信的能力。

印度太空能力的发展历经 50 多年，但大部分是以民用为重点。仅在过去几年里，印度才开始有组织地为军方让路，使其成为太空能力的积极用户和创造者。印度军方一直在致力于本土导弹防御计划，该计划的支持者主张，倘若有需求，就能够提供潜在的反卫星能力；2019 年 3 月，印度从反卫星的角度对该能力进行了试验。然而，考虑到印度军方在卫星能力上的投入程度、印度反对太空武器化的持续主张、印度火箭发射其他国家卫星所带来的收益，不清楚印度是否将会转向主动设立官方的太空对抗计划，以及是否只是停留在演示验证反卫星能力的地步。

在战略与国际研究中心发布 2020 年《太空威胁评估》报告的同时，安全世界基金会也发布了新年度《全球太空对抗能力》报告。该报告更新了关于其他国家对美国太空资产威胁的早期评估，并阐明了美国自身在发展反太空能力方面所做的工作。该报告重点对中国、俄罗斯、美国、伊朗、朝鲜、印度以及法国、日本等正在开发的五类太空对抗能力作出评估。与 2019 年《全球太空对抗能力》报告相比，该报告除增加了关于法国和日本的部分外，还增加了这些国家的太空态势感知能力以及与反太空能力发展有关的重要活动。①

（四）美国究竟要在太空干什么再思考

结合上述三份报告，我们不妨再一次思考“美国究竟要在太空

---

① 申森．美国两大智库同时发布报告评估全球主要国家太空对抗能力．国防科技要闻，2020 年 4 月 2 日．

干什么”这个问题。了解太空竞争史的人们都知道，美国自从 1955 年 5 月 20 日艾森豪威尔政府发布美国国家安全委员会第 5520 号文件《美国在科学探索外层空间方面的兴趣》之后，其对外层空间（太空）的探索已不仅仅是兴趣了。[①] 20 世纪 50～60 年代期间，一些反卫星武器系统在多个美军分支机构进行了测试。1987 年 2 月 6 日美国发布第 258 号国家安全决策指令，描述了美国反卫星武器计划。自从第 104 次美国国会大会（1995－1996）召开后，美国对反卫星武器更是产生了新的兴趣。尽管美国国防部和武装部队对此类项目在保证美国国家安全利益方面是否适用存在不同观点，但是对这些项目的经费投入一直没有停止。据俄罗斯卫星网 2019 年 4 月 6 日报道称，美国“地球同步轨道太空态势感知计划”（GSSAP）间谍卫星曾多次秘密靠近俄罗斯等国家的军用、民用航天器抵近侦察，美国空军 X－37B 空天飞机也执行过类似秘密任务。诸如此类，数不胜数。所以，对于上述“反卫星武器的出现和太空电子战是正在重塑太空力量平衡和挑战美国霸主地位的两大趋势”，说来说去好像是说给美国政府和军方自己听的，是谓“欲盖弥彰”乎？

据美国《新闻周刊》网站 2019 年 3 月 20 日报道称，美国在日内瓦联合国裁军大会上谴责俄罗斯和中国的太空“军备竞赛”，却拒绝在两国提出的太空武器禁令上签字。对此，俄罗斯外长谢尔盖·拉夫罗夫、中国外交部发言人耿爽均对其进行了有力回应。是谁在加剧太空武器化和战场化风险？是谁在威胁太空安全？不言自明。其实，对于像太空这样的领域——全球公域，可谓一荣俱荣、一损俱损。试想，即使对手力量再不济，若真想防御或反击，是不是可以安装一个卫星自爆装置，并公之于世，若受到外来攻击（包括软杀伤）造成卫星功能失效，卫星自己就启动自爆，那后果必是“双

---

① YR. 美国究竟要在太空干什么？学术 plus，2019 年 4 月 30 日．

刃剑”（在太空这样一个特殊的物理环境中存在“碰撞级联效应”，也称为“凯斯勒现象”，从而导致在可预见的未来太空都无法再被利用。这也是国际上积极倡导控制和减少空间碎片的原因）。这样的话，对方实施的损人也不利己的行动则又有何意义呢？当然这是脑洞大开设想的，但不失为一种积极防御的策略，也许就像行话说得好：“光脚的不怕穿鞋的，横的怕不要命的”。所以，在太空这一领域，说它是全球公域也好，说它是作战域也罢，还是你好我好大家都好才是真的好！

五、“弹性太空”看准美国战略新方向

“弹性”的物理意义是指物体受外力作用变形后，除去作用力时能恢复原来形状的性质；还指一个变量相对于另一个变量发生的一定比例的改变的属性。因此，可以理解为，“弹性”其实就是“可控”，即通过灵活性、适应性、应变性等实现“可控”。当今，或许是美国意识到其面临的威胁太多了，从而必须具备“弹性”，以在受到攻击时仍能保证各领域能力的持续性。2019 年 4 月 9 日 ~11 日，在第 35 届太空研讨会上，沙纳汉指出“美国需要发展致命、弹性强、有威慑力且成本低的军事太空能力”，以及美国太空发展局成立后的首份信息征询书“下一代太空体系架构”，均表明“弹性”无疑已成为美国太空等领域建设发展的一个主题词，甚至可以认为是美国整个国家安全战略的一个新方向。[①]

---

① 丰松江．“弹性太空”看准美国战略新方向．装备参考，2019 年 4 月．

（一）太空弹性日益受到美军重视

近几年，在自变量日益增多对太空资产安全威胁日益增大的局势下，太空弹性已成为美国太空体系评价的新指标。早期在考虑太空系统潜在的威胁后，美国空军太空司令部曾特别强调分散的作用，即将天基任务、功能或传感器分散到一个或多个轨道平面、平台、载具或多域的多个系统之中。2013 年，在美国空军太空司令部发布的《弹性和分散太空体系》白皮书中，“弹性”被定义为：“一个系统体系在面对系统故障、环境挑战或敌对行动时能够继续提供所需能力的本领。”白皮书指出，“弹性”由海、陆、空、天、网多域能力组成，围绕威胁慑止、体系强健、系统重构、能力恢复等途径展开，以制度化的形式将弹性融入体系研究、需求论证、规划计划、采办和运行管理等各项军事航天活动中。“施里弗－2014”太空战演习正是对太空能力弹性相关概念进行演示验证的一次演习。

2016 年，美国智库新美国安全中心发布《从圣地到战场：美国太空防御与威慑战略构想》的研究报告，提出了“有限太空战”构想。之后，采用基于微小卫星的分布式架构、增强在轨卫星机动性、发展卫星在轨检测与维修能力、改进太空发射能力等，建设新的分散化弹性太空体系受到重视。美国空军太空司令部提出的“太空组织愿景”，再次引入了“弹性能力”的概念，即太空军事力量对全部已知威胁做出反应的能力，以及反击未来威胁的速度，并且能够持续为联合作战部队和同盟部队提供太空效能。

2017 年，太空弹性进一步受到广泛重视。美国外交政策研究所《太空危机稳定性：中国及其他挑战》报告指出，在危机中减少先发制人动因的一个方法是，降低对手首次打击的效能，同时在其他领域建立强大的对抗能力，再有就是确保在承受首次打击后能够对对手的太空资产进行报复。这三项措施的一个关键方面则是，采用分布式架构使太空资产以及地面 C^4ISR（指挥、控制、通信、计算机、情报、监视与侦察）组件具备持续的弹性。因为这种弹性足以大幅增加太空攻击的不确定性，从而增加对手对风险的评估，进而减少对手发起太空攻击并使冲突快速升级的可能性，因此，建议将研发弹性太空架构作为重要优先事项。

例如，为了使卫星在面临攻击时更具弹性，美国国防部负责太空政策的副助理国防部长道格·罗韦罗概述了军方需要投资的六个主要领域，并将这六种弹性方法称为 D4P2——分解、多样化、分散部署、欺骗、防护、扩散式部署。美国国防部成立了一个新的国防战略工作组——国家太空能力弹性体系建设国防战略工作组，研究覆盖威慑措施角色权衡、太空态势感知需求、防御措施和主动防御概念等太空控制各个方面的新政策，以提高国家安全太空体系弹性。在美国空军协会召开的“空天网”年度会议上，时任空军部长希瑟·威尔逊表示，太空系统需要获得更多的投资，使美军太空系统更具弹性。美国智库战略与国际研究中心发表《第二个太空时代的冲突升级与威慑》报告也建议，美国应重点发展太空威胁归因能力、增强太空系统弹性、重新评估可逆性等。

2018 年 3 月版美国《国家太空战略》强调的一个关键词即是“弹性”——实施转变太空体系架构、增强威慑和作战能力选择、提升太空作战的基础能力，强调必须加速变革，以便增强太空体系的弹性、防御能力以及在遭受打击后的重建能力，并强调简化监管框架、政策和程序，以更好地利用和支持美国商业产业。实际上，弹性的思想是将重点从关键系统防护向关键能力保证转变，目的是确保军事航天系统能够在可接受的风险下遂行指定任务。这将会加速变革，以便增强太空架构的弹性、防御能力以及在遭受打击后的重建能力，美国太空力量正在向更有弹性的太空架构转变。

美国参联会发布的2018年版《太空作战条令》在阐明“太空任务保证”概念时指出，美国可采取防御性作战、重构及弹性三类措施减缓太空威胁，实现“太空任务保证”。“施里弗－2018”太空战演习的主要目的之一即包括深入了解在国际盟友参与太空和网络作战行动后的弹性、威慑与作战能力。美国国防部的研究与工程部门正在指导国防科学委员会工作组研究弹性太空架构的要素，以增强美国国家安全太空事业的弹性。

DARPA在2019财年设立了“太空弹性快速响应发射”新项目，即是拟通过推动微小卫星专用小型运载火箭发展，满足弹性太空力量部署和快速响应发射的需求。DARPA在“太空增强作战效能”项目的基础上，在2019财年重点发展“黑杰克”项目，该项目旨在利用商业公司研发小体积、小重量、低功率、低成本的低地球轨道卫星星座，最终目标是实现军方卫星有效载荷的高度网络化并且兼具弹性和持久性，能够持续在全球范围内为军方提供最大的超视距遥感、信号和通信等功能。[①] 2019年3月，美国洛克希德·马丁公司宣布，将推出新一代太空技术——SmartSat，开启更加强大的太空处理能力，为用户提供无与伦比的弹性，以适应不断变化的任务需求和技术。SmartSat新架构，即软件定义卫星架构，允许用户通过软件推送为在轨卫星分配新任务、添加新能力。SmartSat是美国增强太空弹性能力的一个例子，主要目的是为了进一步增加今后微纳卫星等的灵活性、适应性，以应对高度动态变化的太空安全风险。不过，需要重视SmartSat计算机和软件由于各种原因失控的风险。

2019年4月4日，联合发射联盟总裁兼首席执行官Tory Bruno称，太空已经证明其是国家安全的下一个前沿，美国必须为这带来

---

① 黄志澄. DARPA携手商业航天公司共同为未来太空竞争布局. 空天大视野，2019年6月1日.

的新风险和挑战做好准备。下一代火箭的发展对于为国家安全的未来做好准备以及威慑和打击太空威胁至关重要。①如前所述，2019 年 7 月 1 日，美国太空发展局发布首份信息征询书《下一代太空体系架构》，代表了美国在大国竞争时代太空军事化更加强调灵活性、弹性、敏捷性的发展趋势。2019 年 10 月 25 日，美国空军太空与导弹系统中心公布《国家安全发射架构信息征询书》，寻求工业界对新兴发射、机动和轨道转移能力的构想，重点是快速发射、轨道转移、在轨服务和搭载/寄宿有效载荷，以提升美军太空弹性能力。② 2019 年 12 月 3 日，在美国商会商业太空会议的小组讨论中，美国联邦航空管理局商业太空运输副部长韦恩·蒙特斯说，联邦航空管理局局长斯蒂芬·迪克森已批准对商业太空办公室进行重组。③因为随着发射数量的增加，联邦航空管理局认为当前商业发射进行许可的方法“很快变得不切实际”，联邦航空管理局重组商业太空办公室，以监督和提高随着发射次数增加商业发射的效率。

（二）“超越太空威胁”计划中的弹性

据美国 Space News 网站 2018 年 12 月 8 日报道，美国航空航天公司正在策划制定“超越太空威胁”计划，重点关注军用卫星体系的弹性和可重构问题。④美国航空航天公司是一家由联邦政府资助的非盈利智库，为美国空军和国家侦察局的军事太空项目提供技术咨询。2018 年早些时候，沙纳汉即要求该公司提出一项“超越太空威

---

① Tory Bruno. ULA head: Anti – satellite weapons require America keep its focus in space. Defense News, Apr. 2, 2019.

② 美空军发布《国家安全发射架构信息征询书》. 星际智汇，2019 年 11 月 8 日.

③ FAA approves commercial space office reorganization. *Space News*, Dec. 6, 2019.

④ 伍尚慧、闫婧. 美国航空航天公司制定“超越太空威胁”战略，推动美军用卫星体系弹性化发展. 天地一体化信息网络，2018 年 12 月 20 日.

胁”计划。经过几个月的研究和分析，该公司提出所谓的“企业方法”，以使太空系统更具弹性，并利用快速发展的商业航天进行创新。这一计划重点关注卫星的体系架构。这种体系架构中卫星及其支持系统的完整性是执行太空任务的双重要素，这个构想具有灵活性，卫星能够根据需求采用新的有效载荷进行更新，可以快速增加星座，并且使运载火箭可以在短时间内执行这些任务。这项工作将通过企业完成，同时政府也需要“精简决策流程”。

该公司对当前美国航天工业生产存在的问题进行了分析。采购战略的核心是确保在国防和航天领域有灵活的生产线，以便在太空系统可能受到攻击引发冲突时承包商能够做出快速响应。敏捷生产模式是商业航天工业的标准，而这种“持续的生产敏捷性”理念与美国国防部现在的政策大相径庭，目前存在的问题是美国政府是否能够利用这一优势。美国空军太空与导弹系统中心几十年来致力于“任务特殊要求”。对承包商而言，针对政府不同的项目需要特殊的部件，并有特定的测试要求。这意味着生产同一颗卫星的不同型号可能需要不同的装配线，这将非常低效。太空与导弹系统中心现在正在采取一种交叉方法，建立一个更加模块化的体系架构。

在降低成本、改革生产模式方面，该计划提出，政府按照惯例将卫星总线、有效载荷和地面部分作为一个整体采购，但却无法灵活地更换其中的零部件。根据该企业的观点，地面系统应该可以处理任何卫星。军用卫星的成功运行是造成政府项目在生产敏捷性上被削弱的原因之一。太空时代早期发射的许多卫星寿命比预期要长，因此嵌入新技术的机会也更少。同时，每个厂商都试图在卫星中增加更多的功能，使造价更昂贵。美国需要扭转这种趋势，采用卫星生命周期更短、更多地扩展星座，增加更多技术嵌入机会的生产模式。通过给工业基地提供生产所需的稳定性，将能大幅降低成本；同时，需改变许多太空研发项目因无力承担研发、测试等高额“非经常性成本”而使计划落空的局面。这些举措在经济上也是非常合理的。比如，军用全球定位系统是一个值得效仿的项目，GPS 卫星系统是一个非常稳健的星座，该系统在弹性架构上是一个很好的范例。“GPS-3”卫星的模块化设计将可根据任务需求进行安装，非常便捷；并可与 GPS 卫星及地面作战控制系统兼容互通。军用 M 码的抗干扰能力、抗辐射加固技术，还有在轨可重新编程与信号重构技术，也可为全球民用用户提高了定位、导航与授时弹性的全新 L1C 信号和 L5 信号。GPS 系统正从星座建设、有效载荷、地面运控系统、军事用户设备等各个方面打造弹性的现代化导航系统，未来应研制更多类似 GPS 的星座体系。

美国列克星敦研究所首席运营官同样表示，目前，大多数服务于美国国家安全的军事和情报卫星都研发于冷战结束后的几年，其卫星系统规划中未过多考虑太空资产将会面临的各种威胁。[①]如今，随着各国对太空武器系统的大量投入，太空资产面临的威胁正在迅速增长，卫星系统、地面控制站以及信息接收设备变得非常脆弱。特别是，中国和俄罗斯已采取多方面的投资举措，使其能够使用电子战、网络攻击、定向能武器和在轨“杀手”卫星来降级、破坏或摧毁美国重要的太空系统。对此，美国空军必须采取多种防御措施作出回应，如加固、扩大、隐藏卫星系统，使其更具机动性且具有反击能力，但实现这些举措的时间较长。因此，随着太空威胁的快速增长，美国空军需尽快研发更具弹性的太空资产。在通常情况下，商业航天公司可在三年之内完成新通信卫星的研制和发射，而美国空军太空与导弹系统中心和国家侦察局则需要 2~3 倍的时间。开发国家安全航天器不仅涉及复杂性问题，还存在法律、文化和程序等

---

① 张明月．列克星敦研究所首席运营官发文阐述，美空军如何快速应对太空系统面临的威胁．国防科技要闻，2018 年 12 月 14 日．

方面的障碍，美国空军需要找到最小化这些问题的方法，以加快这一进程。

这些方法包括：政府经常对新兴威胁保密，易造成政治体系中的人员或公众缺乏迅速回应威胁的意识，应想办法让公众熟知太空资产面临的威胁；将速度作为制定和执行国家安全太空计划的首要考量；调整政府和行业的激励机制以提高效率；提供侧重于创新的路线图以获取更多应对新兴威胁的潜在方案；在现有资产基础上开发太空系统，以降低风险，加快研发进程；继续推进太空系统开放式架构的发展，促进新技术和新能力的实施；通过保持稳定需求、标准化关键组件，增强供应链弹性，维持稳健的供应链；重新审视竞争在太空采办体系中的作用。比如，美国空军已决定将其下一代导弹预警系统的首批卫星采办任务交予现有的供应商，在做出基本的架构权衡后，该项目将很快进入竞争状态。该模式的有效性已在美国空军此前开发新型的导弹预警系统计划时得以验证。鉴于美国在太空领域的优势已开始消退，美国空军还需考虑其他可能的潜在方案，以使空军尽可能地加快部署应对威胁的作战力量。

（三）弹性已成为美国国家战略的重要方向

美国认为，弹性不只对太空安全重要，对各个方面都非常重要，已将“弹性”视为其国家战略重要方向之一。比如，在网络安全领域，2016 年 12 月，美国和加拿大发布《美国—加拿大电力网安全与弹性联合战略》，承诺加强网络安全和应变能力，加强北美电力网的安全。2017 年 2 月，美国空军成立“武器系统网络弹性办公室”，以保护武器系统免受网络攻击。2018 年 5 月，美国国土安全部发布《网络安全战略》，提出在 2023 年之前将加强政府网络和关键基础设施的安全性和弹性。2018 年 11 月，美国太平洋空军司令查尔斯·布朗表示，美国太平洋空军必须保证有足够数量的基础设施、足够的通信带宽和畅通的信息通联性，必须建立对抗网络攻击的弹性网络。“环太平洋2018”大规模多国联合演习的主要目的，也是为了增强联合部队的杀伤力、弹性和灵活性。

美国多份国家战略性文件也多次强调弹性问题。在《国家安全战略》中提到“要增加美国的弹性”“美国政府要与美国商业太空公司合作，努力提高本国太空体系的弹性”。在《国防战略》中也强调“确定部署一支杀伤力强、富有弹性、适应性强的联合部队应优先发展的领域”“发展灵活致命和富有弹性的力量态势和力量运用”“把资金优先用于恢复重建和确保太空任务执行能力的项目上”“优先考虑发展弹性、重构和作战能力的投资，以确保美军太空作战能力”“优先用于发展具有可恢复力、存活性高的联合网络和信息生态系统”“优先投资富有弹性及灵活的后勤保障能力建设”。此外，2018 年 10 月美国《评估和强化制造与国防工业基础及供应链弹性》、2018 年 12 月美国《国家授时安全与弹性法》以及 2019 年 1 月 22 日美国《国家情报战略》等，均强调了弹性的重要性。

（四）美国“弹性”对竞争对手提出新挑战

目前，“弹性”已在美国国家战略层面与多领域战役战术层面形成“闭环”。美国的《国家安全战略》《国防战略》等多次强调弹性问题，正是牵引上述美国太空、网络等领域建立弹性架构的主要动力。比如，美国航空航天公司等正在策划制定的“超越太空威胁”战略以及太空发展局提出的“下一代太空体系架构”等，都是重点关注军用卫星体系的弹性和可重构问题。

借以鉴之，以小见大。当今世界正处于一个前所未有的大变局之中，可谓国际局势、安全态势等自变量极多。那么，如何使国际格局、大国关系等因变量在自变量的作用下仍能可调整从而实现有条不紊地前行，这或许也是弹性问题。而要实现弹性，只有知己知彼，与时俱进，灵活调整战略战术，方能百战不殆。

这也为美国的战略竞争对手提出了新的课题——如何有效构建自己的弹性体系，尤其是如何具备有效“破解”对手日益丰富弹性架构的能力。因为只有具备破天、断链、击点、毁网等破解其弹性架构的能力，才能形成有效的威慑，实现以备止战、维护太空安全、造福人类社会之战略目的。同时，这也凸显加快形成非对称的体系破击能力的重要性可谓时不我待。

六、美国高度重视应对太空安全面临的网络威胁

据主要国际法中的定义要素、联合国大会决议、军事冲突法以及多边条约的核心要点，太空安全可以理解为：安全可持续地进入和利用太空，以及免受基于太空的威胁。①那么，太空安全问题，即关于在太空领域中存在的威胁以及威胁所引发的相关问题，如太空垃圾、在轨飞行物数量的激增，卫星用无线电频率、轨道等资源的紧缺，太空武器化、军备竞赛问题的凸显，太空系统脆弱性天然的存在等。其中，来自网络的威胁是太空安全问题的一个重要方面。太空作为信息时代的关键战略领域，面临着日益严重的网络安全问题。②

由计算机及其数据通信网络所组成的网络空间，与物理空间是

---

① 夏立平．美国太空战略与中美太空博弈．北京：世界知识出版社，2015 年 9 月．

② 邓招，张晓玉．太空中的网络安全问题．网络空间安全，2017 年第 10 期．

一个不可分割的统一体。[①]与陆、海、空等传统自然空间相比，太空与网络空间，既有许多共同特性，又相互交织渗透；[②]两者之间密不可分和互相缠绕的关系，也可以渗透到人类社会发展与冲突战争的各个环节。[③]当前，世界巨头凭借其敏锐独特的感知发展能力，正在抢夺太空互联网发展先机，太空互联网逐渐成为各方博弈角逐的新战场，太空安全面临的网络威胁问题将更加突出。[④]在这种态势下，美国以及北约等已将应对太空安全面临的网络威胁问题视为不可忽视的“重中之重”，正在寻求改善蓬勃发展的卫星行业的网络安全。[⑤]

（一）太空安全面临的网络威胁客观存在

太空系统的天基段卫星（空间段）和地面段应用实体（用户段）构成各个网络节点，节点之间通过信息传输链路连接（链接段），共同形成天基信息传输网络。面对网络威胁，其安全问题主要表现在两个方面：一是关键节点成为整个网络的脆弱点，一处损毁可能导致全网瘫痪；二是天基卫星控制系统和任务包、地基信息技术基础设施以及通信链路等易遭受黑客入侵、病毒感染等多种网络攻击，从而被干扰破坏。

1. 网络威胁天基设施安全

对卫星控制系统和任务包进行攻击，可破坏或删除卫星传输数

---

① 周宏仁. 维护网络空间战略稳定. 国家信息化专家咨询委员会网络空间国际治理研究中心成立会暨第一届网络空间战略稳定学术研讨会，2018 年 12 月.

② 孙龙，方勇. 美军太空与网络跨域融合问题研究. 战略前沿技术，2016 年 12 月 24 日.

③ 21 世纪的全球安全新危机——太空系统与电脑网络空间系统集成的安全问题. 中国太空网，2016 年 12 月 27 日.

④ 军芳. 太空互联网正成“网络”新战场. 信息安全与通信保密，2015 年第 9 期.

⑤ 肖恩·沃特曼. 太空是网络安全的新领域. 网电空间战，2020 年 5 月 5 日.

据，关闭或改变太阳能电池暴露方向使其遭受有害辐射而被烧毁等，可达到劫持、控制或摧毁卫星的目的。此外，卫星上的接收装置也能被干扰而无法接收上行链路信号。

天基信息传输网络在软硬件的供应链方面，存在分包与外包等情况，往往由不同企业参与完成。在软件协议方面，存在较多可以利用的协议安全漏洞易被协议探测和攻击接入。基于此，可通过路由协议、管理及控制协议、会话控制协议、数据分发协议等多种攻击方法进行网络及信息层面的攻击，实现对天基平台网络系统的干扰、破坏，对业务信息的截获、丢弃或插入。许多卫星系统设备和软件缺乏根本的安全防范措施，卫星内置计算机的远程定期更新，大量卫星硬件可能出现的后门，以及越来越多的卫星和星群提供了越来越多的入口点等，也都会带来安全隐患和漏洞。美国网络安全公司 IOActive 长期对通信卫星漏洞进行安全评估发现，许多卫星系统设备和软件缺乏根本的安全防范和定期更新措施，导致漏洞长期存在而不知；航运、航空和军事领域使用的卫星通信系统容易遭到网络攻击，全球范围内的使用者均无法完全规避风险。IOActive 的销售和策略副总裁 John Sheehy 指出，通过网络攻击来攻击天基资产的成本要比动能攻击小几个数量级。

针对卫星的网络攻击，可严重破坏战略武器系统的完整性，或产生虚假情报进而增加错误应对风险。如被控制的卫星就像一种太空武器，可变换轨道运行参数导致碰撞，对空天设备以及地面国家形成巨大的安全威胁。2007 ~ 2008 年间，至少有两颗美国环境监测卫星受到 4 次或更多干扰，NASA 的陆地 7 号监测卫星受到多达 12 分钟的干扰，NASA 的另一颗地球监测卫星 Terra AM – 1 曾在不同天内分别受到 2 分多钟和 9 分多钟的信号干扰。2009 年，巴西境内多地黑客劫持美国海军通信卫星，将其作为私人无线电工具。2018 年 6 月，赛门铁克表示，发现黑客组织正在针对美国和东南亚国家的卫星通讯、电信、地理太空拍摄成像服务和军事卫星系统进行网络攻击。2018 年 12 月，美国空军军事卫星通信负责人表示，由于担心外国黑客入侵美国网络，美国空军正在加固军事卫星通信设备网络。[①]

2. 网络威胁通信链路安全

所有的无线通信系统都易受到网络电磁干扰，卫星通信也是一种易被干扰的通信体制。天基信息传输链路是指星地、星间的通信链路。近年来，对通信和导航系统进行干扰、欺骗或劫持已经成为新型复杂网络攻击：一方面，星地上行链路易遭受地面大功率固定或移动干扰机的瞄准式、转发式干扰攻击，下行链路易受空基干扰，广播工作方式易被利用；另一方面，星间链路易受天基干扰攻击，路由选择存在安全隐患。

太空星间链路大都采用无线传输链路，开放性大，有时甚至链路参数都是公开的，这些都为实施太空网络侦察、干扰、攻击提供了更为有利的条件。天基信息网由于信息传输的暴露性，通信链路连通性和轨道连通性的增加，以及自主通信链路的增加等，与传统地面网络相比，更易遭受干扰攻击。干扰装置通常以相同或更高的频率传输电磁能量，模拟发送信号，干扰接收机。链路干扰活动的地理范围不受干扰器的物理位置影响，干扰器可位于接收卫星波束的任何地方。通过干扰星间、星地之间的信号链路，可降低和破坏信号，扰乱通信传输和接收，降低通信或导航精度，截取包括敏感信息在内的通信内容；可破坏包括精确计时系统在内的其他通信设施，导致通信缺乏保密和认证措施。卫星通信信号和定位导航授时信号无论战时还是平时都曾受过干扰。即便是军用卫星，一旦其信

① 别让卫星流浪——从卫星系统看太空网络安全. 360 智库，2019 年 5 月 20 日.

道被对方掌握且对方拥有干扰手段，就可以实施有效干扰，进而给整个作战系统带来巨大的干扰和破坏。2019 年 3 月，美国非营利情报公司高级防务中心发表报告称，自 2016 年 2 月以来，在俄罗斯和克里米亚敏感地区发生了 9883 起全球导航卫星系统欺骗与屏蔽事件，影响了 1300 多艘船只。①

全球导航卫星系统的出现与广泛应用，使得网络空间安全的重要性愈发重要。该系统除其本身既是一个复杂的网络系统外，还是保障网络互联实现的重要时间同步手段，也是网络空间设备获取空间信息的重要手段。但该系统也存在易损性风险，对该系统有意或无意干扰已经超出军事对抗的范畴，民用领域的广泛发展成为影响系统应用的重要安全性风险。成功的欺骗型网络攻击可以导致错误的授时信号，如果利用这种方式对电力设施发动攻击，可能引发灾难性过载，进而引发串联设备故障并造成重大停电事故。欺骗装置也可通过操控交易时的计时对银行和股票交易发动攻击。例如，2016 年初，当 15 颗卫星突然传送有 13 微秒误差的信号时，使用 Chronos GPS 服务的电信公司受到严重攻击，造成 12 小时、数以千计的系统错误。② 2020 年 3 月 18 日，据美国《空军杂志》报道，美国空军正在使用 GPS ⅡF 卫星的“数字孪生”来监测任何网络安全问题，测试范围包括卫星、地面控制站以及它们之间的射频链路，以确保 GPS 卫星系统的网络安全。③

---

① 360 智库．别让卫星流浪——从卫星系统看太空网络安全，360 天枢智库，2019 年 5 月 20 日．

② 申淼．美国《原子能科学家公报》分析外太空面临的网络威胁．国防科技要闻，2016 年 12 月 7 日．

③ 电磁利剑．美国空军使用数字孪生技术确保 GPS 卫星网络安全．网电空间战，2020 年 3 月 22 日．

3. 网络威胁地面设施安全

卫星控制中心、网络和数据中心等地面信息技术基础设施是天基系统的支柱。对地面信息技术基础设施的干扰、欺骗、窃取以及破坏攻击，既可影响位于特定地理区域内接收机的操作能力，又可控制、摧毁或关闭卫星。一是恶意程序攻击。利用网络中存在的错误配置、漏洞、脆弱性等缺陷，通过植入病毒、木马等恶意程序，窃取系统的敏感信息，甚至对系统进行远程控制，破坏网络。二是数据窃取。网络节点以及网络内部传输的无线信号很容易被攻击者截获，通过对信号进行分析或破译，获取传输的数据、内容信息或流量信息。通过设置“伪卫星”，操纵信息交换通信进行欺骗攻击，也可直接破坏关键基础设施。如对国家电网或金融业务的高频交易系统引入错误的定时信号，造成间接经济损失。通过网络攻击，也可破坏完整的发射器和有效载荷装备，在发射阶段造成更大风险。加密和其他安全控制系统的后门漏洞等，也容易使太空地面设施等遭到攻击。1998 年，一群黑客成功地闯入美国军方一个控制卫星的计算机系统，一个名为 MOD（下载大师）的组织声称，他们访问了美国国防部信息系统办公室，盗走了关键操作软件，并扬言控制了从军方通信网络到卫星和接收器的所有环节。美国国家安全电信咨询委员会 2004 年发表的一项研究强调，对商业卫星群构成的关键威胁是指地面设施所面临的那些电脑黑客，有可能但可能性较小的干扰。美国国家海洋和大气管理局曾于 2014 年 9 月遭受黑客攻击，导致卫星数据系统被迫下线，造成天气预报机构 48 小时的数据缺失。

4. 网络威胁卫星终端安全

接入卫星所需的地球站终端，也是卫星通信地面段的主要基础设施，主要搭载在各类陆、海、空平台上。这些卫星终端都有可能遭受网络攻击，这些攻击主要通过后门、硬编码证书、非安全协议、非公开协议、弱加密算法等漏洞来实施。后门，即通过非授权手段接入系统的机制，这些机制终端用户并不知晓。硬编码证书，即通过公开接口认证非公开证书。非安全协议，即存在安全风险的非公开协议。非公开协议，即并非为终端用户设计的、存在安全风险的协议。弱加密算法，即重置密码的机制。这些漏洞允许未经认证的远程攻击者对该终端发起攻击，某些情况下，甚至在无需用户交互的情况下也可利用这些漏洞发起网络攻击。

（二）太空安全面临的网络威胁不可忽视

长期以来，很少有人关注太空系统的网络安全问题。但随着太空与网络技术的快速发展，这两个领域就像两个有交叉且相互吸附的大圆一样，交叉重叠的区域在日益增加。[①]这一过程中，两个领域彼此促进、彼此作用也彼此影响，太空系统的网络安全问题就逐渐暴露出来，并日益受到重视。

1. 隐蔽性网络战与蓄意太空碰撞

从调研情况看，美国空军《战略研究季刊》2012 年春节刊发表的文章《隐蔽性网络战与蓄意太空碰撞》是较早关注这一问题的文献。[②]文章称，因为网络战难以确定攻击源和难以追踪，这就为对手提供了可以直接或间接破坏美国太空装备而风险却很小的机会。太空中存在着由不同组织或国家发射的数千颗卫星，这些卫星上面又

---

① 丰松江．经略临近空间——大国战略竞争的新制高点．北京：时事出版社，2019 年 6 月．

② 隐蔽性网络战与蓄意太空碰撞．https：//m. sohu. com/n/345402347/.

有成千上万个天基收发装置与地球通信。每个发射信号都为网络攻击提供机会。老式卫星的技术类型近似，且因为它们在上天之后一般不会进行升级，卫星使用的大多是过时的硬件和技术，这给网络探测工业系统提供了控制和运用的机会。尽管这些天基设备有各种不同的操作系统、软件和设计，太空网络攻击只能针对某个系统或有限的系统组，但随着越来越多国家从事不同技术类型的卫星发射活动，通过秘密活动劫持和操控卫星的风险也逐步加大。一颗卫星上的计算机可以重新配置和软件升级，这样也加大了网络攻击的可能性。一颗将继续在轨道上运行 10 年之久的卫星很可能被网络恶意行为人未经授权而擅自使用。恶意行为人的唯一踪迹就是信号传输和无线系统渗透的企图。如果这些传输活动没有被发现，那么就会失去行为人的踪迹，造成太空碰撞的网络攻击难以进行追踪，因此对于潜在对手而言非常有吸引力，实施此类攻击最简单的方式就是劫持其他国家技术落后或保护程度较低以及系统过时的卫星。一颗卫星的发射和行动结束之间的时间就是容易遭到网络攻击的时间。网络攻击通常是一次性的，因为它们利用的缺陷可以在事后通过新技术来纠正或弥补。未来任何对手都可能会利用有缺陷的卫星，网络攻击也为那些没有与美国发生战争的对手提供了秘密破坏美国卫星的机会。对此，文章提出的主要对策是：美国太空装备的更新与扩充是未来几十年国家安全工作的重中之重，以保证安全通信能力与在不利环境中的恢复能力。

2. 警惕太空安全面临的网络威胁

2016 年 12 月、2017 年 6 月，美国《原子能科学家公报》两次刊登文章对太空面临的网络威胁问题进行了分析。[①②]文章称，在地球轨道上运行的卫星构成了世界上关键基础设施的“外骨骼”，全球通信、空中运输、海上贸易、金融服务、气象和环境监测以及国防系统全都依赖太空广泛的卫星网络。早在2014年，对美国气象系统的网络攻击就已经非常明显，美国和其他国家太空战略资产存在严重的网络漏洞。当前，有很多用于解决太空和平和安全问题的框架与协议，但是却没有一个全球组织专注于太空安全面临的网络威胁。与其他数字联网系统一样，卫星也易于受到网络攻击。攻击形式包括数据盗取、干扰、欺骗和卫星劫持等。这些都对各国关键基础设施构成严重威胁。对此，文章提出的主要对策是：分析网络安全和太空安全之间的交集对于理解该问题非常重要，而有组织的全球行动对解决这些威胁很有必要。建立一个以评估风险和推行最佳解决方案为目的、照顾相关各方利益的体制将有助于应对太空网络威胁。

2019年1月16日，美国国家航空航天情报中心发布《太空竞争》报告称，诸如俄罗斯等国家在太空中的存在会对美国民用和军事太空服务构成潜在威胁。[③]对手可能会针对支持关键基础设施的太空系统实施网络攻击或干扰通信系统；外国竞争者有能力进行网电攻击，扰乱、拒绝、欺诈或降低太空服务；敌对国家已将网络攻击能力和电子作战能力视为保持军事优势的重要组成部分。该报告将对美国太空系统可能受到的网络威胁划分为四大类：空间段、用户段、链路段和地面段。每一类都有三个或更多的潜在威胁。空间段包括命令入侵、有效载荷控制、服务阻断和恶意软件；用户段包括

---

① 申淼．美国《原子能科学家公报》分析外太空面临的网络威胁．国防科技要闻，2016年12月7日．

② 申淼．《原子能科学家公报》分析太空面临的网络威胁问题．现代军事，2017年6月29日．

③ CNTIC情报小组．美国家航空航天情报中心报告警惕太空网络威胁．国家网络威胁情报共享开放平台，2019年1月24日．

欺诈、服务阻断和恶意软件；链路段包括命令入侵、欺诈和重送攻击；地面段包括黑客行为、网页劫持和恶意软件。

另外，随着国防部和行业将越来越多的数据转移到云中，对太空安全面临的网络威胁的担忧越来越多。太空云的网络安全性比传统云更高，但对网络弹性的依赖非常高，因此在卫星上保护系统和数据更为复杂。[①] IBM 公司沃森云平台的首席技术官杰布·林顿表示，太空安全面临的网络威胁与地球上其他领域的网络安全不同，卫星失去指挥和控制仅 5 分钟就可能完全关闭。卫星星座中，基于云的软件和高速处理器在每个卫星“节点”以及陆、海、空终端之间来回传输大量数据。DARPA 战术技术办公室的“黑杰克”项目主管鲁斯蒂·托马斯表示，太空云的难点在于如何传输所有数据而不造成更大的攻击面，最大的问题是地面网络中使用的加密技术无法很好地扩展到太空网络中。DARPA 信息创新办公室项目经理雷·理查兹表示，国防部需要将重点放在网络弹性上，并从一开始就将这种弹性构建到数据网络中；国防部的目标是能够“让软件发展”，从而创造“网络保障”；国防部希望在未来的国家安全卫星星座中使用各种商业开发的技术，从而为其目前基于少量大型精密卫星的太空架构提供弹性与冗余性。托马斯表示，近地轨道星座体系架构面临的复杂网络安全问题的解决办法可能将是“补丁”，包括硬件补丁和软件补丁。通过快速发射能力，对在轨道上搭载有效载荷的卫星硬件进行定期更换，同时，每颗卫星上携带的“云软件”将能够在发现漏洞时不断从地面获得升级。欲实现较高的网络弹性，很大程度上将依赖快速重构服务的能力。许多网络安全专家表示，计算机网络的网络安全永远无法得到百分之百的保证，因此网络弹性是唯一解法办法，而太空中的网络弹性相比陆地上将更难实现。

---

① 张岸佳. 确保太空云网络安全的难度和解决办法. 国防科技要闻，2019 年 5 月 16 日.

3. 太空部队的首要任务：太空资产的网络安全

2018 年 7 月，哈佛大学肯尼迪学院发表《太空部队的首要任务：太空资产的网络安全》报告称，美国的许多核心基础设施都依赖于太空系统（存在于亚轨道、太空或地面控制系统中的资产以及这些资产的发射设施），太空系统面临严峻的网络安全威胁。[①]美国尽管努力改善核心基础设施的网络安全，但很少有人关注太空系统的网络安全。尽管核心基础设施的安全标准通常在技术上足以抵挡许多攻击，但由于时间和资源的限制，实现这些标准仍然是一个挑战。然而，从技术发展、所有权和管理的角度来看，太空系统比核心基础设施更为复杂。到目前为止，太空系统缺乏指导，缺乏管理太空系统安全的标准，缺乏执行这些标准的政策。美国在太空领域应对网络威胁的能力与现有威胁之间的差距在扩大，卫星网络已经受到威胁。

该报告从三个方面为美国应对太空安全面临的网络威胁提出建议。一是太空资产管理机构应该：（1）将现有网络安全标准和最优方法应用于太空资产，并在必要时为太空资产的独特组成部分量身定制新的标准。（2）根据每一项太空资产的功能，指派专业的安全专家，并将网络安全作为预算中的一项任务，从而实现这一资源的分配。例如，不要指派服务器安全专家处理卫星端点的安全性，相反，应指定具有卫星端点知识的安全专家来保护这些系统。（3）发展和激励网络安全文化，重视太空资产团队的安全。鼓励良好的安全行为，例如运行一个内部钓鱼程序，其中表现最好的人将获得奖励。（4）使用恰当的网络安全工具，例如加密或威胁情报。即使卫

---

① 格雷戈里·法尔科．太空部队的首要任务：太空资产的网络安全．360 智库，2019 年 5 月 31 日．

星传送的数据最终会公开及开放源码，也要加密通讯，以更好地保障资料（例如天气数据）的完整性。（5）与安全研究人员建立联系，使研究人员能够访问公司数据，并提供解决方案来修复公司系统中的漏洞。二是政策制定者应该：（1）要求太空资产组织对其开发、运营和拥有的太空系统组件的网络安全缺陷负责。例如，要求所有与政府签订合同的太空资产组织遵守覆盖网络安全的系统生存能力的关键性能参数要求。（2）扩大《美国国防—国防工业基地网络安全活动联邦法规》的范围，将负责提供其他关键基础设施的太空资产组织必须报告的网络事件纳入其中。（3）美国国土安全部应该建立一个太空系统信息共享和分析中心（Space - ISAC），要求政府机构参与，并鼓励私营部门参与太空资产组织。三是 Space - ISAC 应该：（1）要求在一定时间内向其他太空系统组织披露可信的部门网络威胁，以便其他人有机会根据情报采取行动。（2）记录和维护太空系统安全最佳实践，并鼓励成员组织实施这些安全协议。（3）与其他领域的信息共享和分析中心在石油、天然气、电力和紧急服务等方面合作，评估支撑这些关键部门地面系统的太空系统漏洞，并据此进行补救。从下文可以看出，上述部分建议已被美国政府和军方接受采纳。

4. 太空是否会成为网络安全的终极边界

其间，北约、欧洲航天局等也在关注和研究太空安全领域面临的网络威胁相关问题。英国皇家国际事务研究所下属的智库查塔姆国际安全研究所即是长期对网络和太空安全的交叉领域进行专业研究的代表。2015 年，该研究所与日本笹川和平基金会合作，对导致军用卫星瘫痪的相关网络攻击技术进行了研究，在《卫星安全——导致网络攻击的漏洞》研究报告中指出，网络攻击可摧毁或瘫痪卫星和其他太空设备；潜在的解决方案是加强国际合作、制订政策或增加技术研究投入。另外，该研究所还多次召集各方专家对太空领域设备存在的安全漏洞进行讨论，以寻求和促进相关政策和解决方案的达成。其国际安全研究主管帕特里夏·刘易斯说：“预防太空网络袭击最大的挑战之一就是技术的发展步伐。人类也会受到‘数字老化’的影响，年轻人正以多种方式利用基于太空和网络的通信技术，这令老年人充分理解技术和威胁变得更加困难。”但是技术并非预防黑客袭击的唯一手段。研究人员称：“我们不能完全依赖技术预防网络袭击，还要将所有相关利益者整合起来，对各种网络威胁作出回应。比如当前还没有全球性组织关注这个问题，而这需要国际合作。”研究人员表示，预防网络袭击的最好方式就是建立国际性的“自愿社区”，这个社区由国家和国际太空供应链与保险行业的关键组织组成。刘易斯说，有些工作已经在进行，许多太空机构正采取先进措施来保护太空基础设施。[①]

2016 年 9 月，该研究所发布《太空是否会成为网络安全的终极边界?》报告称[②]，当今世界，许多关键性基础设施（如通信、航空、海事、导航、金融和商业服务、天气和环境监测、国防系统等）都依赖太空设施——卫星、地面卫星接收站以及各种数据传输系统。随着太空资源的使用权逐渐被更多的企业、非政府组织和个人所用，这些太空设施很容易成为网络攻击的对象。一旦太空设施受攻击，相应的地面基础设施也会遇袭，从而给社会经济带来巨大风险。对太空设施的网络攻击包括多种技术手段，攻击的实施主体也可能包括国家军事机构、犯罪团伙、恐怖组织和个人黑客等等。网络和太空安全领域的“进攻”和“防守”界线变得越来越模糊，但相比之下，“进攻”比“防守”发起成本更低、更简单。当各国政府极力

---

① 太空黑客！下一个值得全球航天人深刻思考的问题，卫星与网络，2016 年 9 月 23 日。

② 网络太空安全应引起重视．中国信息安全，2016 年 10 月 5 日．

重视网络安全的同时，与太空相关的复杂供应链和基础设施一样存在被网络攻击的安全隐患。目前，全球范围内还没有相关的以应对太空安全面临的网络威胁为主的研究机构。应对这种挑战，需要激进和创新的观点。卫星通信和导航系统的经验表明，尽管应对太空安全面临的网络威胁相关市场还需定义成形，但总体前景估计良好，应对太空安全领域存在的网络威胁风险面临的国际挑战，也可能是未来保护太空资产的一个战略机遇。太空任务和相关支持功能需要系统定义，同时危机缓解策略的研究也必不可少。当前，亟需一些在太空有能力的国家和关键机构组成国际意愿团体，制订灵活的国际太空发展机制和网络安全制度，这种机制和制度将会提供快速、及时的反应能力，同时也能实现协调和监督作用，有利于太空领域的合理发展。

2019 年 7 月 1 日，查塔姆国际安全研究所再次就这一问题发声，其发布《北约太空战略资产的网络安全》报告称，北约国家应重新关注与军用太空系统特别是终端和指挥控制系统有关的网络安全漏洞，需要研究并应对其本国和成员国的天基资产网络安全挑战。①②北约跨越陆地、海洋和空中的战略军事系统绝大多数依赖于卫星等天基资产，这些卫星依赖于易受网络攻击的技术。因此，对会员国天基资产的任何网络威胁都可能对北约的军事战略和职能造成影响。报告说："网络漏洞是战略学说和军事计划中关键技术的核心""了解太空漏洞并确保适当的缓解措施和冗余将有助于保护北约的太空能力"。为了最好地保护太空资产免遭网络攻击，北约应着重于通过"准备、弹性和连续性"来最大程度地降低风险，以制定更积极的网络安全策略。这尤其重要，因为中国和俄罗斯（北约认为是威胁的

① 电磁利剑．北约强调太空战略资产的网络安全．网电空间战，2019 年 10 月 4 日．

② 徐婧．英国智库发布《北约太空战略资产的网络安全》．新一代信息科技战略研究中心，2019 年 8 月 30 日．

国家）开创了更复杂的太空网络技术，例如新型导航卫星和量子通信卫星。鉴于北约的天基资产在发生网络攻击时可能面临的威胁，报告建议北约修改其政策和学说，在其军事行动中纳入有关使用太空系统的规定：一是建议确定该政策的指导方针，例如北约应确定目标、威胁和原则，确定北约要在多大程度上成为独立的太空参与者，定义盟友的网络进攻和防御能力以及北约的网络防御能力，选择卫星服务的最低能力要求，确定北约将如何与其他组织（包括与私营部门和其他伙伴关系）进行互动。二是建议北约在私人、公共和军事部门之间建立协调的网络安全行动，以实现更强大的战略，并且该组织与欧洲航天局一起创建新的框架。三是建议对联盟中的网络人员进行培训，并努力提供适当的军事装备和工具来支持北约太空系统的网络安全需求。四是建议盟国应保护自己的太空能力，但也应保持一定程度的互操作性，以建立整个联盟的网络安全标准。

（三）应对太空安全面临的网络威胁是重要任务

伴随着对应对太空安全面临的网络威胁问题认识的不断深入，维护太空领域网络安全的重要性日益凸显，并快速引起特朗普政府的高度重视，被其视为美国重要的国家利益。2018 年 9 月，特朗普政府即在《国家网络战略》中增加了太空领域网络安全相关内容，要求政府与业界合作，加强现有及未来太空系统的网络弹性。[①]美国国家宇航局局长简沙·雷（Jaisha Wray）表示："国家安全委员会在与国家太空委员会以及副总统办公室的密切配合下，决定成立一个内部机构小组，称为太空领域网络安全工作组，我们工作组的目标

① 内森·斯特劳特（Nathan Strout）太空领域网络安全工作组如何促进沟通．圣斯沃茨，2019 年 11 月 8 日．

是确定和协调美国政府为管理太空系统的网络安全风险而进行的优先工作”，“自该文件通过之后的一年多来，太空领域网络安全工作组一直在努力使美国政府实现美国太空资产是网络安全的愿望”，“在行业方面，工作组支持新成立的太空信息共享和分析中心（Space - ISAC）的工作”。他还表示：“虽然在增强太空领域网络安全的技术方面遇到了挑战，但很明显，在太空中实现网络安全的主要差距是将各个利益相关者联系起来，无论他们是商业公司、各个机构还是其他国家”。这表明，特朗普政府在维护太空领域网络安全方面专门成立了至少两个机构来负责相关工作。

其中，太空领域网络安全工作组隶属美国国家安全委员会，级别较高，且属于跨部门性质的工作组。美国国家安全委员会是美国最高军事决策机构，由总统、副总统、国务卿、国防部长、紧急计划局局长以及总统指定并经参议院同意的其他行政部军种部部长与副部长组成。作为美国国家安全委员会网络安全总监，简沙·雷负责发展国际网络安全合作伙伴关系。简沙·雷表示，在整个太空系统中发展有效的网络安全的关键是沟通，无论是太空与网络机构，美国与国际合作伙伴，还是政府与企业之间的沟通。“我们看到的是，在美国政府的各个部门和机构中，太空和网络人员通常位于不同局的不同办公室中，因此，我们工作组的早期成功之一就是将这些人聚集在一起，比较笔记并提供更新”，“这特别重要，因为我们在太空方面的努力在商业上和国际上都越来越紧密地交织在一起，我们必须确保所有太空系统，而不仅仅是美国政府的卫星，都受到网络威胁的保护”，“但是，关键挑战是说服其他人在太空领域存在的网络威胁的程度并不总是众所周知或在公共领域可用的情况下，花费更多的金钱和资源来使自己的卫星更安全。因此，这就是为什么在国际上以及与相关行业一起，我们计划加大力度以提高认识并共享有关网络威胁的信息，制定和共享最佳实践和原则以应对这些威胁”。2019 年 10 月，美国国家安全委员会将应对太空安全面临的网络威胁视为“关键优先事项”，太空领域网络安全工作组将支持 Space - ISAC 列为“首要任务”，太空司令部、导弹防御局、国家宇航局以及公私营伙伴、盟国等，将共享对卫星和地面站等的网络安全威胁分析作为一种关键举措。[①]

另一个机构是太空信息共享和分析中心。2019 年 4 月 8 日，美国政府官员和高管在第 35 届太空研讨会上举行了一次机密会议，宣布航天工业将拥有自己的太空信息共享和分析中心（Space - ISAC），以支持 2018 年 9 月白宫发布的《国家网络战略》，通过加强与太空行业主要厂商的网络卫星信息共享协作，帮助保护美国政府定义的特定“关键基础设施”部门，应对太空行业所面临的他国网络间谍攻击、全球定位系统遭恶意干扰、卫星地面站被黑客入侵等日趋强化的威胁。从公开资料看，该中心于 2019 年 4 月份成立，总部位于科罗拉多斯普林斯国家网络安全中心。太空信息共享和分析中心也是自 20 世纪 90 年代以来美国 24 个国家级分析中心中最新成立的一个，这些中心的职能是推动美国政府与航空、国防、金融等行业的合作，通过共享漏洞数据、处置措施和响应办法等信息来应对以本行业为目标的网络攻击。奎托斯联邦空间公司高级副总裁弗兰克·贝克斯表示，正是这样一系列复杂的、显然是由国家资助的针对主要传统卫星运营商的网络攻击，促使了 Space - ISAC 的启动，同时受到白宫和其他机构的支持。这也表明，哈佛大学《太空部队的首要任务：太空资产的网络安全》报告中的建议已被采纳。

2019 年 11 月 7 日，太空信息共享和分析中心举行了第一次董事会会议，建立预算、委员会以及日常运作章程等，弗兰克·贝克斯

---

① Theresa Hitchens. 美国国家安全委员会（NSC）将航天工业的网络安全视为头等大事．圣斯沃茨，2019 年 10 月 23 日．

任主席。太空信息共享和分析中心成员公司收集有关潜在安全威胁的信息，并分析这些数据，然后通过安全门户共享信息，从而使这些公司可以在研发和建造新卫星或其他太空系统时知道如何对抗这些威胁，以保护太空资产网络安全。[①] 2020 年 1 月 24 日，太空信息共享和分析中心举行了第一次正式机构间会议，美国国家安全委员会、国家太空委员会、国土安全部、国防部、商务部和国务院的代表出席。[②] 弗兰克·贝克斯表示，该中心将为太空行业提供针对网络威胁信息分发的一站式服务，正在制定一个全面的网络威胁矩阵，航天发射、太空制造、载荷设计与制造、太空与地面通信、卫星通信服务、系统集成等这几个太空行业细分领域将被视为关键的保护对象。[③] Space - ISAC 的目标是为卫星运营商创造一个安全的环境，使他们可以安静但有效地共享有关网络入侵的信息，并共享其减轻任何损害和修补安全漏洞的工作方式。此外，Space - ISAC 将与政府共享此信息，并将政府生成的信息以未分类的形式反馈给成员。贝克斯表示，使工作复杂化的事实是，许多商业航天公司都是国际化的，即使是国防部最依赖的公司。在卫星通信领域尤其如此，美国军方依靠遍布世界各地的各种各样的公司与驻海外的部队提供通信。因此，Space - ISAC 需要向国际公司开放，但不能简单地允许被美国视为对手国家的公司加入。

2019 年 11 月 6 日 ~ 8 日，美国航天航空公司举办的“2019 年全球卫星网络安全峰会”在美国弗吉尼亚州雷斯顿召开，除上述美国重要部门派员参与外，也汇聚了网络安全专家、情报界人员以及卫星和航天产业高管，围绕太空和卫星架构安全问题进行研讨，探索

---

① 田甜．第 35 届太空研讨会：美国将成立航天信息共享和分析中心．中国国防科技信息中心，2019 年 4 月 11 日．

② 网络达人．美国政府采取措施制止太空网络威胁．网电空间战，2020 年 1 月 25 日．

③ J0ker. 美国政府与太空行业将以“太空信息共享与分析中心”为渠道开展网络安全协作．国际安全简报，2020 年 2 月 14 日．

应对未来卫星网络攻击的解决方案。[①]美国空军研究实验室太空保护与响应计划的负责人罗伯特·维克表示："当我使用并非为设计和制造且可能无法由我操作的产品时，规则将如何更改？我们的观念必须如何改变？"与会者认为，卫星网络的特殊脆弱性为网络攻击提供了缺口，小卫星同样存在遭受网络攻击的风险，太空网络攻击的风险越来越大；卫星是成为重大网络事件受害者的最大担忧，对卫星的高调攻击成为头条新闻将只是时间问题，应为最糟糕的事情——卫星系统遭遇网络攻击做好最好的计划；网络安全问题将成为美国国防部的重中之重，新兴太空公司也应高度重视网络威胁。

目前，越来越多的人担心美国军事对民用太空基础设施的依赖可能会成为一个弱点，即越来越依赖民用卫星引起人们的担忧，对手可能试图侵入控制美国太空基础设施的计算机软件，不仅是轨道上的卫星本身，还包括设计和组装其运载火箭、地面站甚至所在的工厂。为此，美国还成立了轨道安全联盟[②]，旨在为航天工业制定缺失的网络安全标准。[③]该联盟合作伙伴包括来自政府、行业和学术界的专家和代表，成员组织的规模和任务范围广泛，对航天工业中网络安全对国家安全的影响有着共同的理解，共享实时网络威胁信息，并协作发现和修复卫星软件中的漏洞。该联盟主任哈里森·卡迪尔表示，随着太空变得越来越拥挤和竞争，即使那些不向军队提供服务的太空资产也应成为国家安全的一部分，例如，如果黑客可以成功指挥卫星，则可以使用其推进系统将其撞向另一颗卫星。卡迪尔

---

① 伍尚慧，王玉婷．美国"2019 年卫星网络安全峰会"探讨太空威胁应对之策．天地一体化信息网络，2019 年 12 月 17 日．

② 在"2019 年全球卫星网络安全峰会"上，轨道安全联盟创始人哈里森·卡迪尔作为嘉宾参加了"美国政府和国防市场：通过卫星保护资产"专题研讨。这表明，美国在应对太空领域网络安全威胁方面，除了上述太空领域网络安全工作组、Space－ISAC 外，还成立了轨道安全联盟。但有关轨道安全联盟的资料较少。

③ 肖恩·沃特曼．太空是网络安全的新领域．网电空间战，2020 年 5 月 5 日．

称该领域的网络安全为“国家安全噩梦”。

（四）联合开展太空与网络空间等跨域军事活动成为常态

近年来，美军也一直在通过演习探索实践应对太空安全面临的网络威胁之策，以推进其太空领域网络安全作战力量的发展，确保美军的太空优势。比如，为检验太空系统性能，强化太空网络攻防能力，美军将“施里弗”太空战演习由“太空”逐步向临近空间和网络空间拓展，陆续开展了一系列太空战背景下的网络攻防演习，重点演练如何利用计算机网络对敌太空作战指控中心、卫星操作中心、卫星通信网络等关键节点实施攻击，同时保护己方太空指挥、控制和通信设施不受损害。[①②]例如，“施里弗-2009”首度尝试将网络战演习用于太空战演习中，结果清晰显示：在2019年的作战环境中，太空与网络密不可分。由于太空基础设施的大多数元素与网络领域若干特征密切相连，美国空军已决定将网络电磁战运行设于空军太空司令部，并组建了新的第24空军部队，以在未来实施一体化作战。[③]此次演习的关键目标就是分析在太空和网络电磁空间如何实施威慑，并开发能够利用综合手段实现跨多个领域行动的综合计划方案。通过此次演习，美军意识到太空和网络电磁空间发起的攻击，往往不是采取“毁灭”的方式让卫星成为碎片，而是采取诸如网络入侵等隐蔽的“破坏”方式让其不能工作。

从“施里弗-2012”开始，美军紧贴“亚太再平衡”与“第三次抵消”战略需求，逐步促进太空作战力量在太空、天空与网络空

---

① 李向阳，孙龙，等. 美军“施里弗”空间战演习解读. 北京：国防工业出版社，2016年11月.

② 武战国. 透析美国“施里弗”太空战演习. 中国社会科学报，2016年8月4日.

③ 郑静晨. 网空作战将走向一体化. 中国国防报，2011年12月12日.

间等领域的跨域联合协同，构建联盟联合太空作战与预警态势，强化商业航天与军事航天在机制、技术与装备方面的融合，不断调整演习重点、武器装备以及参演力量，并首次将北约七国纳入演习。从“施里弗－2014”起，强化太空与网络空间的规划、威慑以及跨域协同，已经成为演习的重要内容之一。针对中国和俄罗斯太空实力的崛起，美国“施里弗”太空作战演习已逐步将北约以及北美洲和大洋洲的相关盟国纳入体系，同时最大限度地借助国内情报部门、高端智库以及航天部门力量进行支援。“施里弗－2015、2016”演习均以美国太空和网络实力相当的对手为假想敌，重点演练太空对空中的网络干扰、信息攻击、电子战。“施里弗－2017、2018”演习则侧重应对全谱系威胁背景下的太空弹性、太空威慑、太空作战、多域指挥与作战能力的建立。[①][②]

其中，“施里弗－2016”演习想定即是“太空和网络空间”的集成功能与安全问题，演习时间跨度设定在2026年，集中于如何解决贯穿冲突全过程的太空和网络空间领域问题，涉及到复杂的全球范围，从政治危机到可能发生的主要冲突，从威慑、扩大控制范围到作战，以全面掌握太空和网络空间安全的规律和特点。此次演习加深了美军对太空和网络空间的威胁、相互依赖和机会的了解，强调了美国的需求，提出了建立集成化的规划过程、利用综合的和全部国家的途径、在相互依存的太空和网络空间领域执行作战等思路。[③]比如，演习人员认识到，尽管需要对太空系统与网络空间系统的操作进行全面集成，但联合实施一次战役尚有诸多困难。例如，太空系统与网络空间系统的行为通常是彼此独立的。这一现象的存

---

① 陈留哥．从“施里弗”到“全球哨兵”和“太空军旗”——美军太空战演习情况．军鹰资讯，2019年4月11日．

② 丰松江．“天网一体”作战悄然来临．解放军报，2018年12月4日．

③ 21世纪的全球安全新危机——太空系统与电脑网络空间系统集成的安全问题．中国太空网，2016年12月27日．

在，实际上是太空系统与网络空间系统相互结合的速度超过了人们的预期，进而导致产生了问题。如果不能确切地评估和确定两大系统结合的属性，缺乏对两者战略集成过程的了解，缺乏融合集成的手段，不能应对两者集成中人为因素导致的无效性，上述问题就无法得到解决。2016 年 8 月，美国空军太空司令部更新 2015 年 2 月发布的《空军太空司令部长期科技挑战》备忘录，系统提出未来 10 ~ 30 年需要实现的 11 项关键技术能力，其中专门针对“太空与网络交叉领域”，重点发展人工智能、认知电子战、先进数据分析技术三大类共 11 项核心技术，以期提升太空和网络集成作战的态势感知、指挥控制能力和作战效能。显然，这与“施里弗 - 2016”演习不无关系。

2019 年 8 月 29 日，在美国一级太空司令部成立时特朗普强调，太空通信与基础设施对美国安全和国防非常重要，目前美国并没有做好太空网络战的准备，网络司令部、太空司令部、国家部门必须联合开展太空网络防御活动。[①] Lawrence Sellin 表示，随着用于军事目的的商业产品的使用，双重用途技术的融合以及私人通信卫星的扩散，重大漏洞正在成倍增加。天基资产、地面站、相关的指挥和控制系统以及管理该系统的人员等日益增加的脆弱性尚未得到应有的重视。目前，美国在太空领域应对网络威胁的能力与现有威胁之间的差距如此之大，以至于美国的卫星网络应被视为已经受到威胁，并且应着重于弹性措施和增强对开发先进技术的紧迫感，加强识别并应对不断增长的网络攻击。战争的未来将由新兴技术定义，包括人工智能、基于量子的密码技术、量子计算以及基于太空的互联网基础设施的发展。特朗普启动美国太空司令部时承认太空通信和基础设施对美国安全与国防的重要性，其中，弥补技术投资缺口是国

① Lawrence Sellin. 美国没有做好太空网络战的准备. 网电空间战，2019 年 10 月 5 日.

会的责任，而美国网络司令部、太空司令部和从事商业活动的部门必须整合太空网络防御活动，以应对美国21世纪竞争对手提出的挑战。

之后不久，一级太空司令部成立后的首场太空战演习“施里弗-2019”的背景设定，即是在2029年欧洲司令部辖区一个近乎对等的对手试图利用从陆地、海洋、空中、太空和网络电磁空间等领域发起多域军事行动实现其战略目标，从而研究各个太空相关机构与各军种如何在多域环境中联合作战，其中，太空和网络空间两大领域首当其冲地受到广泛重视。另外，根据2021财年预算文件，美国空军正在寻求1.5亿美元资金，用于太空部队网络项目——软件和数字技术试点计划，其中，网络安全采购资金投入仍然是“指挥、控制与通信对策”网络升级的重点。①美国太空部队也表示，新的5G技术将是太空部队任务的关键部分。② 2020年3月18日，美国太空部队太空与导弹系统中心发布了一项为期10年的合同招标书，并委托太空企业联盟③来监督和管理这一项目，而目前太空企业联盟正在征集的项目即是“太空防御性网络作战”。同时，网络空间链路攻击作战也是太空战中美国可能采取的作战样式。④未来太空战将实现针对太空信息网络的网电一体攻防对抗，从太空系统到相关地面基础设施，通过打击敌卫星指挥与控制、数据分发网络等作战链路，击毁指控体系。

总之，正如360智库“别让卫星流浪——从卫星系统看太空网

---

① Lauren C. Williams. Air Force wants $150 million for Space Force software pilot in 2021. *Defense Systems*, Feb. 26, 2020.

② 网络达人．网电空间战．美国太空部队的新任务：保护5G. 2020年3月17日．

③ 太空企业联盟于2017年成立，其主要任务是对接美国空军太空与导弹系统中心与广大的商业太空初创公司以及小型企业。太空企业联盟使用名为“其他交易授权”的简化采办与合同程序，该程序最大限度地扫清小企业和非传统供应商参与项目的障碍，从而为其提供更好地与美国政府开展合作的机会。

④ 彬哥．美国军事航天的发展动向及其影响．航天战略新引擎，2020年4月22日．

络安全”所指出的“当人们谈论到网络安全问题时，大多数情况下会忽略卫星以及其他太空设备也会存在遭受网络攻击的可能性。但卫星技术、地面卫星接收站等，应用在导航、通信、遥感、监测等关键基础设施上，已经成为物联网和互联网基础架构的重要一环。随着太空资源逐渐被更多的企业、非政府组织和个人所用，这些太空设施很容易成为网络攻击的对象”①，以及查塔姆研究所刘易斯所说的“太空领域存在的网络安全鸿沟与薄弱环节需要作为紧急事项得到高度重视”② 一样，当今网络黑客的威胁、大国军事竞争甚至攻击的目标，正提升到新的高度——天基网络。天基网络安全正成为太空安全与网络安全的最前沿，关注天基网络安全、多措并举抵御太空安全面临的网络威胁刻不容缓。

小 结

通过分析特朗普政府在太空军事化战略方面的一些动向，尽管可能挂一漏万，但也许可以如拨云见日一般把握其主要战略企图。简言之，一是美国非常依赖太空，其很多优势源于太空支撑。因此，美国既需要继续确保在太空的绝对领先地位，又不想在太空打无准备之仗，尤其是短期内更不想“硬拼”，这样它就可以继续策略性地以太空绝对优势支撑其在国家安全等其他方面的优势。二是美国考虑到目前其在轨运行的太空系统抗毁性不够、看到战略竞争对手技术发展迅速以及存在的“做贼心虚”“投鼠忌器”等复合性心理，导致其对确保在太空的绝对领先地位“心里没底”甚至焦虑、狂躁。

① 别让卫星流浪——从卫星系统看太空网络安全. 360 智库，2019 年 5 月 20 日.

② 黑客可能攻击卫星？太空环境下的网络安全必须开始得到重视. E 安全，2016 年 9 月 23 日.

因此，为确保安全，其急切划出所谓的“红线”，觊觎能慑止对手，进而继续能以太空绝对优势支撑其他方面的优势。三是为了确保长期的绝对领先甚至实现其“美国第一”“主宰太空”的太空霸权战略目标，其迫切在多个方面寻求变革，以加快现有系统升级换代，快速提升太空作战能力，包括力量体系快速重塑、弹性架构快速构建与攻防能力快速创新，希望可以在一旦威慑失效时有能力保护自己击败对手，即：当弹性分散体系、攻防力量等条件建成后，其真可能会在太空“横行”霸权主义乃至直接“开仗”。到那时，美国可能就不会再那么“投鼠忌器”了。这或许只是时间问题。四是两个“极其担心”——极其担心其太空安全面临“隐形”且难以追溯的网络威胁，极其担心其导弹防御系统抵挡不住来自高超声速导弹等新型武器的威胁，因此，不得不将应对这两个方面的安全风险作为当前的首要任务与重中之重。尽管在这两个方面其也一直是别人的威胁源。总之，国家利益至上的准则无可非议。但不知美方是否曾换位思考，其以“美国第一”“主宰太空”的战略理念奉行太空霸权主义，本就是影响世界太空安全发展与和平利用的最大不稳定因素，且屡以中俄“太空威胁论”为借口大肆渲染炒作，更是别有用心，这些都不得不引起国际社会的高度警惕。

成 军 篇

“无论让中国还是俄罗斯处于太空领先地位，都是不可接受的。”

——美国总统唐纳德·特朗普

一、美军一级太空司令部先行重建

伴随对太空作战域认识的不断深入，美国愈发重视太空作战指挥机构与太空作战部队的建设。2018 年 6 月 18 日，美国总统特朗普在会见国家太空委员会时，明确要求国防部立即启动组建独立太空部队的进程，美国独立太空部队组建工作正式启动。同年 8 月，副总统彭斯阐述了 2020 年建成独立太空部队的具体实施计划。第一阶段是利用现有职权，组建独立太空部队的四个组成部门，即一级太空司令部、太空作战部队、太空发展局、太空部队管理和保障职能部门。所以，2019 年 8 月 29 日，美军正式组建一级太空司令部，负责指挥太空领域作战，被视为其组建独立太空部队、备战太空、争夺太空主导权的一个重要里程碑。

（一）一级太空司令部重建指令签署

长期以来，美军太空作战指挥与力量建设分两条线进行：作战指挥由美国战略司令部统一指挥与控制，力量建设由各军种负责。在作战指挥方面，之前，美国太空作战相关指挥职能由美国战略司令部（一级司令部）及隶属于其的联合部队太空组成司令部（二级司令部）承担。美军 1985 年曾成立一级太空司令部，负责联合指挥各军种的太空力量。“9 · 11”事件后，美军指挥体制于 2002 年全面转型，重点应对反恐，太空司令部被整合到美国战略司令部，成为二级作战司令部；此后，为适应联合作战需要，又多次调整，经历了太空与全球打击联合职能司令部（2005 年）、太空联合职能司令部（2006 年）、联合部队太空组成司令部（2017 年）。2018 财年和 2019 财年的《国防授权法案》要求国防部审查太空力量组织与管理结构，进行指挥体系改革，但太空司令部仍作为二级司令部置于战略司令部之下。

2018 年 8 月，根据特朗普启动筹建太空部队指令，美国国防部提出，作为组建太空部队的第一步，依据美国特种作战司令部和美国网络司令部组建方式，重建新的太空司令部，负责统一指挥太空作战部队、实施力量运用、编制作战条令、指挥作战等；同时向总统提出申请，修改规定美军作战司令部和职能司令部职责的《统一指挥计划》。之后，经过四个月左右的酝酿，2018 年 12 月 18 日，白宫以备忘录形式发布特朗普正式签署成立美国太空司令部的指令。在这一备忘录中，明确太空司令部的职能包括三个方面：履行一级作战司令部职责；接管美国战略司令部的太空相关职能；对各军种太空作战力量实施统一指挥与控制。①新的太空司令部正式重建完成后，将成为美国第 11 个联合作战司令部②，对美国的太空军事行动拥有全面的指挥与控制权。

彭斯称，这是为了更好地组织和推进美军在太空中的大规模行动，同时希望找到更有效的方法来保卫美国的太空资产——美军一直所依赖的用于航海、通信、导航、情报以及其他对军方和国民经济至关重要的大量卫星群。③ 美国情报机构 2018 年早些时候报道说，

① Text of a Memorandum from the President to the Secretary of Defense Regarding the Establishment of the United States Space Command. Spaceref，2018 年 12 月 20 日．“I assign to United States Space Command：all the general responsibilities of a Unified Combatant Command；the space related responsibilities previously assigned to the Commander，United States Strategic Command；and the responsibilities of Joint Force Provider and Joint Force Trainer for Space Operations Forces.”

② 太空司令部成立前，美国有六个地区性司令部：非洲司令部、中央司令部、印太司令部、欧洲司令部、北方司令部、南方司令部；另有四个职能性司令部：网络司令部、特种作战司令部、战略司令部、运输司令部。

③ 美国成立太空司令部，特朗普要打星球大战？科技日报，2018 年 12 月 23 日．

俄罗斯等对手正在寻求在未来战争中使用“非破坏性和破坏性”的反卫星武器。美国越来越担心对手可能针对卫星系统发起网络攻击，进而使部队在没有电子通信或导航能力的情况下作战。再加上空军专注于战机和其他战斗优先事项，太空技术开发工作有时受到的关注较少，太空力量重组问题变得越来越紧迫，而特朗普的命令加速了数十年来重组和改善军方太空技术开发的工作。建立新的太空司令部，正是加速美国太空作战能力生成的关键一步。该司令部将负责指挥、监督和组织太空作战，加快发展太空作战条令、战术和技术进步等，以找到更有效的方法来保卫美国的太空资产；它将整合运用美军所有军种的太空军力。

（二）一级太空司令部重建过程

2018 年 12 月 18 日，特朗普签署命令重建美国太空司令部的备忘录指出，美国太空司令部的预期人员为 390 名军官、183 名士兵、827 名文职和 50 名承包商。但也有消息称，在成立之初，新的太空司令部将从现有的军事太空办公室抽调大约 600 名工作人员，然后在未来几年至少增加 1000 名工作人员。此外，新的太空司令部还将从其他军种中抽调现有部门，例如陆军太空与导弹防御司令部以及海军的太空与海战系统司令部。向美国战略司令部报告的联合部队太空组成司令部将成为美国太空司令部的基础。2019 年的第一步将是由国防部提名太空司令部的负责人，包括一名四星上将司令和一名副司令，将由参议院批准。有消息称，候选人很可能是空军太空司令部司令约翰·雷蒙德和副司令戴维·D·汤普森。雷蒙德曾建议将 140 名军事和民用太空作战人员从加利福尼亚州范登堡空军基地转移到施里弗空军基地，以便接近联合部队太空组成司令部并与国家太空防御中心并置。汤普森曾对记者说，预计美国太空司令部全面运行尚需数年时间；国防部和国会将不得不帮助太空司令部建立全面的能力；早期的重点是在一定程度上提升能力并发挥作用，以确保美军太空力量体系正常运行。①

对此，时任美国空军部长威尔逊表示，随着国防部将更多的注意力转向太空，并将其视为作战域，建立四星级上将任司令的太空作战司令部是“向前迈出的巨大一步”，且由于太空安全威胁的增加，现在正是重建美国太空司令部的适当时机，并表示“参谋长联席会议所有成员都会一致支持”。②不过她在 2018 年 9 月也曾表示，建立这样的一个联合作战司令部成本颇高。③彭斯则表示，未来五年新的太空司令部预计将投资 8 亿美元进行人员建设，该司令部的资金将列入 2020 财年的预算。彭斯当时还补充说，总统将在未来几天签署第 4 号太空政策指令，规划政府如何建立太空部队。分析认为，特朗普宣布重建美国太空司令部，是朝着建立一支独立太空部队迈出的重要一步。

美媒分析表示，特朗普的这一举动，实际上是想重建美国太空司令部。于 1985 年成立的太空司令部在 2002 年被布什政府解散后，其职能由战略司令部接管。同时，美国太空军事力量分散部署于陆、海、空三军，但其主体在空军，美国空军通过空军太空司令部继续

---

① Sandra Erwin. U. S. Space Command: What we know so far. *Space News*, 2019 年 2 月 9 日.

② 田甜．彭斯：特朗普正式指示国防部建立美国太空司令部．国防科技信息网，2018 年 12 月 25 日.

③ 美国空军部长威尔逊指导起草的内部空军白皮书警告说，美国太空部队没有足够的资源用于美国在太空中面临的战略竞争，五角大楼可能低估了其成本。建立一个经过适当培训并配备应对这一挑战的军事太空部门，五年内需要 130 亿美元的成本估算，其中包括单独的太空部队和美国太空司令部的费用。

在太空中发挥主导作用。[①②]据不完全统计，美国空军太空司令部下属第 14 航空队属于军事太空力量，总部位于加利福尼亚州的范登堡空军基地，主要负责导弹预警、太空监视、太空攻防、航天发射、卫星指挥与控制等行动的计划与实施，下辖 21 太空联队（导弹预警）、30 太空联队（卫星发射、太空监视）、45 太空联队（卫星发射）、50 太空联队（太空作战、卫星控制）、460 太空联队（太空 ISR）共 5 个太空联队。有的学者也常把隶属空军全球打击司令部的第 20 航空队（陆基核威慑力量）下辖的第 90、91、341 弹道导弹联队以及隶属空军后备队司令部的第 10 航空队第 310 航天联队归属于太空联队。此外，美国空军太空与导弹系统中心是美军太空系统项目管理机构，下辖军事卫星通信系统联队、GPS 系统联队、天基红外系统联队、发射与发射场系统联队、太空优势系统联队、太空发展与测试联队、526 洲际弹道导弹系统联队（该部队接受太空与导弹系统中心和空军装备司令部后勤中心双重领导）。

美国陆军太空作战力量由陆军太空与导弹防御司令部统一管理和控制。主要职责是：支援战略司令部的全球打击、导弹防御、信息作战、C^4ISR 和太空作战等任务；计划、整合、控制、协调陆军太空军事力量资源和能力，实施太空军事行动；从陆军角度提出有关太空作战和陆基中段防御系统的建议，整合陆军在全球弹道导弹防御体系中的行动；承担与任务有关的研发、试验和采购工作。陆

① Zeke Miller. Trump plans to create unified U. S. Space Command. *Military Times*, Dec. 18, 2018.

② 1982 年，曾任美国国家安全委员会特种计划室主任和国家安全事务助理的退役陆军中将丹尼尔·奥·格雷厄姆出版的《高边疆——新的国家战略》是美国总统里根 1983 年提出的“战略防御倡议”——“星球大战”计划的理论基础。伴随着“星球大战”计划的出炉，1982 年，美国空军率先组建“空军太空司令部”——美军历史上首个承担太空任务的指挥和行动机构，主要任务包括太空力量支援（发射卫星等高价值航天器并负责后期操控）、太空控制（运用对抗手段保证太空使用权）及对地支援（向地面部队提供基于卫星的气象、通信、情报、导航和导弹预警等支援）等任务。1983 年，美国海军也成立自己的太空司令部。1985 年五角大楼组建了“美国太空司令部”。它被称为“美国史上第一个跨军种联合作战太空司令部”，主要职责是“帮助美国武装力量合理、有序地利用外太空资源，并将这种利用制度化”。

军太空与导弹防御司令部下辖第1太空旅（下辖第53通信营，第1、2、17太空营和第193太空支援营）、第100导弹防御旅（下辖第49导弹防御营）、4个技术中心（太空与战略系统局、空中与导弹防御局、理念分析实验室、罗兰·里根洲际导弹防御试验场）、未来作战中心（能力发展综合局、美国陆军太空与导弹防御学院、未来作战实验室和美国陆军太空人事发展办公室）等。其中，与太空作战有关的事务主要由位于科罗拉多州斯普林斯的第1太空旅负责，主要任务是确保美军及盟军部队能够得到充分可靠的太空情报保障。

美国海军太空作战力量连同网络空间作战力量一起，由舰队网络空间司令部/第10舰队统一管辖。美国海军太空作战力量有限，只负责本军种内部事务，主要是维护海军自身卫星系统的正常运转，为海上部队制定太空能力运用计划，运用太空系统为海上部队提供态势感知支持，与有关人员协同评估海上作战行动，确保将海上部队的太空能力需求落实为具体行动。具体涉及太空作战领域的活动由海军卫星作战中心负责。海军卫星作战中心下设执行办公室，主要负责运行、管理和维护分配给海军使用的窄带卫星资源，包括先进极高频卫星、移动用户目标系统、海洋监视卫星、海军电离层监视卫星等的跟踪、遥测和控制，为海军及其他军种提供可靠的太空服务。

此外，美军太空联合作战体系还包括一些其他战斗支撑力量。网络司令部以及战略司令部下属的负责情报监视和侦察、一体化导弹防御和全球打击的联合职能部队司令部均可参与太空作战。国防信息系统局、国家地理空间情报局、国家侦察局、国家地面情报中心等机构都会在战时为美军提供信息支撑服务。必要时，美军还可以获得美国航空航天局、国家海洋和大气管理局等非国防部机构的支援。

新的太空司令部成立后，将位于太空作战指挥链的顶层，统管美军三军的太空力量，负责计划和实施太空作战，对美军所有太空部队拥有作战指挥权。新的太空司令部驻地暂定于肯尼迪航天中心。不过据报道，六个空军基地正被考虑用于太空司令部。[①]众议院军事委员会成员、共和党议员迈克尔·华尔兹和比尔·波西以及另外11名佛罗里达州立法者曾致函代理国防部长沙纳汉，要求将太空司令部部署于佛罗里达州，但美国空军官员目前正考虑科罗拉多州的四个地点，即巴克利空军基地、夏延山空军基地、彼得森空军基地和施里弗空军基地，阿拉巴马州的陆军红石兵工厂和加利福尼亚州的范登堡空军基地也是竞争者。美国国防部证实，一些基地被确定为潜在的太空司令部地点，但尚未作出任何决定。科罗拉多州共和党众议员兰博恩对这一声明表示欢迎，但对将其置于佛罗里达州提出质疑，认为科罗拉多州才是“国家安全太空事业的中心”。兰博恩表示，17年来科罗拉多州一直是原先太空司令部的所在地，在斯普林斯建立美国太空司令部，是在最短、最具成本效益的时间线上提供所需能力的唯一重要选项，并且是这个新组织的自然长期驻地。

特朗普组建一级太空司令部的消息公布后，社交媒体也纷纷猜测美国太空司令部将取代美国空军太空司令部。对此，威尔逊表示，两个组织任务不同，美国太空司令部将成为军方统一的太空指挥部。与此同时，空军太空司令部将根据总统的太空部队筹建计划进行重组。太空与导弹系统中心指挥官约翰·汤姆森进一步解释称，作战司令部的主要职能是完成作战任务，而空军太空司令部的主要职能是提供组织、训练和装备所需的资源，并为美国太空司令部提供太空力量。沙纳汉也表示，太空司令部也不应该与太空部队相混淆；

---

① Six air force bases being considered to house space command – reports. *Sputnik News*, Apr. 11, 2019.

太空部队将提供支持太空作战的人员、资产和能力，而太空司令部将作为利用太空能力和领导太空作战的作战指挥部；一旦两个组织都启动并运行，太空部队和太空司令部之间的关系将基本类似于其他五个军种与四个职能作战司令部间的关系。2019 年 12 月 20 日，特朗普签署的 2020 财年《国防授权法案》也证实了这一点，即将在太空部队的架构下对空军太空司令部进行调整。

组建一级太空司令部反映出美国面向未来联合作战需求对太空作战指挥系统所做的重要改革，其与特朗普政府强调太空已成为作战疆域以及提出建设独立太空部队的目标一致，都是要大力加强美国军事太空力量的建设和高效运用，加快提升联合作战支援和太空攻防作战能力。通过将太空司令部升级为一级作战司令部，美军把太空作战指挥与控制提升到更高的战略层级，将更专注于太空作战和太空战争学说，将有效缩短指挥链条，更好满足未来作战需求。[①]

2019 年 3 月 26 日，特朗普提名美国空军太空司令部司令约翰·雷蒙德担任美国太空司令部司令。自 2016 年 10 月以来，雷蒙德一直执掌驻扎在科罗拉多州彼得森空军基地的空军太空司令部[②]，此前他曾担任美国空军负责作战的副参谋长，在空军服役超过 34 年。正是雷蒙德在组织、训练和装备太空部队方面的丰富经验而使其被视为该职位的重要人选。2019 年 6 月 4 日，雷蒙德在他的提名确认听证会上轻松过关。[③]如果参议院批准，雷蒙德的任命将是建立太空司令部所需的第一步，雷蒙德也将会保留空军太空司令部的司令职务

---

① 刘海印，田甜，孔紫琴. 美军太空力量指挥体系最新调整——美总统下令组建一级太空司令部. 星际智汇，2018 年 12 月 30 日.

② 美国空军太空司令部成立于 1982 年，现有大约 3.8 万名人员，其中包括 2.6 万余名太空专业人员，操控全球定位系统等 185 个卫星系统，支持美国在全球的军事行动，并遂行不同类型的太空作战任务。

③ Here's what the first few years of US Space Command might look like. *Defense News*, Jun. 4, 2019.

身兼两职，届时雷蒙德也将成为美国最高级别的太空指挥官，负责监督装备、训练和组织空军下属的太空部队以及美国太空司令部下属的联合部队。对此，也有报道认为，一开始，太空司令部的启用对美军处理其太空事务的方式不会有什么实际影响；空军太空司令部目前承担超过3/4 的太空任务，估计将会逐步把这些职责移交给新设立的太空司令部。

在听证会上，雷蒙德表示，太空正在成为一个有争议的“战争领域”。在回答立法者提出的书面问题时，雷蒙德披露了美国太空司令部近几年的发展计划。雷蒙德写道，组建新的太空司令部所面临的挑战是巨大的，如果他能获得任命，他的首要任务是确保美国和联合部队每天所依赖关键太空能力的指挥和控制能够无缝过渡；与此同时，需要做好应对太空从“宽松”环境转变为“战争领域”的各项准备。一旦他担任指挥官得到确认，太空司令部首批太空作战人员将会到位，太空司令部将正式成立。雷蒙德表示，负责组建太空司令部的初级干部将由来自美国战略司令部的640 名人员组成，包括联合部队太空组成司令部及其分布式太空任务作战中心的所有人员，以及将从美国战略司令部总部转隶的其他工作人员。这些人员来自军队的每个部门，并将服务于每个作战司令部的职能区域。五角大楼正在进行人力评估和战争推演，以确定太空司令部的最终规模、结构以及它与其他太空和军事组织的关系。根据预算文件，美国太空司令部在2020 财年将需要617 名人员，其中587 人从其他军事太空组织转隶。[①]自此之后，太空司令部的规模将会扩大，但仍有许多未知之处。雷蒙德说，未来几个月将完成实现全面运营能力的人力估算，但希望太空司令部的规模与其他领域司令部一致。此

---

① Valerie Insinna. Here's how much money the Defense Department wants for its trio of new space organizations. *Defense News*, Mar. 12, 2019.

外，雷蒙德还表示，改善与国际合作伙伴和各机构的关系对于应对与日俱增的威胁至关重要。他说："美国太空司令部和美国战略司令部将在这一命令建立之日和未来之日建立强有力的伙伴关系，特别是在我们建立这一命令的早期阶段。"

在雷蒙德等待美国参议院确认其担任太空司令部首任指挥官期间，2019 年 5 月 7 日至 8 日，美国空军太空司令部第 14 航空队在彼得森空军基地举办了一次指挥官会议，旨在为第 14 航空队[①]的相关战略计划、关键举措和组织变革等提供指导，并利用其相关经验为即将成立的美国太空司令部未来发展提供参考。来自第 21、30、45、50、460、310 太空联队、联盟太空作战中心、国家太空防御中心、国家侦察局和第 14 航空队的各级指挥官出席了会议。[②] 在该会议上，首先，第 14 航空队司令斯蒂芬·怀廷强调了支撑其当前三大重点能力的关键举措。一是"情报主导作战"。为了提高任务有效性，必须将所能收集到的最优情报整合到作战力量中。因此，"情报主导作战"强调以下几点：创造性并积极地训练作战人员获取情报；成熟的太空目标选定计划；加强情报、监视和侦察部门的支撑；发展受情报驱动的战术、技术和程序。二是"今夜准备好开战"。当前，指挥官们面临着两大挑战：创造、培养和维持太空作战文化；将先进的太空作战策略和训练整合进伙伴机构的作战和计划中。第 14 航空队在会上响应空军参谋长戴维·戈德芬提出的"振兴空军中队"的倡议，表示空军的核心在于中队，他们支撑着"今夜准备好开战"的能力和战斗杀伤力，空军作战人员的技能是空军竞争优势的基础。为了培养一流的战士，必须加强训练的真实性，并加强与盟友和伙伴的合作。三是"各层级创新"。为支持"各层级创新"，需要制定

① 美空军第 14 航空队负责组织、训练、装备、指挥以及招募空军太空力量。

② Maj. Cody Chiles. 14th Air Force's priorities for space warfighters. *Space Daily*，May. 20，2019.

流程来奖励、资助和加强创新，提拔那些开展创新的人，并将创新成果纳入太空作战行动。会议探讨了一个创新实例，即名为“战斗发展部”的新概念。“战斗发展部”是美国空军在联队下设置的小型发展团队，由来自联队的作战部门和采办部门的人员组成，专门解决中队级别作战人员的需求。“战斗发展部”概念来自特种作战部队，实施“战斗发展部”是为了支持空军太空司令部开展作战活动的“指导和意图”，以更快地获得能力，向空军太空与导弹系统中心、空军太空司令部集中输入作战人员，提高应对新威胁的作战响应能力。第 460 太空联队在此次会议前不久，率先成立了“战斗发展部”，并举办了一次“演示日”活动，使作战人员有机会体验快速采办流程，并给出反馈。此外，会议还讨论了最高优先事项：建立美国太空司令部的计划和架构调整。会议提议，新的太空司令部将负责规划和执行太空作战，并利用太空部队慑止、必要时击败威胁，以确保美国的国家安全和利益。怀廷称，建立美国太空司令部将提高第 14 航空队行动的战略价值，支持其维护太空国家利益的使命，是第 14 航空队的最高优先事项。怀廷之后兼任美国太空司令部联合部队太空组成司令部[①]指挥官，负责规划和遂行全球太空作战，并为作战指挥官和盟国提供太空军事力量支撑，可谓雷蒙德的“左膀右臂”。所以，此次会议也可以看作怀廷在为其即将进行的角色转换作“热身准备”，某种意义上也体现了太空司令部联合部队太空组成司令部运行的一些核心理念。

2019 年 6 月 27 日，美国参议院确认雷蒙德将担任重新组建的美国太空司令部首任指挥官，同时至少在第一年里继续领导美国空军太空司令部。美国国防部在 2020 年经费申请中为该项工作分配了 8380 万美元，将从美国战略司令部调配 643 名军人和文职人员参与

① The Combined Force Space Component Command：联合部队太空组成司令部。

组建，美国参议院和众议院也已分别提出组建方案。雷蒙德表示，虽然还没有明确的时间表，但美国太空司令部在达到初始作战能力时必然具备独立的情报/指示与预警、作战指挥与控制以及战争规划能力，并将配备执行任务所需的力量、资源和职权。①美国太空司令部也将在未来几周内正式成立，虽然其总部的位置尚未正式确定，但它的两个主要组成部分将分别位于范登堡空军基地和科罗拉多州斯普林斯的施里弗空军基地。②位于范登堡空军基地的联合部队太空组成司令部将负责为世界各地军事指挥官提供太空支撑，如基于GPS的导航、天基信息、卫星通信和导弹预警。位于施里弗空军基地的太空防御联合特遣部队将与美国国家太空防御中心位于同一地点，主要负责保卫轨道上的军事卫星。届时，国家太空防御中心③将作为太空防御联合特遣部队的指挥中心，联合太空作战中心④将成为联合部队太空组成司令部的指挥中心。雷蒙德将继续留在科罗拉多州彼得森空军基地，担任美国太空司令部和空军太空司令部的双重负责人。

在太空司令部以及太空部队的组建过程中，其与美国国家情报界之间的关系将如何处理一直是讨论的重点。长期以来，美国形成与军事太空相关的两大太空力量：以空军为代表的国家安全太空力量和以国家侦察局为代表的情报界太空力量。二者虽各有一套装备采办和运行机制，但在隶属关系上，并非泾渭分明。例如，国家侦

---

① 吴明阁．雷蒙德将军担任美国太空司令部首任指挥官．电科防务，2019 年 7 月 3 日．

② U. S. Space Command's major components will be based in California and Colorado. *Space News*, Jul. 2, 2019.

③ 美国国家太空防御中心于 2018 年 1 月开放，它结合了军事和情报资源，收集和分享有关美国卫星威胁和支持基础设施的数据。作为重组的一部分，施里弗第 50 太空联队的第 1 太空作战中队将不再属于联合太空作战中心，将被置于国家太空防御中心之下。该中队专门研究太空态势感知，并运行太空监视系统和地球同步太空态势感知系统。

④ 美国联合太空作战中心旨在监测太空环境，改善美国、盟国以及商业和民间伙伴之间在防御性太空方面的协调行动，支持多国太空作战。

察局负责美国情报、监视与侦察卫星的研发、采办、发射、部署及运行、数据处理等，该机构既是国防部机构，也是情报界成员，同时向国防部长和国家情报总监汇报工作。在组建独立太空部队的进程中，沙纳汉最初希望在空军之外组建独立的军种，并将情报界太空力量纳入太空部队。但目前，参众两院仅同意第一步先在空军内部组建太空部队，暂不包括情报界太空力量，但强调加强国家侦察局与国防部的合作。在作战运用方面，由原战略司令部授权其下的联合部队太空组成司令部实施联合太空作战指挥与控制；国家侦察局等情报机构则按照情报系统运行机制，对联合太空作战给予支撑。目前，美国欲成立一级太空司令部接管战略司令部相关职能，统一指挥美军在各域的太空作战。在这一新形势下，美军需要进一步统筹太空力量作战运用，明确美国太空司令部和国家侦察局之间的作战指挥关系。2019 年 8 月 20 日，美国国家情报局代理局长约瑟夫·马奎尔在国家太空委员会第六次会议上宣布，经过数月的分析与审议，国防部与情报界已同意，由美国太空司令部与国家侦察局共同组建新的太空作战联合指挥部，总部设在国家太空防御中心。[①]一旦美国卫星遭受攻击，国家侦察局将接受太空司令部的统一指挥，情报界相关太空资产将交由太空司令部实施战役战术指挥与控制。

美国国家侦察局原局长马丁·法加认为，“卫星攻击的速度”是本次指挥结构发生变化的主要原因。为应对“对抗加剧、作战效果降低、军事行动受限”的太空新环境，美国国防部与情报界 2015 年在科罗拉多州施里弗空军基地组建“机构联盟的联合太空作战中心”，后更名为“国家太空防御中心”，负责国家安全太空领域的作

① 赵敬堂，田甜．美国防部与情报界统筹太空作战联合指挥．星际智汇，2019 年 8 月 30 日．

战任务。这一次又在国家太空防御中心的基础上成立新的太空作战联合指挥部，是为了应对太空冲突可能性不断加剧的新态势，即当冲突延伸到太空时，国家侦察局接受美国太空司令部司令的指挥，并根据共同制定的行动指南及军演经验，实施防御作战，这样有望全面整合情报界与军方的太空防御规划、职能与能力，使其发挥最佳作战效能。对此，安全世界基金会国家和国际太空安全项目策划负责人布赖恩·威登指出，美国国家安全太空力量与情报界太空力量指挥权之争，一直是双方争论焦点，此次组建太空作战联合指挥部意义非凡，但是考虑到众多卫星都有专门或定制的地面系统，后期实施难度不容忽视。

（三）一级太空司令部正式成立

从 2018 年 8 月彭斯在阐述 2020 年建成太空部队具体实施计划时提出组建一级太空司令部，到 2018 年 12 月 18 日特朗普正式签署成立美国太空司令部的指令，经过一年左右的酝酿，2019 年 8 月 29 日美军太空司令部正式成立，成为美国国防部第 11 大联合作战司令部。太空司令部将主管国家太空防御行动，研究制定太空条令、战术、技术和规程，整合美军所有部门的太空力量，负责联合部队太空作战“导弹预警、卫星运行、太空控制及太空支撑”等相关所有军事活动。

特朗普在成立仪式上表示：“今天是一个具有标志性的日子，这一天将确认太空是美国国家安全和国防的核心”。太空是美国拓展军事力量的下一个领域，是一个终极高地，太空司令部将确保美国在太空领域的优势和主导地位永远不会受到怀疑和威胁。太空司令部是一个地理作战指挥部，其全球责任区域定义为地球周围区域——海拔等于或高于海平面 100 千米以上的区域。作为最新的作战指挥部，太空司令部将捍卫美国在太空中的重要利益，这对每个人来说都是显而易见的，因为这一切都与太空有关。对手国家正在运用新的技术想方设法对付美国的卫星，实施太空军事作战对于及早探测到射向美国的导弹并将其摧毁具有非常重要的作用。他还表示，美军成立太空司令部后，下一步将组建太空部队，成为陆军、空军、海军、海军陆战队和海岸警卫队以外的第六大军种。[①]特朗普 2018 年 6 月即下令国防部组建太空部队，国防部两个月后发布建军蓝图，其中提出设立太空司令部是组建太空部队的第一步。美国现任国防部长马克·埃斯珀[②]是组建太空部队的坚定支持者，他表示，为了保护美国的太空利益，美国国防部必须投入必要的精力和资源，其中，设立太空司令部是向组建独立太空部队迈出的重要一步。[③]

美国太空司令部宣布正式成立后，对其职能任务众说纷纭。有报道称，太空司令部的职责是威慑冲突，保护太空行动自由，整合太空联合部队和强化与战斗有关的太空能力，包括卫星通信、导航、导弹预警、环境监测以及军事情报、监视与侦察等。太空司令部的使命是阻止太空侵略和冲突，捍卫美国和盟国的太空行动自由，为联合部队提供太空支撑，并发展联合作战人员，促进美国和盟国在太空领域内外的利益。[④]太空司令部的四大主要任务是阻止太空中潜在的敌人，保卫美国天基资产不受别国干扰或破坏，为其他作战指挥部提供卫星通信、导航和导弹预警等作战支撑，发展能在太空中

---

① 美成立太空司令部寻求霸权，大肆炒作中俄太空威胁．凤凰网军事频道，2019 年 8 月 31 日．

② 2019 年 1 月 1 日，美国国防部原部长詹姆斯·马蒂斯离职。之后，国防部副部长帕特里克·沙纳汉担任代理国防部长。2019 年 5 月 9 日，特朗普提名沙纳汉为国防部长，但由于“种种”原因，2019 年 6 月 19 日，沙纳汉宣布退出国防部长正式提名程序。2019 年 6 月 21 日，特朗普提名陆军部长马克·埃斯珀为新一任国防部长，并任命埃斯珀接替沙纳汉任代理国防部长。2019 年 7 月 23 日，美国国会参议院批准特朗普对埃斯珀的提名，埃斯珀宣誓就任美国国防部长。

③ 美军设立太空司令部，将组建第六个军种“太空部队”．新华网，2019 年 9 月 2 日．

④ https：//koaa. com/news/covering – colorado/ceremony – will – recognize – establishment – of – u – s – space – command.

作战的联合作战人员。[①]美军在新闻简报中披露，太空司令部职能包括为美军地面部队的卫星导航和即时通信提供技术和安全支撑，保护美国太空资产，防止他国对美国卫星进行破坏，并对他国导弹发射等活动进行监测预警。[②]美国太空司令部的一份报告称，美国必须认识到，太空将很快成为推动国家政治、经济和军事力量发展的主要引擎；美国需制定一项长期的、全国性的国家太空战略，以确保继续在太空领域处于“领导”地位，并对抗来自他国的挑战；建立太空司令部是确保继续在太空领域处于“领导”地位的一个关键步骤，太空司令部的建立将加速美国的太空能力，以应对美国太空资产面临的日益增长的威胁，阻止潜在敌人将关键的美国太空系统置于危险之中。可见，美国太空司令部的职能可谓“万变不离其宗”，核心是应对太空威胁、保护美国太空资产，关键是为联合部队提供太空支撑。

如前所述，太空司令部的首任司令由雷蒙德担任。特朗普还选择陆军太空与导弹防御司令部、陆军战略司令部指挥官詹姆斯·迪金森为太空司令部副司令。太空司令部正式成立后，雷蒙德说：“太空是一个像空中、陆地、海洋和网络一样的作战领域，美国国家安全战略明确指出，在太空获得行动自由是一项至关重要的国家利益；美国的太空能力巩固了美国国家的安全，促进了美国的经济繁荣，为美国人民的生活方式提供了条件，并决定了美国的战争方式；对手明白这一点，并正在迅速壮大太空能力，开发旨在拒绝美国使用太空的武器；通过建立太空司令部，对太空这个作战领域给予特别关注，是美国向世界发出的一个非常明确的信息，即美国和其盟国一定会抢占太空优势；美国必须迅速行动，必须大胆地发挥太空作

① 张茜．美“太空部队”呼之欲出，天外摩擦风险加剧．新华网，2019 年 9 月 5 日．
② 美军高层猛夺太空司令部，俄军事专家嗤之以鼻．环球网，2019 年 9 月 11 日．

战能力，以执行指定的任务。”[①②]他表示，今天的美国太空司令部与以前 1985 年到 2002 年期间的太空司令部虽然名称相同，但它们所面临的战略环境不同。目前，美军已经不能假定自己还“奢侈”地坐拥太空军事优势，而是必须参与到与其他国家的太空竞争中，才能确保未来继续占据优势。因此，他希望通过一支能够打赢“太空战”并保持美国“太空霸主地位”的部队，阻止一场可能在太空发生的战争。他说：“我们将发展处于战备状态的太空部队，将继承由原太空司令部创设并历经冷战时期考验的太空战争文化，使之与当今的战略环境相适应”，“组建太空司令部只是一个起点，此后，该司令部将致力于大胆地发挥太空作战能力”。[③]

对于太空司令部的任务，雷蒙德表示，美国太空能力正面临威胁，这种威胁的范围、规模和复杂性真实存在且令人担忧，比如，通信卫星和全球定位系统卫星会受到可逆的通信干扰，更有甚者，一枚陆基导弹可极具破坏性地动能摧毁一颗卫星。建立一个专注于太空领域的作战指挥部，表明美国致力于保护和捍卫其太空资产免受这一威胁的决心。作为第 11 个作战司令部，太空司令部是为了在这个新的作战领域捍卫美国的太空能力。要做到这一点的最佳优先方式就是进行威慑；而一旦威慑失效，就要做好战斗准备并能够取胜。[④]因此，太空司令部的任务实际上包括以下四个层次。[⑤]一是威慑和阻止。他说：“虽然太空显然是一个战争领域，但我们不想打一场

---

① U. S. Space Command establishment ceremony launches new era of space superiority capabilities. Schriever Air Force Base，Sep. 6，2019.

② Media roundtable with U. S. Space Command commander Gen. John Raymond. U. S. Department Of Defense，Sep. 1，2019.

③ 美军高层猛夸太空司令部，俄军事专家嗤之以鼻．新华网，2019 年 9 月 13 日．

④ Head of US Space Command：Space is “Clearly a warfighting domain”. Futurism. com，Dec. 28，2019.

⑤ Nathan Strout. The new head of US Space Command wants to focus here. C4ISRNET，Sep. 9，2019.

延伸到太空的战斗。但要想遏制冲突，就必须建设强大的太空军力。”太空司令部的成立，将针对太空装备的军事化运用发展太空进攻能力，其目的在于通过提供“战争选项”，“威慑”可能挑起太空军事冲突的潜在对手。二是捍卫。如果威慑失败，则需要通过进攻和防御行动捍卫美国和盟国的太空利益，太空司令部将真正参与到“太空战”之中。为此，太空司令部将成立融合各军种的太空防御联合特遣部队，以及美国空军的太空战军种部队等，都将参与到太空作战行动中。三是支撑。太空司令部作为美军联合部队的重要战斗元素，从一开始成立就与联合作战指挥和盟友紧密相关。为此，太空司令部成立联合部队太空组成司令部，承担美军太空部队的既有任务，即为美军及其盟友的常规作战部队提供太空信息支撑，包括对弹道导弹的预警监控，为地面和海上作战提供战场态势监控，并承担战略通信和气象保障等任务。组建太空司令部能够更好地整合各军种的太空信息支撑力量。四是进攻。太空司令部将发展一支时刻准备好的攻击力强的太空力量，以便能够在这个有争议的领域中作战取胜。

此外，雷蒙德还表示，增强太空联盟的作用也是太空司令部的“优先事项”。[①]他说：“以前美国不需要在太空中拥有盟友，但是现在随着太空成为一个全面的战争领域，与盟友合作对美国来说是一个巨大的增长极，将为美国提供巨大的优势。”今天的美国太空司令部的任务重点是与情报伙伴建立更强大的统一体系，加强与盟国的关系以及与联合作战伙伴建立更密切的联系，保护和捍卫美国太空资产。范登堡空军基地联合太空作战中心、施里弗空军基地国家太空防御中心、科罗拉多州夏延山空军基地导弹预警中心、科罗拉多

---

① Increasing allied role in space a ‘priority’ for Space Command head. *Defense News*, Sep. 5, 2019.

州巴克利空军基地联合过顶持续红外中心、新墨西哥州克尔特兰空军基地联合海战中心，也都将成为美国太空司令部的一部分。不过，太空司令部的永久总部位置也还没有选定，目前选址已经缩减到了三个位置：阿拉巴马、加利福尼亚或科罗拉多。[①]但从迪金森在美国陆军协会年会上所表示的可以看出，美国太空司令部临时总部尚位于科罗拉多斯普林斯彼得森空军基地。[②]

2019 年 9 月 9 日，美军参谋长联席会议主席约瑟夫·邓福德在彼得森空军基地称，美军太空司令部的组建，意味着一个新的“卫星时刻”的到来。[③]邓福德称，美军太空力量应该使美国占据“太空制高点”，以便与俄罗斯、中国、伊朗等“对手”展开竞争和对抗。他表示，太空司令部不仅对保证竞争优势必不可少，还将对美国的作战能力不可或缺，“我在我的职业生涯初期就清楚在一场战斗中占领高地的价值。太空司令部将夺取并扼守太空这一高地。”邓福德认为，相比 20 世纪 60 年代起美国与苏联之间的太空技术竞赛，美国在未来太空军事竞争中所下的“赌注”更大；“我们在一个非常复杂和不稳定的安全环境中执行我们的任务……太空是一个有争议的领域……这是将太空军事竞争提升到一个新的水平的原因”。之前，在 2019 年 8 月 20 日美国国家太空委员会第六次会议上，邓福德称，太空司令部启动后将领导 87 支部队，负责包括导弹预警、卫星监视、太空控制和支援等作战任务。[④]

担任美国太空司令部副司令的迪金森在 2019 年太空与导弹防御研讨会上称，陆军在太空作战中扮演着“非常重要的角色”。这或许与其长期在陆地太空作战应用领域任职有关。迪金森说，陆军太空

---

① 宙叔．“美军太空司令部正式成立”战略解读．航天新观察，2019 年 8 月 30 日．

② Sandra Erwin. Dickinson reorganizes Army space command as he prepares move to U. S. SPACECOM. *Space News*, Oct. 15, 2019.

③ Dunford: US faces ‘Sputnik Moment’ in space race competition. *Air Force Times*, Sep. 9, 2019.

④ 王宇．美国太空司令部正式成立．新华网，2019 年 9 月 6 日．

人员深刻理解战斗必须依靠天基能力的支撑方可进行所有工作，因此他们可以提供非常有价值的作战视角；陆军太空作战的核心和关键任务之一就是及时为士兵提供天基通讯、情报收集、导弹预警和导航等能力，其中，确保部队获得可靠的基于卫星的通信是头等大事，这是必须达到的目标。由约 2800 名人员组成的陆军太空与导弹防御司令部在太空和导弹防御中扮演双重角色，除导弹防御职能部分继续支撑美国战略司令部外，专注于太空的职能将成为美国太空司令部的陆军组成部分。他说，美国陆军太空与导弹防御司令部正在建立一个专门负责卫星作战的新单位，并计划在技术和培训方面进行长期投资，以便更好地支持新成立的美国太空司令部。他最近采取的一项重大行动是重组陆军第 1 太空旅第 53 信号营，以帮助改善卫星通信的支持。第 53 信号营是美国唯一执行国防卫星通信系统和宽带全球卫星通信群有效载荷和信息传输控制的军事单位。目前，该信号营已更名为美国陆军卫星作战大队。此外，陆军太空与导弹防御司令部还创建了太空与导弹防御卓越中心，以帮助指导对新技术和培训的投资，提升太空系统的冗余性和弹性，如与陆军未来司令部合作重点开发 GPS 的替代技术，利用小卫星和商业技术进行通信、监视、定位、导航与授时等。

同时，伴随着太空司令部的成立，美国也愈发重视太空作战人才的培养。2019 年 9 月 3 日，美国《大众机械》月刊网站报道称，随着五角大楼开始重视太空的军事重要性，美国空军飞行学校正在组建一所专注于太空作战人才培养的新学院，预计将于 2020 年底揭幕。[①]美国空军飞行学校与新成立的太空司令部关系密切，因为学员中的卫星操作员等都将来自太空司令部。美国空军测试中心司令克里斯·阿扎诺说，美国空军已为该学校开设太空课程拨款。阿扎诺

---

① 组建专门太空学院，美空军学校开始培养太空人才．参考军事，2019 年 9 月 5 日．

说："我们对太空的关注，已经达到前所未有的程度。"该学校的瑞安·布莱克上校说：太空学院的课程不仅教授精确导航与授时等基础知识、工程和实操概念，还将包括卫星机械学、空间站维护、在轨操控以及网络防御或物理攻击等。阿扎诺还表示，课程不会过于理论化。他说："我们的课程设置紧贴太空作战，是围绕培养未来的太空作战人员设计的。它侧重的是作为战争域的太空。"这表明，太空司令部成立后，美军已同步把培养专业的太空作战人员列为重要事项。

（四）一级太空司令部如何运行

当前，美国战区级作战指挥体制主要负责指挥局部战争，由十大作战司令部构成，包括六个地理性作战司令部和四个职能性作战司令部。十大作战司令部遵照总统和国防部长下达的命令，对所辖各军种部队及其他配属支撑力量，进行联合编组，实施统一指挥，遂行作战任务，并达成国家战争目的。①

地理性作战司令部有：印太司令部、欧洲司令部、北方司令部、南方司令部、中央司令部、非洲司令部；主要职能包括：制定战区战略和作战计划，组织指挥联合作战行动和联合演训，协调战区政治、外交和军事安全事务等。职能性作战司令部有：特种作战司令部、战略司令部、运输司令部、网络司令部；主要负责相关职能领域内的作战指挥，其职责不受地域限制。

2017 年 8 月 18 日，根据特朗普的指示，美国国防部启动了将网络司令部升级为一级联合作战司令部的流程，成为美军第十个联合作战司令部。2018 年 5 月 4 日，美军网络司令部完成升级正式运行。

---

① YR. 美军要建一级太空司令部，怎么看？学术 plus，2019 年 1 月 30 日 .

对照网络司令部的成立，从 2018 年 12 月特朗普签署指令至 2019 年 8 月 29 日太空司令部正式成立，相对较快一些，自此太空司令部作为美国第 11 个作战司令部，全面负责美军太空军事行动。那么，太空司令部成立之后，美军太空作战指挥体系会有什么变化呢？我们不妨做一初步的分析。

在太空司令部正式成立之前的运行模式下，根据美军太空作战条令及有关规定，美军太空作战总体上可区分为战略决策指挥、决策组织协调和作战指挥实施三级。一是战略决策指挥层。由总统、国防部长、参联会主席、战区司令和战略司令部司令组成，处于美军太空作战组织指挥体系的最顶层，对太空作战负有战略决策指挥的职责。其中，战略司令部下设太空联合职能司令部，负责统一计划、指挥、协调和控制所有太空作战力量及其行动，并促进联合太空作战的统一行动。战略司令部司令将所属太空部队的战术控制权指派给太空联合职能司令部司令。在遂行太空作战的过程中，战区司令通常负责战区内联合太空作战的规划、集成和协调，并为战略司令部司令提供优先太空需求。战时，战区司令可视情对配属的太空力量行使作战控制权或战术控制权。二是决策组织协调层。也就是在军种层面，由各军种负责太空作战任务的相应司令部组成，包括空军太空司令部、陆军太空与导弹防御司令部、海军舰队网络空间司令部，对上接受战略司令部的指导和命令，对下负责指挥所属太空作战力量，完成指定的太空作战任务。三是作战指挥实施层。由隶属于各军种太空职能司令部的具体执行机构和力量组成，负责太空作战的具体实施。此外，美国政府其他相关机构、民用和商业太空机构也可为美军遂行太空作战提供重要的支撑和保障作用。

其中，战略司令部主要负责执行太空信息对抗和太空攻防等军事任务，对太空部队和资产进行作战指挥，并负责规划太空作战，优化整合太空力量，确定行动优先级以及解决冲突等。战略司令部司令对指定的太空部队和资产行使作战指挥权，以确保太空能力可供联合作战人员使用。战略司令部下设联合太空作战中心、国家太空防御中心、联合导航战中心、导弹预警中心、联合过顶持续红外中心、卫星通信综合业务环境、空军太空侵略者中队，涵盖太空战指挥控制、太空态势感知、太空攻防、定位导航授时、情报侦察、通信、战场环境监测、预警探测、太空运输、卫星测控等职能，几乎涉及太空领域的每一方面。其中，太空作战指挥控制，主要涉及联合太空作战中心。这也是在指挥链上需要重点关注的机构。联合太空作战中心，是战略司令部太空军事任务的指挥和控制系统，代表太空联合职能司令部行使职能，对遍布全球的联合太空军事力量进行部署，将太空力量融入全球军事作战活动。

美军一级太空司令部成立后，将按照特朗普指令要求，接管战略司令部的太空相关职能，履行一级作战司令部职责，对各军种太空作战力量实施统一指挥与控制。近期看，如前所述，太空防御联合特遣部队和联合部队太空组成司令部是一级太空司令部的两个主要组成部分，负责履行美国太空司令部的主要职责。①曾担任美国国防部副部长办公室太空政策执行主任、战略司令部太空作战组织副指挥官的托马斯·詹姆斯被任命为太空防御联合特遣部队司令部司令，负责“太空优势作战”。太空防御联合特遣部队将与情报界等任务伙伴合作，采取统一行动，遂行太空优势行动，以“遏制侵略，捍卫太空地位，并定向击败对手”。特遣部队主要通过科罗拉多州施里弗空军基地的国家太空防御中心、太空态势感知中心和新组建的太空防御部队执行保护和防御任务。联合部队太空组成司令部司令则由美国空军太空司令部副司令、第 14 航空队司令斯蒂芬·怀廷兼任，马修·戴维森担任副司令，其四个主要运行中心包括范登堡空

---

① 美新太空司令部下属部门初见端倪．一言航天，2019 年 9 月．

军基地联合太空作战中心、夏延山空军基地导弹预警中心、巴克利空军基地联合过顶持续红外中心、克尔特兰空军基地联合海战中心。联合部队太空组成司令部通过上述四个地理上分散的作战中心，规划、整合、遂行和评估全球太空行动，向联合总部、同盟伙伴、联合部队和国家提供太空军事力量支撑，如太空态势感知、太空电子战、卫星通信、导弹预警、核爆炸探测、环境监测、情报、导航战、指挥与控制以及基于卫星的定位、导航和授时等。此外，联合部队太空组成司令部还将对分散于全球的空军、陆军和海军的太空单位进行战术控制。2019 年 11 月 15 日，怀廷也表示，美国太空司令部正加强与盟国的伙伴关系，已在范登堡空军基地设立跨国太空协作办公室，以促进军事航天领域的合作。[①] 怀廷还表示，美国太空司令部必须适应旨在利用商业创新的新型采办模式，努力建立专注于新技术探索的“战斗发展部”，注重寻找和整合新的商业技术，更好地利用商业太空创新。[②]目前，美国太空司令部已在其联合太空作战中心设置一个专职职位，以促进军事和商业之间在太空态势感知等太空作战领域的更大合作。

从远期看，2019 年 9 月 5 日，美国空军太空司令部发布报告《太空的未来 2060 和对美国战略的启示》，列出 2060 年太空可能是什么样的情景，作为制定美国长期太空战略的第一步。[③][④]这份报告是由美国空军太空司令部主持的太空未来研讨会的成果，该研讨会的参与者来自美国国防部、国家航空航天局、北约、工业界和学术界。本报告从长远视角提出为了确保持续的美国太空主导优势，一

---

① 张铃金. 美国太空司令部加强与日本太空军事合作. 国防科技信息网，2020 年 1 月 1 日.

② An entrepreneurial space race could benefit Space Command. Defense News，Nov. 15，2019.

③ Nathan Strout. Space Command projects what it would need in a real world Star Trek. *Defense News*，Sep. 6，2019.

④ 2060 年太空的未来及对美国战略的启示：太空未来研讨会报告. Space Ref，2019 年 9 月 9 日.

个协调的、短期的、中期的和长期的国家太空战略是需要的，针对2060年的太空态势想定一系列未来情景，回答美国需要重点关注的问题，以便在正确的方向上指导太空领域发展。报告指出，必须认识到，到2060年，太空将成为国家政治、经济和军事力量的主要引擎，无论哪个国家都需要最好地组织和运作以利用这种潜力；美国面临来自盟国、竞争对手和敌对方的日益激烈的竞争；中国正在执行一项长期的民用、商业和军事战略，以取代美国成为领先的太空力量，其他国家也正在制定类似的国家战略；若不能保持领先的太空力量将使美国国家安全面临风险；为避免这种情况，必须促进和优化太空的民用、军用和商业开发，以最好地服务于国家利益；需制定长期的国家太空战略以确保持续的领导地位，且明确军方如何保护太空能力免受外部威胁；军方必须确定并发挥其在太空领域中的作用；必须致力于科学和技术投资，以适应迅速变化的全球太空环境。与会者表示，美国空军太空司令部和/或美国太空司令部需要制定战略愿景，以解决这些情景下的问题，并确定实施该战略的最低基本能力需求。尽管本报告由美国空军太空司令部发布，但由于雷蒙德兼任美国太空司令部和美国空军太空司令部司令等原因，所以在一定程度上本报告也反映了美国太空司令部的意见。

总之，从上面分析来看，一级太空司令部成立之前，美军太空作战力量部署、领导与指挥体制比较健全，虽以空军为主，但陆、海、空三军各有各的力量，单独运用时可能会简捷高效，联合运用时也有机构来统筹，并且各自都有自己的发展目标，看似已经挺好。这也是美国各方对组建太空司令部以及太空部队质疑的焦点。[①]一级太空司令部成立之后，由于美国各军种以及国家部门等都拥有一些

① 例如，原美国国防部长马蒂斯、空军部长威尔逊等最初都持反对意见，后来也可能不得不面对现实，改持所谓的“开放”态度。但目前马蒂斯、威尔逊皆已辞职。

太空资源，以及指挥链上的战略司令部等，其中各种利益纠葛，也未必能尽快统一起来。那么，为什么特朗普政府还要执意搞这么一出，虽有将维持太空绝对优势上升为国家战略高度这面“大旗”，但其真正目的为何，会不会是其在大国竞争这盘大棋中实施类似“星球大战”计划战略欺骗的一招?①不过，相对于美国太空部队的成立，除了增加巨额成本之外其迫切性和高价值尚有较大争议，此次太空司令部的正式启动，或可利于美国军事行动时对太空资源的统一调动，提高其指挥效率和战略前沿属性。

二、美军太空司令部首秀“施里弗 –2019”来了

美国空军西部发展部主任伯纳德·施里弗曾表示：“从长远看，美国的国家安全取决于能否夺取太空优势，因为未来决定性战争既不是海战，也不是空战，而是夺取制天权的太空战争。”② 为了纪念施里弗对美国太空力量发展的卓越贡献，美国空军将其主导的重要太空战演习代号称为“施里弗”。美军 2019 年度“施里弗”太空战演习（“施里弗 –2019”）于 9 月 4 日 ~9 月 13 日在阿拉巴马州麦克斯韦空军基地举行。这是自 2001 年起美军实施的第 13 次“施里弗”太空战演习。本次演习是特朗普政府将“巩固在太空领域的绝对优势地位作为国家战略重要方向”背景下开展的一次演习，也是紧接着美军一级太空司令部正式成立不到 10 天即开展的首场太空战演习，可谓一级太空司令部的首秀，反映了美国对于太空军事化的超前性以及应对太空威胁的紧迫性。③

---

① 宙叔．“美军太空司令部正式成立”战略解读．航天新观察，2019 年 8 月 30 日．

② 武战国，透析美国“施里弗”太空战演习．中国社会科学学报，2016 年 8 月．

③ YR. 美太空司令部首秀“施里弗 –2019”来了．学术 Plus，2019 年 10 月 3 日．

（一）首次考验美军太空司令部

自 2001 年美军首次“施里弗”太空战演习以来，美军先后颁布和修订了多个版本的《太空作战条令》《联合太空作战条令》《空军太空对抗条令》等，不断调整和规范太空作战部队机构的角色与职能，优化太空作战指挥与控制流程，有力地推动了太空力量与联合作战的深度融合。之前的“施里弗”太空战演习由美国空军太空司令部下属的太空作战中心具体实施，该中心担负的主要任务包括：指挥、控制美国的军用卫星，开发和试验利用太空能力的方案和应用程序，探索在未来作战中如何利用军用和商用卫星为美军提供绝对的太空优势。太空战演习参加人员包括现役军官、退休将领、政府官员、太空问题专家、商业机构以及盟国的官员等，采取兵棋推演或战争博弈的研讨形式。这是因为一方面使昂贵的在轨太空系统真实受损来模拟太空对抗，代价难以承受，且容易招致国际舆论的质疑，还可能造成太空环境的恶化；另一方面，“施里弗”演习的想定为未来战争中的太空对抗，部分太空攻防手段还未实际物化成装备，预计受损的太空系统也未实际部署。

“施里弗－2019”演习则是由美国太空司令部组织，旨在以支持美国太空司令部联合作战为目标，采取以战略对手为假想敌的兵棋推演。该演习想定 2029 年“某个假想敌国家”发起“多域作战”时的关键性太空作战行动，围绕统一指挥、无缝集成、使命分类、组织变革、作战决议计划等内容展开兵棋推演，研究各个太空相关机构与各军种如何在多域环境中联合作战，分析人员、流程与技术如何改进以推进太空司令部联合作战，探索国家、商业和盟国如何架构以协同保护和保卫美国及盟友太空利益，检验指挥的统一性以实现与不同类别与级别的机构无缝整合太空作战行动，促进美国及盟友对太空领域负责任行为的共同认识以及对于决策的影响，论证政府及盟友控制全领域冲突升级的所有方案。美军几大军种指挥部、美国和盟国情报机构中与太空系统和服务相关的多个机构均有涉及，来自美军27个单位的350余名人员以及澳大利亚、加拿大、新西兰和英国方面也派人参与了此次演习。特别是美国太空司令部集中了所有军种在太空方面所做的工作，并将在太空发生战斗时担任指挥，实际上也是对各类指挥人员及参演人员的一次测试和实战培训。可见，“施里弗－2019”演习正是美国太空司令部成立后钟情于如何最大限度地发挥太空作战效能、提升美军太空军事优势的一次“试验田”。

（二）应对多域作战成为主要样式

“施里弗”太空战演习主要关注未来十年，从战略层面确定未来部队规划和系统集成需求。从“施里弗－2009”演习开始，美军就已经关注太空与其他领域的联合作战问题，特别是自“施里弗－2015”演习开始更加关注多作战域对抗背景下的太空战问题。如“施里弗－2016”演习关注多领域冲突下如何确保太空安全，“施里弗－2017”演习关注通过空、天、网三域融合支持全球作战行动。“施里弗－2018”演习的想定则是在2028年位于美军印太司令部辖区的某个与美国太空与网络实力相当的大国，试图利用太空与网络开展行动来实现其战略目标，研究利用国际、民用、商业等多种手段构建的伙伴关系遂行一体化太空与网络作战的方案。[①]此次“施里弗－2019”演习则涉及更多领域，主要探索多域作战环境下，与太空系统和服务相关的各机构、军种间一体化行动以及与盟友合作行

① 丰松江．“天网一体”作战悄然来临．解放军报，2018年12月4日．

动等问题。“施里弗－2019”演习的背景设定是在2029年欧洲司令部辖区一个近乎对等的对手试图利用从陆地、海洋、空中、太空和网络电磁空间等领域发起多域军事行动实现其战略目标，即此次演习想定一个敌国在欧洲发动一场“多域作战”——将传统的陆、海、空作战同新兴的太空战、网络战等结合起来——试图通过多领域行动实现多个战略目标。可见，尽管“多域作战”最初是由美国陆军提出和推动的联合作战概念，但当前包括美国空军在内的各军种正越来越紧密地联合推进“多域作战”行动。

“多域作战”概念的提出源自美国陆军对历次战争实践的总结、世界各军事强国力量对比的研判及战争形态发展的战略考量，从理论维度对过去、当前已经出现和未来可能出现的多种风险挑战的应对思路。美国陆军已将“多域作战”写入新版作战条令，旨在打破军种、领域之间的界限，拓展陆、海、空、天、电、网等领域联合作战能力，以实现同步跨域火力控制和全域机动，夺取物理域、认知域和时间方面的优势。2017年2月24日，美国陆军和海军陆战队联合发布的《多域作战：21世纪的合成兵种》白皮书，详细阐述了“多域作战”概念的具体落实方案，明确提出要在联合部队内建立灵活、更具适应性的编队，通过改变部队部署态势加强对敌威慑。2017年11月美国新发布的《国家安全战略》也指出，美军要维持全谱部队，国防部必须在陆、海、空、天、网等领域，发展新的作战概念和能力，确保联合部队有能力阻止和战胜对美国的各种威胁。这表明，自美国陆军推出“多域作战”概念以来，美国高层已达成共识，“多域作战”已上升到国家战略。通过“多域作战”，集成传统的陆战、海战、空战和太空战、网络战等多领域作战行动，对不同作战力量灵活编组，密切协同制定作战计划，同步实施作战行动，获取联合作战优势。

（三）牵引能力持续提升是关键

与调动大量装备和人员的常规军演不同，“施里弗”太空战演习的参演兵力往往较少，但它却预测未来大规模战争的场景。所以，“施里弗”太空战演习主要被用于研判未来十年甚至更长时期内美国面临的太空安全威胁，帮助美军论证太空作战对太空和地面提出的新型装备与能力需求。在演习想定中，不同领域的作战环境都面临威胁，对美军指挥官和参谋、情报部门负责人、太空系统操作员的能力等也都提出全面挑战。

美国国防部在 1999 年首次出台的《国防部航天政策》指出，太空如同陆、海、空等传统领域，都是实现国家安全目标的战场，认识和理解太空作战成为当务之急。这或许是美国国家政策文件第一次提出将太空视为战场。也就是从此时起，太空战演习开始作为美军探索太空力量作战运用直接而有效的途径，并于 2001 年开始组织“施里弗”太空战演习，帮助美军论证太空作战能力需求。比如，“施里弗 -2005”演习提出了应对攻击和破坏、补充天基系统能力等方面的需求，并首次引入了临近空间飞行器的概念；[①]“施里弗 -2014”演习提出了通过系统分解、多轨运行、载体多元提升美国太空力量弹性体系安全性的需求；“施里弗 -2018”演习探索各种综合指挥和控制框架，以利用和捍卫空中、太空与网络能力支持全球和区域作战的需求。同样，“施里弗 -2019”演习的一个关键目标也是牵引美军太空作战与支撑多域作战能力的持续提升，在引领新型装备发展、指挥控制体系完善等方面提出需求。

比如，通过“施里弗 -2019”演习，美国太空司令部与美国国

---

① 丰松江．经略临近空间——大国战略竞争的新制高点．北京：时事出版社，2019 年 6 月．

家侦察局达成一项在太空冲突期间共同履行的协议，以保卫美国的间谍卫星。[①]美国太空司令部司令雷蒙德表示："最近太空司令部与国家侦察局达成协议，当威胁迫在眉睫时，美国侦察局将执行美国太空司令部的指示，采取保护和防御行动来保护他们的太空资产。本次演习为我们提供了一个机会，让我们共同发展太空防卫行动模式。"国家侦察局局长克里斯托弗·斯科莱斯[②]也表示："太空司令部保护和捍卫所有美国卫星的使命将提高国家侦察局情报收集卫星的生存能力，本次演习为我们提供了测试和改进两个单位之间联合规划过程、共享防御行动章程的机会，这有利于保障太空安全。"2019 年 12 月 3 日，斯科莱斯与记者会面时再次表示，该机构旨在保持领先于中国的状态，并与美国太空司令部建立更紧密的联系，以确保在遇到太空袭击时捍卫美国的卫星。[③] 斯科莱斯说："中国是头等大事，他们正在迅速建造航天器，我们必须保持领先地位。我们仍然是世界领导者，但我们面临挑战。"他说，国家侦察局正在努力使卫星和地面系统现代化，以提高数据的速度和质量；国家侦察局的首要任务之一是星载处理，以便可以尽快将数据更有效地传递给作战单元；国家侦察局也有兴趣基于小型运载火箭不断提升的可用性来使用小型卫星，因为这些小型运载火箭可以提供更快的响应；在地面系统中，该机构正在升级其云计算基础架构，并使用人工智能来帮助分析师更快地工作。国家侦察局将继续运行多种不同大小的卫星，将需要多样化的、扩散化的体系架构，以增加重访时间、减少延迟并在需要时提供弹性和快速响应。最后，斯科莱斯强调了他与美国太空司令部及其与雷蒙德的紧密工作关系。他说："我们与

---

① NRO and US Space Command test out new relationship. Defense News，Sep. 18，2019.

② 克里斯托弗·斯科莱斯·长期担任美国 NASA 高管，2019 年 2 月被任命美国国家侦察局局长。

③ Sandra Erwin. Scolese：NRO advancing space technology，developing tactics to defend satellites. *Space News*，Dec. 3，2019.

太空司令部的合作关系进展顺利，我们正在共同实施一些计划，并就如何开展工作制定战术、技术和程序。我们已经同意，在发生冲突时，我们将从太空司令部那里得到指示。我们需要团结一致地努力保护卫星和我们获得的信息。国家侦察局越来越多地参与施里弗等跨国太空战演练，我们学到了很多东西。”

（四）太空引发的变革悄然来临

“施里弗”太空战系列演习已成为美军太空理念的传播器、太空概念的孵化器、太空能力建设的指示器、检验美军太空作战指挥体制的演练场。尽管“施里弗－2019”仅仅由 350 余名军人和文职人员参与，但演习带来的变革可能会大得多。虽然参与军演的人数比较少，但它除来自美军 27 个单位外，澳大利亚、加拿大、新西兰和英国等方面也派人参加。此次军演的确涉及了一场大型战争，模拟多样化、多领域作战环境中存在的各种威胁，围绕太空威慑、太空攻防、太空力量部署与调整、太空快速反应等多个科目进行推演，在对美军指挥官和参谋、情报部门负责人、太空系统操作员以及他们运用的各种能力均提出新的全面挑战的同时，也检验提升了美军的太空作战能力。

“施里弗”太空战系列演习也反映了近年来美军正越来越重视太空引发的战争形态和作战方式的变革，太空作战理念也在不断发展。美国 2006 年版《国家太空政策》首次从国家层面上将“制天权”置于与“制空权”“制海权”同等重要的地位，这无疑与“施里弗”演习突出强调太空控制密不可分。特别是在 2018 年 4 月美军参联会新版《太空作战》条令明确太空是与陆、海、空类似的作战域以及首次提出“太空联合作战区域”概念后，美军愈发重视通过太空战演习等活动，加快适应太空催生战争形态和作战方式变革的新态势。

目前，除“施里弗”太空战演习外，美国太空战演习还有“太空旗帜”和“全球哨兵”。[①] 其中，“施里弗”演习主要以兵棋推演和博弈研讨的方式来模拟太空作战组织指挥，以计算机模拟太空作战演习攻击行动，主要围绕太空态势感知、太空部队增强、太空支援、太空控制和太空力量运用等五大太空作战任务领域展开，重点检验美国太空司令部的作战指挥系统、航天系统的运行状况以及航天系统与地面系统的配合能力，获取太空战略制定、装备发展需求、战场指挥人员训练等方面有价值的信息，研究和评估与太空相关的政策、战略、学说、作战概念、交战规则、装备需求以及力量结构等重大问题。“太空旗帜”演习是一种综合性任务规划演习，是美国空军为应对所谓太空新挑战而实施的太空演习项目，定位为常规太空战军演，借此深入探索、发展美军太空作战理论、作战概念及作战技术，提升慑战能力。“太空旗帜”是美国继“施里弗”演习后开展的新型太空战演习，反映出美军加强太空战实战化训练的新动向。2017 年 4 月，美国空军首次进行“太空旗帜”演习，空军太空司令部赞誉其开创了历史新纪元。“全球哨兵”演习主要是通过桌面太空态势感知推演的方式来加强美国与盟国之间的联合太空态势感知能力。美国战略司令部认为，“全球哨兵”演习已成为美国及其盟国在太空领域开展战役战术级一体化指挥与控制演练的重要途径。

总之，以“施里弗”为代表的三大太空战演习，对美国制定和调整太空政策与太空战略、促进太空力量建设发展等具有重要影响，对美国丰富太空作战理论、提升太空作战指挥系统效力、检验航天装备战技性能、加强太空对抗环境下作战实力、强化利用军民商及

---

① 陈留哥. 从“施里弗”到“全球哨兵”和“太空旗帜”——美军太空战演习情况. 军鹰资讯，2019 年 4 月 11 日.

盟友太空能力等均起到了直接推动作用。美国一级太空司令部的重建以及“施里弗－2019”演习，更是反映了美军对如何应对当前太空安全环境变化的认识、尤其是对太空战争“不可避免”认识的持续增强，体现了其太空安全与发展理念正发生变革、太空领域军队组织形态与作战模式正发生变革。

三、美军着急成立太空发展局意欲为何?

除重建一级太空司令部外，特朗普独立太空部队重组的另一项重要任务是建立太空发展局。2018 年 11 月，沙纳汉表示，希望在 2019 年第一季度建立太空发展局，该机构最初将由负责研究和工程的国防部副部长迈克尔·格里芬负责，最终将成为太空部队的一部分。但因为国防部已经存在太空开发相关机构，批评者多次质疑为什么需要新的机构来完成相似的工作。[①]为了回答这些问题，2018 年 12 月 6 日，格里芬签发《太空发展局研究小组的方向及任务》备忘录，指示国防部高级研究计划局战术技术办公室主管弗雷德·肯尼迪研究组建太空发展局的相关事项。除肯尼迪本人外，该备忘录还抄送美国国防部内部所有高级领导以及国家侦察局局长。自此，太空发展局正式进入组建程序，并于 2019 年 3 月 12 日率先正式成立。太空发展局旨在负责美国国防部太空能力的规划与政策制定，加速构建下一代太空体系架构，加速形成新型太空作战能力。

---

① Shanahan keeps tight grip on Space Force planning. *Space News*，Jan. 5，2019.

（一）太空发展局成立的必要性

早在2018年6月18日，特朗普明确要求国防部启动组建太空部队进程后不久，8月9日曝光的一份文件显示，太空发展局已首次在美国国会修订的2018财年《国防授权法案》中获得“一席之地”，将侧重于开发和实施国防部《国家安全太空部门组织和管理结构报告》中描述的八项关键能力，即“国防部太空愿景”：对先进导弹目标的持续全球监视；针对先进导弹威胁的指示、预警、瞄准和跟踪；GPS拒止环境下的定位、导航和授时替代技术；全球近实时太空态势感知；发展太空威慑能力；高响应、高弹性、高通用性的地基太空支援基础设施（如地面站和快速发射能力）；跨域、网络化、与节点无关的战斗管理、指挥控制和通信体系，包括核指挥、控制和通信体系；人工智能驱动的大规模、低延迟、持续性的全球监视能力。

沙纳汉认为，全面改变国防采办模式可能需要数年时间，而太空是一个迫不及待的优先事项，因此需要一个新的机构来更快地发挥新能力，全面负责美军太空技术发展和创新层面的具体工作，比如从商业太空中捕捉新技术、整合国防部重复研发项目等，加速实现“国防部太空愿景”。沙纳汉表示，他预计太空发展局将于2019年第一季度能够组建完成，同时他也认同仍有大量关于太空发展局的细节问题有待磋商和最终决定，特别是太空发展局应该涵盖哪些项目以及新机构如何与现有机构开展合作等。沙纳汉称，国防部对于太空发展局的关注重点聚焦在跨部门协同、快速采办和成本效益三个方面，并会尽可能避免相关研究停留在务虚层面，希望通过对实际成果进行量化统计和可交付性评估，确定项目与能力之间的实际关系，这是太空发展局成立的初衷和基础。[①]

格里芬认为，国防部在军事太空技术研发及采办方面存在诸多弊端，特别是当前中国和俄罗斯等重点发展太空能力，并大幅优化采办流程，能够以更快速度应用更先进的技术，从而对美国的太空优势构成严峻挑战。创建太空发展局，就是为了刺激国防部加快太空能力创新、引入私营机构、推进新兴技术快速应用的重大举措之一。他在备忘录中强调，这项工作不宜耗时过久，希望能在45～60天内完成。肯尼迪牵头的太空发展局研究小组必须在30天内向沙纳汉和太空管理委员会提交阶段进展报告。目前，太空管理委员会正按照特朗普的指示监督国防部实施太空机构重组，以期为太空部队这一全新武装力量的组建奠定基础。格里芬还在备忘录中明确表示，希望研究团队专注于低地球轨道通信传输层的需求，并探索这一必要的核心能力与"国防部太空愿景"中概述的八项关键太空能力之间的协同关系。研究团队将需要梳理国防部基于太空的指挥和控制功能，鉴定现有太空采办架构中存在的差距、缺陷和低效率等关键问题，开发灵活的快速响应式的基于威胁驱动的太空体系架构以及相关的基础架构及采办架构。肯尼迪也曾批评国防部的采购文化是选择追求昂贵的封闭的开发，而不是以更低的成本吸收公开市场上的技术，他支持部署大规模更小更便宜的卫星，以使美国太空系统更好地应对中断或敌对攻击。

根据国防部成本评估和计划评估办公室备忘录，太空发展局起初将保持较小规模。它的年度资金将从1.2亿美元到约2亿美元不等，编制员额最初大约50人（30名文职和20名军人），在2024财年增长到112人。这与格里芬在2018年10月的备忘录中提出的建

---

① 廖南杰．美国防部副部长格里芬指示DARPA研究组建太空发展局的相关事项．国防科技要闻，2018年12月20日．

议相符。与传统的国防部采购系统相比，太空发展局的主要职能在于更快地解决重大技术挑战问题，比如设计弹性通信和数据传输架构、部署原型导弹预警星座、推进小型卫星传感器技术、加速获取商业太空态势感知技术和中小型有效载荷发射服务等。因此，沙纳汉指示格里芬在他的监督下继续筹建太空发展局，尽管该机构将来可能会隶属太空部队。2019 年 2 月 25 日，美国国防部公布预算资金用于建立太空发展局时称，该机构将利用蓬勃发展的商业太空部门来促进创新。国防部在 2020 财年为太空发展局申请 1.498 亿美元，旨在更快地获得先进的太空技术，提升“初始的下一代军事太空能力”，它将“具有发展思维，将专注于实验、原型设计和加速部署以及利用商业技术和服务”。

（二）太空发展局正式成立

2019 年 3 月 12 日，沙纳汉签署备忘录《成立太空发展局》，太空发展局作为美国国防部负责研究与工程项目的副部长的下属机构正式成立，即太空发展局作为由格里芬负责的一个独立部门运行，它将首先专注于低地球轨道传感器层架构的开发，肯尼迪为首任局长①。备忘录中写到，太空发展局将统一并整合美国国防部的太空力量，确定、制定及运用创新性解决方案，预先应对未来可能出现的威胁。太空发展局将是五角大楼在太空领域所采取行动的核心。对此，沙纳汉 2018 年 10 月曾宣称，如果有人想在太空领域做些事情的话，太空发展局是所有这些人都会去的地方。

与之前国防部成本评估和计划评估办公室提出的最初大约 50 人

① 弗雷德·肯尼迪是一名已退役的美国空军上校，在奥巴马执政期间，他曾在白宫科学和技术政策办公室国家安全和国际事务部门担任国家安全、航天和航空事务高级政策顾问。他被任命为太空发展局局长时，担任美国国防高级研究计划局战术技术办公室主任职务。

编制员额的计划不同，备忘录称，太空发展局最初将由大约 100 名军事和文职人员组成，肯尼迪拥有针对文职职员的特别招聘权，以引进高素质专家以及聘期最长可达 18 个月的短期雇员。肯尼迪设想太空发展局将有大约 112 名军事和文职人员，以及相当数量的承包商支持，但 2019 财年只聘用约 20 人。他说，他正在寻找能够胜任工作的非常敏锐的工程师，这些工程师应理解他们必须做的事情，技术上很成熟，且可以直接上手。因此，他说他需要新的思维过程，需要多种人才，对任何想参与的人开放，但他们必须带上“idea”，他们必须真正了解太空。最后，他说，要取得成功，太空发展局必须保持小规模。

大约一个月后，2019 年 4 月 8 日，肯尼迪在第 35 届太空研讨会上表示，太空发展局只有一个月的历史，其工作人员尚未被聘用，但太空发展局已经有了一个大胆的计划——改变军队发展和获取太空系统的方式。[①]肯尼迪说，太空发展局将以与军方目前发展和获取太空系统的方式截然不同的模式开展工作。他打趣道：“我想把它称为太空破坏机构。”他表示，尽管美国国防部官员喜欢指出“太空不再是一个避难所”，但对于许多太空和导弹相关的计划而言，它仍然“照常运行”。对此，他说：“我们必须改变太空领域的工作模式。”他正在起草一个架构，该架构利用太空互联网商业能力生产成百上千颗卫星，如 OneWeb 公司和 SpaceX 公司等开始部署的近地轨道宽带巨型网络。虽然目前近地轨道星座的浪潮主要集中在互联网连接和遥感上，但他认为这些在国防部任务领域同样具有广泛的适用性。他说：“我要做的第一件事就是在本财年末完善太空架构，它是全面的，这不仅仅是一个任务领域，而且是一个整体性的工作，即如何

① Exclusive interview with the Space Development Agency's Fred Kennedy: "How we do things in space has to change". *Space News*, Apr. 11, 2019.

设计下一代太空体系架构?”太空发展局希望与拥有数千或数百颗卫星的商业供应商合作，建立国防部承包机制，以便“购买”几百条“下线”。然后，在这些卫星上发挥军事能力并运行它们，以便它们可以与这些网络一起工作；通过他们的网络挖掘数据并传输到战术前沿——士兵、水手、飞行员、海军陆战队等。肯尼迪说，与耗资数十亿美元并需要数十年开发的传统国防部卫星计划不同，太空发展局提出的架构成本低，将加速功能的开发。他指出：“我们正在对商业太空大量投资”，“若是在几年前，我不相信会继续下去，但现在这是一种时尚，商业航天家很兴奋”。

肯尼迪说，商业部门将会继续努力，他们将在生产线上建造小型卫星；一旦公司开始在近地轨道上部署数百或数千颗卫星，国防部就会重新考虑如何开发和利用这些系统。他说：“直到现在，一切都还在推动我们走向更昂贵、更多审查、花较长时间的工作，但如果能以 100 万美元或更低的价格建造宇宙飞船，如果能将它们从生产线上拉下来并使用它们，现在可以承受的投入，可以部署几百颗卫星，并且知道可能有 75% 的卫星可以工作，这样就可以了”，“这不是精致的心态，而是商业的理念，这鼓励了创新，现在是时候与商业部门协作了”，“这一方法不仅适用于卫星。如果我可以购买有效载荷，如果我可以购买地面指挥和控制软件、硬件、用户设备，如果我可以从商业方面获得用户终端，那么我可以做最小的工作，并把它部署在舰船、飞机、悍马车等平台上，这很重要”。他表示，传统的军事航天采购文化强调“超级可靠性和最终性能，而牺牲其他一切，所以完成一个星座需要 200 亿美元和 20 年……总体文化是任务保证之一，确保它有效，在准备好之前不要启动，花一点时间”，而太空发展局将有特殊权力“即刻出发并采购”，太空发展局的座右铭是“越来越快，我们将会实现这一目标”，太空发展局希望“在威胁驱动的时间线上尽快提供能力，而不是需求驱动”。

上述肯尼迪所言集中体现了太空发展局的运行理念，即“快、更快地部署新能力”。根据美国国防部2020财年预算文件，太空发展局计划在2020财年实施六大研发项目，经费预算总计约1.05亿美元。[①]一是分布式近地轨道传感器项目。该项目拟对不同类型传感器进行权衡研究和可行性评估，对选定的传感器有效载荷进行初步设计评审，寻求验证近地轨道传感器技术，预算为2000万美元。二是传输层架构与标准项目。该项目旨在通过分布式近地轨道架构，开发并演示弹性且统一的军事通信和数据传输层模型，并对用户终端系统进行初步设计评审，预算为1500万美元。该项目可能利用DARPA“黑杰克”项目开发的技术，演示为全球任意两点间提供极低延迟（低或高带宽）通信和数据传输的能力，进而支持任务不确定情况下的战斗管理、指挥、控制与通信。三是太空态势感知与快速发射项目。该项目旨在开发并演示增强型太空态势感知以及中小型有效载荷快速发射技术，将充分权衡利用现有政府和商业的工具和方法，为分布式近地轨道扩展能力，预算为1000万美元。四是分布式近地轨道导弹预警地面集成项目。该项目旨在开发并演示与近地轨道传感器基础设施兼容的导弹预警地面基础设施样机，将使导弹预警技术与经DARPA“黑杰克”项目以及其他项目演示的传感器、指挥控制软件和数字产品集成到导弹防御地面基础设施，预算为3000万美元。五是天基拦截器评估项目。太空发展局将在国防部研究与工程副部长领导下，与导弹防御局、空军以及成本评估与项目评估办公室协调配合，为用于助推段防御的天基动能拦截器层制定政府参考体系架构，包括对技术风险、潜在对策和开发时间线进行独立的成本评估，预算为1500万美元。六是天基鉴别评估项目。

---

① 余晓琼．美太空发展局2020财年计划实施六大研发项目．国防科技要闻，2019年4月18日．

太空发展局将在国防部研究与工程副部长领导下，与导弹防御局、空军以及成本评估与项目评估办公室协调配合，为用于导弹防御的天基鉴别层制定政府参考体系架构，包括对技术风险、潜在对策和开发时间线进行独立的成本评估，预算为1500万美元。

其中，开发分布式的近地轨道传感器和通信传输层即“天基传感器层”，是太空发展局近期工作的重点领域之一。“天基传感器层”将探测并跟踪来袭导弹，可作为一种战争工具为摧毁目标提供支撑。经过多年研究，美国国防部认为天基传感器是防御中国和俄罗斯高超声速武器的必要举措，其最新发布的《导弹防御评估》报告将“天基传感器层”列为能力发展重点之一，预计将在2020年代中后期投入使用。肯尼迪表示，太空发展局的早期工作将是在近地轨道开发一层传感器以检测和跟踪高超声速武器，这可能是太空发展局追求的第一个任务，因为当前的系统不能很好地监测它们。对于防御高超声速武器的迫切需要，激增的近地轨道层是正确的方法，一个大型星座将提供全球覆盖，这样对威胁的敏感度会更高。[①]“黑杰克”项目很可能在这方面发挥作用。该项目利用商业卫星总线与军用有效载荷连接，旨在进行近地轨道“全球高速网络”演示验证，为美国国防部提供弹性、持久的网络覆盖。该项目还计划在轨演示验证使用“智能”卫星自主收集、分析和传输数据，甚至可能向拦截弹武器发送信息，从而大幅减少应对导弹攻击所需的时间。此外，该项目实施的理念是抓住商业太空创新，改进商业太空技术用于军事用途，减少军事系统的成本和开发时间，这也与太空发展局的发展理念一致。[②]

肯尼迪2019年6月11日在麻省理工学院举行的太空技术和政

---

① 丰松江．美俄反高超声速武器竞争趋紧．解放军报，2018年12月27日．

② 李荷．新成立的美国太空发展局将首先重点发展“天基传感器层”．电科小氙，2019年3月17日．

策会议的主题演讲中再次表示："沙纳汉直接告知我，太空发展局的工作是定义和建设下一代太空架构。"[①]首先，太空发展局将实施一项计划，即在近地轨道上建立一个比现有更高轨道卫星成本更低、但可完成相同任务的低成本卫星星座，用于通信和监视，以展示更快更便宜的军事太空系统发展模式。格里芬称之为"激增的近地轨道传感器和通信传输层"，他说："这是我们的第一要务，我们正在寻找一系列广泛的能力。"肯尼迪说，他相信这可以做到，但前提是国防部要购买商业平台而不是再去开发定制的系统；国防部应该能够以数百万美元的价格购买卫星平台和有效载荷，而相比之下，国防部现在需为大型专用卫星支付数亿美元。他表示，由于星座的部署速度更快，因此军队的太空系统将不再是那么脆弱，因为如果对手击落卫星，它们可以更容易地得到补充，而相比之下，目前的卫星是"精致的"，如果受到攻击则需要数年才能更换。肯尼迪说："我们不希望太空成为美国国家安全的'阿喀琉斯之踵'。"太空互联网将是"数据传输层"，下一步将为导弹跟踪和监视等任务开发其他的近地轨道星座。2019 年 7 月 1 日，太空发展局在美国政府联邦商机网发布首份信息征询书"下一代太空体系架构"，向工业界寻求发展下一代太空体系架构所需卫星平台、载荷、发射平台以及相关地面设施的设计概念和方案。肯尼迪曾表示，假设获得资金，他打算在 2019 年 10 月开始运作，并希望太空发展局的第一颗卫星在 2022 年进入轨道。不过，肯尼迪 6 月突然辞去了太空发展局局长的职务，引起了国会两党的批评。之后，太空专家德里克·图尔奈尔担任代理局长[②]，但直到 2019 年 10 月方被正式任命为太空发展局局长。

---

① Sandra Erwin. Kennedy sees growing congressional support for Space Development Agency. *Space News*, Jan. 11, 2019.

② 德里克·图尔奈尔毕业于斯坦福大学并获物理学博士学位，曾在洛斯阿拉莫斯国家实验室从事研发工作，担任过情报高级研究项目机构太空活动和空间技术高级科学家、国防高级研究计划局项目经理以及美国国防部研究与工程办公室太空领域项目副主任。

（三）太空发展局与美国空军“掐架”

成立太空发展局的计划并非一帆风顺，因为其一度被认为是在与美国空军太空与导弹系统中心等“争地盘”。[①②]太空与导弹系统中心隶属美国空军太空司令部，成立于1954年，是开发、采办、部署和维持价值约60亿美元军事太空系统的技术中心，约有6000多名军人、文职和承包商。太空与导弹系统中心正在进行称为“太空与导弹系统中心2.0”的重组，旨在通过对太空计划采取“商业”理念来加速技术发展，从而解决传统垂直组织在没有相互协调情况下运行所导致的效率低下和重复建设等问题。一位与太空与导弹系统中心合作的行业官员表示，这些虽然都是有用的改革，但并没有从根本上改变太空与导弹系统中心的组织模式。格里芬也认为，现有的太空采购机制无法修复，因此只能采取更“严厉”的措施——成立太空发展局，结合现有的特殊招聘、合同和采办机制，精简组织结构和简化流程链条，快速开发和部署新能力。

根据熟悉格里芬对太空发展局看法的消息人士透露，太空发展局并不打算取代太空与导弹系统中心，而是要抓住太空系统的一部分，但这可能会代替太空与导弹系统中心数百个行政和承包商的工作。太空与导弹系统中心前任主任艾伦·帕夫利科夫斯基（Ellen Pawlikowski）表示，从迄今为止所知道的太空发展局的预期任务——将先进的商业太空技术引入军事太空系统——不会对太空与导弹系统中心构成直接威胁。她说，不要嘲笑太空与导弹系统中心，这是我们如何做得更快、更便宜、更精简的老问题，但问题不在于

① DARPA's fred Kennedy tapped to lead Space Development Agency. *Space News*, Feb. 26, 2019.

② Is the Space Development Agency a threat to SMC? *Space News*, Mar. 2, 2019.

太空与导弹系统中心，而在于五角大楼的采办法规；除了发射服务之外，太空与导弹系统中心还负责执行对美国国家安全至关重要的高价值项目的重大任务，例如下一代导弹预警和 GPS 卫星，这些都不会改变；而太空发展局将尝试探索新概念并快速完成部署，如果太空发展局成功，也许几十年后我们将会谈论太空与导弹系统中心的"终结"，但距离这种情况还有很长的路要走。

对此，威尔逊也曾表示更多的质疑。在 2 月 26 日给格里芬的备忘录中，威尔逊表示，太空发展局似乎复制了已经获得国会授权的现有组织，缺乏当前组织无法完成的唯一可识别的任务，应当就设立太空发展局的必要性举行公开讨论。此外，威尔逊还质疑近地轨道扩散性星座作为太空弹性解决方案的想法。她写道，空军与成本评估与项目评估办公室正在进行详细分析，与现有架构相比，部署更多卫星在弹性方面的有效性；现在断定大规模近地轨道架构在面对攻击时比其他类似价格的架构更具弹性还为时过早，拟议的计划要求作战人员进行深入的支持分析和验证。2019 年 3 月 13 日，格里芬在与五角大楼的记者会面时表示，他虽然经常抨击五角大楼传统采办组织和模式的速度缓慢并受"传统思维"的束缚，但他拒绝接受太空发展局与空军进行地盘争夺的观点，认为太空发展局将填补太空技术目前尚未满足的需求，不应被视为对空军的威胁。相比之下，太空发展局是一个具有新功能的新机构，正努力为现在无法履行的职能建立一个新的重要能力。他说，他无法评论为什么美国空军与太空发展局"掐架"，"我们没有时间、资金、智力或精力做重复的事情"，"创建太空发展局需要几个月的过程，很多人不同意，这是不幸的，但这是事实"。[1]

---

① Sandra Erwin. Griffin: Space Development Agency to bring new capabilities that don't exist today. *Space News*, Mar. 13, 2019.

3月14日，在参议院军事委员会对2020财年预算的听证会上，参议员海因里希要求沙纳汉解释太空发展局如何不重复其他部门已经在做的事情，比如空军太空与导弹系统中心、空军太空快速能力办公室、空军研究实验室的太空飞行器管理局和先进系统理事会等。[①]海因里希说，他非常同意竞争对手正迅速在太空领域发挥新的能力，美国需要更加紧迫的行动，因此，欢迎太空发展局在该领域提出的优先顺序，但要确保避免的一件事就是重新组织现有的部门或重新发明“轮子”，而是应充分利用现有的研发资产，以使整个系统更好地运作。对此，沙纳汉表示，当他想到太空发展局时，他不希望它是一个重组，太空发展局的首要任务是大规模系统工程，因此，他是想如何组建一个国家队，以便能够大规模地做到这一点。他说，空军拥有令人难以置信的技术基础，不缺人才和资金，而要实现不必经过繁琐程序就能快速完成这项工作，这是必须要解决的问题。

4月8日，在第35届太空研讨会上肯尼迪也对太空发展局是不是会对空军太空与导弹系统中心造成“威胁”这个问题进行了回应。肯尼迪说，试图预测太空发展局是否可以取代太空与导弹系统中心还为时过早，这是2030年或2040年讨论的问题，而不是今天。[②]肯尼迪坚持说：“我们当然不会试图窃取任何人的工作，我们正在尝试做的是逐步升级到所需的水平，以便我们真正构建下一代太空体系架构。”太空发展局将重点发展增量“部分”的新功能，比如构建GPS或当前导弹预警卫星的替代品，可能在五年或十年后，将不得不谈论太空架构应该是什么样子，到那时候也许确实意味着开始放弃传统系统。威尔逊则认为，每年发射的数百颗廉价卫星不能取代

---

① Shanahan pitches Space Force in Senate testimony. *Space News*, Mar. 16, 2019.

② Exclusive interview with the Space Development Agency's Fred Kennedy: “How we do things in space has to change”. *Space News*, Apr. 11, 2019.

已有的大卫星，否则，美国在战争之初就会被击败。肯尼迪则认为，这是一种创新思路，应当勇于尝试。①

尽管沙纳汉、格里芬、肯尼迪对此极力辩解，但似乎并没有说服质疑者。同样，在第35届太空研讨会上，威尔逊再次强调空军已经开始变革，包括使太空与导弹系统中心组织扁平化，通过太空企业联盟采用“速度显示”的方法，改进采办过程，使其更快更灵活。②她举例说，作为这项努力的一部分，空军将于2020年秋季在洛杉矶举行专门针对太空的第二个推介日“Pitch Day”活动。它曾在2019年3月份在纽约举行，其中51份合同，价值875万美元，在一天内签完，且大多数在15分钟内完成，最快在不到3分钟内完成。然后，她还表示，不同的任务需要不同的解决方案，一种尺寸并不适合所有人。她并不反对使用商业低轨星座，但她也认为，利用商业低轨星座及相关制造能力（增加卫星数量）来提高太空系统的抗毁性，对于某些情形或许管用。但将其用至所有军事航天系统是不理智的。她引用“太空战略研究”的重要结论称，低轨系统在军事冲突中更易受攻击，并表示这是数千次迭代演习和25次桌面推演的结果。威尔逊甚至表示，太空发展局将要开展的第一个项目——类似“黑杰克”项目的近地轨道星座，实际上是美国空军在预算中资助并与国防高级研究计划局合作开展的空军项目。③

4月16日，共和党众议员肯·卡尔弗特和民主党众议员泰德·列努也写信对太空发展局提出了反对意见，要求其远离空军太空与

---

① 许红英. 美国防杂志：大胆创建新型太空体系架构时机已到. 中国航天系统科学与工程研究院，2019年6月11日.

② Shanahan, Wilson, Goldfein offer views for ensuring U. S. superiority in space. AEROTECH-NEWS, Apr. 10, 2019.

③ Sandra Erwin. Wilson defends Air Force record on space acquisitions: “We're moving fast”. *Space News*, Apr. 10, 2019.

导弹系统中心。[1]这封信还被发送给空军部长、空军参谋长、众议院军事委员会主席、众议院拨款国防小组委员会主席等。信中质询太空发展局如何适应现有的太空架构，如何影响太空与导弹系统中心的作用；太空发展局有可能造成重复的官僚层次，同时破坏现有运行良好的组织。对此，沙纳汉、格里芬和肯尼迪都认为太空发展局并不是要取代太空与导弹系统中心。格里芬称，太空发展局将接管新系统的开发，而太空与导弹系统中心将继续管理遗留项目。但这意味着，随着时间的推移，太空与导弹系统中心的相关性将会降低。因此，卡尔弗特和列努表示，他们敦促沙纳汉修改太空发展局，以便扩大太空与导弹系统中心而不是破坏它；太空与导弹系统中心负责85%的军事航天采购预算，如果没有太空与导弹系统中心的工作，军事航天发射和国家安全有效载荷的可靠性是“不可能的”。这封信表示，随着美国在太空中面临更激烈的竞争，美国没有足够的时间来创造一个全新的组织，而且已经存在的组织非常好。特别是令太空与导弹系统中心的许多人感到困惑的是，为什么是必须创建一个新的机构，而不是让太空与导弹系统中心与这些特殊机构一起切断“繁文缛节”。因此，太空发展局似乎只是一个流程问题的组织解决方案，最有可能导致更多的官僚主义，而不是更多的容量。太空与导弹系统中心已经进行了重组，以加速下一代太空技术研发和装备的部署，扩大太空与导弹系统中心比打破它更有利。据美国国防杂志网站6月11日报道称，美国国防部已将太空视为作战域，认为一些国家近年通过反卫试验、研制具有机动能力的杀手卫星、GPS干扰和激光致盲等手段，对美国太空资产造成威胁。为此，美国空军已改组太空与导弹系统中心，并成立“太空快速能力办公室”，以加

---

① Sandra Erwin. Space Development Agency draws strong objections from California lawmakers. *Space News*, Apr. 17, 2019.

快装备采办。但国防部认为，这些仍不能满足需求，于是成立创新型装备研发机构——太空发展局，首项工作是建设一个由小型卫星组成的通信网络，作为未来其他装备的指挥与控制骨干网。①

总之，尽管太空发展局与美国空军太空与导弹系统中心的职能之间存在交叉甚至争议，但不管是太空与导弹系统中心，还是太空发展局，都是为了通过改革，强化太空领域的快速创新能力，尤其是促进商业技术在美国国家太空安全领域的快速应用。10 月 9 日，肯尼迪在卫星创新大会上表示，商业航天与美国国家太空安全领域合作的时机已经成熟。②国防部成立太空发展局，以开发、演示和试验旨在超越现有太空系统的技术和架构。同时，美国空军也正在寻求通过太空与导弹系统中心的 2.0 计划加快对太空技术的获取。国防部也正试图通过各种签约机制（例如交易授权机构等）以及旨在测试新技术和系统架构的试点和探索计划，加快获取创新的商业太空技术。对此，HawkEye360 首席技术官兼联合创始人克里斯·德梅表示："美国政府维持太空优势的能力，将在很大程度上取决于能否迅速使商业创新发挥作用。"③

（四）太空发展局将何去何从

2019 年 12 月 3 日，格里芬在美国商会发表讲话时称，尽管太空发展局已经制定了雄心勃勃的计划，正在开发用于军事通信和导弹防御的新卫星星座，这对及时提供持久的全球太空能力是绝对必要的，但由于缺乏资金，该机构的许多工作暂时搁置，项目被推迟，

① 许红英. 美国防杂志：大胆创建新型太空体系架构时机已到. 中国航天系统科学与工程研究院，2019 年 6 月 11 日.

② Time is ripe for entrepreneurs to partner with U. S. national security space groups, says Fred Kennedy. *Space News*, Oct. 12, 2019.

③ Military turns to private sector for rapid space innovation. *Space News*, Oct. 11, 2019.

有些项目可能根本无法进行，太空发展局尚处于不确定状态，直到国会批准资金并决定是否组建太空部队作为独立的军种。[①] 格里芬补充说，太空发展局是众多“当前形势——久拖不定的决议、任何形式的预算之争，对国家安全界都是一个巨大问题”的祸害之一，这会使太空发展局放慢速度，在某些情况下会阻止去做认为需要做的事情。他表示，太空发展局于2019年3月创建，专门用于提升军方太空体系架构的现代化，因此，如果使用反卫星武器来使美国航天器失效或毁灭，它可以变得更有弹性。创建太空发展局，就是要在现有采办系统之外，与商业航天合作，与新架构的供应商合作；这些架构将更加扩散、更具弹性，最重要的是，在应用中将更加及时。

因此，太空发展局当务之急仍是发展一个由近地轨道卫星组成的网状网络，以提供安全的通信。庞大的星座群可提供弹性，防止“珍珠港式的罢工”，因为“罢工”可能一下就击垮美军所有保证的通信能力。此外，还要加快建立一个监视卫星群，以追踪中国和俄罗斯正在开发的先进高超声速滑翔武器。太空发展局将与导弹防御局合作，在近地轨道上构建天基传感器层，提供持续、全球、低延迟的监视、跟踪、瞄准和火力控制，来应对高超声速武器威胁。他说：“如果像往常一样，不知道结果会是什么，但结果将无法承担而且不会及时。”[②]格里芬表示，如果国会同意根据2020财年《国防授权法案》建立太空部队，则可能意味着太空发展局将面临更多不确定性。将太空发展局交给太空部队是“正确的事情”，即使这意味着他必须放弃对该机构运行方式的控制权。格里芬说：“只要工作完成，我对哪个组织从事这项工作不感兴趣。我们的计划与太空发展局在太空部队领导下的持续工作是一致的。”

---

① Space Development Agency in state of uncertainty. *Space News*, Dec. 5, 2019.

② Space Development Agency a casualty of budget gridlock. *Defense News*, Dec. 5, 2019.

令格里芬没有失望的是，2019 年 12 月 20 日，特朗普签署 2020 财年《国防授权法案》使其成为正式法律。但该法案指示太空发展局要在不晚于 2022 财年转入美国太空部队，国会 2020 财年为太空发展局拨付了 3050 万美元的运行与维护费用、2000 万美元的研发费用和 7500 万美元的技术样机研究费用。① "手中有粮，心中不慌。"太空发展局将启动其"下一代太空体系架构"首个星座——传输层的部署。该星座主要用于实现两大目标，即确定地面和海上目标位置以及对高超声速滑翔飞行器等先进导弹进行跟踪。除传输层外，太空发展局"下一代太空体系架构"还计划建设作战管理层、跟踪层、监视层、导航层、威慑层和支持层。总之，太空发展局已在致力于改善太空服务能力的速度与规模、避免因官僚化的太空采办而影响创新能力实现的征程中起航。

四、美军太空发展局"下一代太空体系架构"怎么看

随着美国战略重心转向与中国和俄罗斯进行大国战略竞争，美国认为其传统太空架构及太空资产在竞争中难以保持绝对领先优势。一是弹性不足。战时容易受到网络攻击造成失效，甚至面临被击毁的危险，而大型卫星价格又极为昂贵，一旦失效或被摧毁，难以快速补充及时恢复能力。二是支撑不够。2019 年 2 月，美国国防部快速太空响应办公室前技术总监查克芬利表示，美国作战指挥官非常渴望利用太空系统改善对地观测、导弹预警、太空态势感知、定位/导航/授时能力。②三是难以有效应对新兴威胁。美国将中俄高超声速

① 航小宇 . SDA 将开建其首个监视星座 . 装备参考，2020 年 1 月 22 日 .

② Debra Werner. Triage reveals urgent military space jobs. *Space News*, Feb. 7, 2019.

武器视为重要威胁，而现有导弹预警、跟踪卫星主要依靠探测弹道导弹发射时的发动机尾焰进行预警，对于高超声速武器难以形成有效跟踪能力。沙纳汉曾描述的“新型复杂导弹”构成的威胁中即包括高超声速和先进巡航导弹。基于上述战略需求，美国太空发展局发布“下一代太空体系架构”信息征询书，旨在快速发展扩散的、多功能的小型卫星星座或星群，以应对当前及新出现的威胁，对抗对手的挑战或实现太空系统拒止。该架构设计也代表了美国在大国竞争时代太空军事化更加强调灵活、弹性、敏捷、协作等特点的发展趋势。

（一）七层星座组成下一代太空体系架构

“下一代太空体系架构”是美国太空发展局成立以来发布的首份信息征询书。通过这份信息征询书，太空发展局更为详细地阐述了其下一代太空体系架构发展设想，并于 2019 年 7 月 23 日举办工业日，对相关感兴趣的领域及概念方案进行了讨论。

在信息征询书中，太空发展局提出由 7 个星座或“层”组成下一代太空体系架构。传输层：提供全天候数据和通信的全球网状网络。跟踪层：提供导弹威胁的跟踪、定位和高级预警。监视层：提供所有已识别时间关键目标的全天候监管。威慑层：提供太空态势感知，探测和跟踪太空物体，避免卫星碰撞。导航层：提供 GPS 拒止环境下备选定位、导航、授时服务。作战管理层：提供基于人工智能增强的指挥控制与通信网络的自主任务——优先级、机载处理和传输。支持层：地面指挥与控制设施和用户终端，提供快速响应发射服务等。[①②]

这一信息征询书正是太空发展局迅速开发和部署基于威胁驱动的下一代太空体系架构的首次“大招”，其与2018年8月美国国防部《国家安全太空部门组织和管理结构报告》中描述的八项关键能力（优先级任务）要求基本吻合。下一代太空体系架构中的跟踪层，满足优先级任务中对先进导弹目标的持续全球监视和针对先进导弹威胁的预警、跟踪、指示的需求；导航层满足优先级任务中GPS拒止环境下的定位、导航和授时能力的需求；威慑层满足优先级任务中全球近实时太空态势感知、发展太空威慑能力的需求；作战管理层与传输层满足优先级任务中跨域、网络化、与节点无关的指挥控制与通信能力的需求；监视层满足优先级任务中基于人工智能的大规模、低延迟、持续性全球监控能力的需求；支持层满足优先级任务中快速响应、弹性的通用地面基础设施的需求。

（二）五年计划寻求快速形成新质能力

格里芬在2019年7月的一次会议上向太空行业高管发表讲话时说，太空发展局不会是“国家安全界所有太空的仲裁者和所有者。”他坚持认为太空发展局将寻求提供目前不存在的能力，如低延迟的全球通信网络。图尔奈尔在2019年9月接受采访时表示，该机构的首要目标是设计架构、开发和调整传输层，并与导弹防御局等合作，加快部署跟踪层，以填补美国目前导弹防御传感器网络的短板。

2019年10月初，太空发展局在一份预算提案草案中提出在五年

---

① YR. 美太空局“下一代太空体系架构”怎么看？学术plus，2019年7月22日.

② 郭彦江. 美太空发展局明确下一代太空架构发展设想——谋求保持竞争优势. 航天防务，2019年7月7日.

内寻求超过110亿美元的资金，以计划、设计和部署用于军事用途的大型卫星群。[①②]其中，大部分资金是用于建立一个由250颗卫星组成或更大的通信网络，以便为利用低轨道卫星星群执行导弹防御等任务提供支撑。太空发展局将其五年预算分为两个主要部分：用于研究和路线图设计的“基准”资金5.82亿美元；用于研究、开发、原型设计、测试和部署所谓“太空传输层”卫星星座的资金106亿美元，包含250多颗卫星，这些卫星将为美军提供全球通信服务。根据该草案，2021财年2.59亿美元，2022财年10.8亿美元，2023财年19.2亿美元，2024财年36.7亿美元，2025财年36.8亿美元。

传输层。全球、持久、弹性、极低延迟的数据和通信层，是一种“激增”（指的是可以随时扩展或补充）的近地轨道卫星星座网络，可提供7×24小时的全球通信能力。为了启动传输层建设，太空发展局要求在2021财年提供1600万美元，并在未来五年内要求36亿美元。它将从2022年的大约20颗卫星开始，到2025年增加到250多颗。这些卫星将把通信信号、关键数据在极短时间内传送到地面、海上和空中的武器系统。太空发展局表示，传输层是最关键的，因为它提供了必不可少的连通性，可增强太空体系弹性，支持任务不确定情况下的战斗管理、指挥、控制与通信，进而实现“多域作战”。例如，当导弹防御跟踪层识别出威胁时，它可以立即将位置发送到导弹防御局的指挥中心。

2020年1月15日，太空发展局已向业界发出信息请求，以告知其建立星际光链路开放标准的尝试，希望将其用于传输层。[③]在即将开展星际光链路试验的同时，传输层构建工作同步启动。2020年3

---

① Sandra Erwin. Space Development Agency lays out five - year plan in ＄11 billion proposed budget. *Space News*, Oct. 6, 2019.

② Pentagon Requests ＄10.6 Billion in Funding for Embattled Space Development Agency. *Sputnik News*, Oct. 5, 2019.

③ 美国防部太空发展局致力于发展卫星间光数据链路．网电空间战，2020年1月19日．

月24日，太空发展局发布传输层“零期”工程招标文件草稿，拟选定至少两家公司，在2022年前设计、建造和试验由最多20颗低轨卫星组网的一个网状星座。太空发展局称，根据设想，该星座将采用高约1000千米、倾角范围为80～100度的近极轨道，设两个轨道面。其卫星分为两类：A类卫星提供进出近极轨平面的交链，也支持非传输卫星以及地面光链路；B类卫星则提供Link－16能力以及与A组卫星的近极轨平面内交链。每个近极轨平面既有A类卫星，也有B类卫星，每类卫星都包括综合广播系统。可见，星座卫星在天上将通过光链路连接，部分卫星还将设有与传输层以外卫星或地面终端连接的光链路。按计划，2020财年将完成星际光链路试验，2022财年“零期”工程实现定期区域接入，2023财年“零期”工程评估作战人员需求并整合新技术，2024～2025财年“一期”工程实现持久区域接入并与跟踪层、监视层等集成。图尔奈尔表示，下一步的“一期”工程规模将大得多，卫星数量将增至数百颗，以实现全球覆盖。①②

跟踪层。对复杂弹道导弹和高超声速武器等进行全球探测、预警、跟踪、瞄准。太空发展局希望在2021年获得3900万美元，在五年内获得18亿美元。预算草案解释了太空发展局和导弹防御局将如何分担责任。太空发展局将导弹防御局的高超声速弹道和跟踪太空传感器系统融入国防太空架构即下一代太空体系架构。除用于监测和跟踪高超声速武器外，太空发展局还会增加新功能，例如在昏暗的高层空间环境中跟踪弹道导弹，提供导航和授时数据、超视距瞄准等。跟踪层也将增强目前美国空军正在开发的下一代“过顶持续红外”系统。太空发展局的目标是到2024年使卫星运转。美军也

① 美国太空发展局将建立首个低轨网状星座．电科小氙，2020年4月3日．

② 美国太空发展局发布国防太空架构“传输层0期”建议征求．电科小氙，2020年4月7日．

计划依托国防太空架构实现联合全域作战指挥与控制，即将各军种开发的战术网络与低轨卫星星座链接。

监视层。用于跟踪地面上的时敏目标，并对已识别时敏目标进行 7×24 小时、全天候监视。基于监视层，美军或可对敌军导弹系统、指挥控制节点、雷达站等关键资产进行发射前攻击。太空发展局要求在 2021 财年提供 1800 万美元，在五年内提供 2.32 亿美元。该机构将取消由陆军、空军、海军和国家侦察局资助的重叠项目，将协调 200 多颗装有混合传感器的卫星的部署。监视层将与传输层一体化，从而使监视层的用户可以实时直接发送目标位置数据到武器系统。2020 年 3 月 10 日，太空发展局发布“监视层多情报融合软件能力”信息征询书，以为“主动抑制发射”提供支撑。①

威慑层。发展深空监视威慑层，实现太空态势感知、地月之间快速介入。太空发展局要求在 2021 财年提供 100 万美元，并在五年内提供 4.51 亿美元，主要用于从 2023 年 6 颗卫星到 2025 年增长到 30 多颗卫星星座的部署。

导航层。提供 GPS 拒止环境下的备用定位、导航、授时能力。寻求在 2021 年获得 1000 万美元的资金，并在五年内寻求 5600 万美元。这虽不是一个新的星座，但开发替代定位、导航和授时服务来补充 GPS，将使用传输层的通信信号。

作战管理层。基于人工智能的分布式作战管理和通信能力，包括自主任务规划，对采集数据自主优先级排序，星载数据处理、分发，向战术用户提供太空传感器数据等，重在支持实现战役规模时敏目标杀伤链闭环。希望在 2021 财年获得 1000 万美元，并在五年内获得 5600 万美元。这不是一个星座，而是一个支持软件开发和

---

① 佘晓琼．美太空发展局发布“监管层多情报融合软件能力”信息征询书．国防科技要闻，2020 年 3 月 12 日．

“传感器到射手数据产品”升级的程序。

支持层。大规模的地面指挥控制能力、中小型用户终端等快速响应发射服务。寻求在2021财年获得0.61亿美元，五年内获得14亿美元，主要用于部署太空发展局和其他合作伙伴组织建造星座所需的大约40枚火箭的发射采购。

可见，在定义了下一代太空体系架构的基础上，美国太空发展局将采用快速采办模式，跨整个国防部，计划在两年的周期内开始开发和部署卫星和有效载荷，并将尽可能地使用商用技术，以加快太空能力缺口的部署进度。实施过程中，首先将以太空传输层为第一项任务，并基于“黑杰克”项目基础，计划于1~2年内进行相关能力演示验证，后续其他功能层载荷也将集成至太空传输层。2020年4月，DARPA授予洛克希德·马丁公司一份价值580万美元的合同，用于“黑杰克”项目的卫星集成工作，为于2022年实现在低地球轨道部署20颗卫星并验证低地球轨道系统可以提供全球高速通信能力奠定重要基础。[①] DARPA希望研制出即插即用卫星，实现在新增有效载荷时无需重新设计卫星总线，相比传统的卫星定制采购方式，这种方法将使军方能够加快卫星的生产，并降低卫星的成本。同时，DARPA授予SEAKR工程公司一份研发合同，继续研发可支持“黑杰克”项目的下一代星载处理器。[②] 该处理器通过设计和适配现成的电子设备实现在太空中的可靠运行，并结合最新的自主运行、人工智能、机器学习技术以及桥接的地面和在轨自主处理技术，为该项目的定位导航与授时、空对地通信以及在全球范围内快速传播关键数据提供可扩展、适用性强的解决方案，发展自主的分布式

---

① 陈柱文. DARPA的黑杰克项目开始卫星集成工作. 天地一体化信息网络，2020年4月27日.

② 魏艳艳. 美国SEAKR公司将继续研发下一代星载处理器. 美国Via卫星网站，2020年4月28日.

卫星星座技术，快速完成自主任务规划、数据处理和选择性分发。

（三）太空发展局放“大招”的四大关注点

1. 基于威胁驱动的太空架构设计

“威胁驱动”的表述有些“新意”。以前经常看到需求驱动，威胁驱动似乎还不多。但与需求驱动相比，威胁驱动也许更能突出风险意识、危机意识、忧患意识，威胁驱动下所做的事就更有针对性和时效性，也就是说“会更有用”。而此处的威胁驱动来自哪里呢？

美国《国防战略》指出，“太空领域对美国的民生、国家安全和战争至关重要”——太空安全对美国非常重要；“在与中国和俄罗斯的大国竞争时代，保持美国的太空优势对于赢得战略竞争至关重要”——太空安全对美国保持霸权地位非常重要；“中俄试图利用美国当前和计划的太空系统中的实际或感知漏洞策略来破坏美国的太空优势”——美国所谓的太空系统本身面临的威胁，并把中俄视为威胁来源；“中俄正开发对美国国家安全的多域威胁，速度远超美国部署响应性天基能力的速度”——美国所谓的太空系统受到其他领域的威胁，比如高超声速武器等。这样，就明白了，美国太空发展局“下一代太空体系架构”的设计是如何基于“威胁驱动”的了，针对性非常明确，其实不外乎是重炒中俄“太空威胁论”而已。

在一个大背景下来看，美中之间的较量正进入一个长期的、全面的、日益激烈的战略竞争期，在美国对中国实施全面打压和挑衅的行动明显加快速度、加大力度、加宽广度的过程中，太空作为大国竞争新的战略制高点必将被“首当其冲”。美国战略与国际研究中心连续三年发布的《太空威胁评估》报告都赤裸裸地宣称，美国在太空的首要威胁来自中国。沙纳汉更是扬言，下一场重大冲突可能会在太空定输赢，为打败中国，美国需要太空部队、太空司令部、太空发展局。至此，美国所谓的“威胁驱动”不言自明。

2. 旨在为赢得太空战争做好准备

最强大的地方，也成了弱点所在。众所周知，美国太空系统庞大，美军严重依赖其太空系统。然而，之前美国自认为其太空系统“一家独大”，发展过程中或许并未十分重视太空系统安全防护问题。太空一旦开战，太空系统可谓美军致命弱点，是美军的“阿喀琉斯之踵”。那么，既然在轨卫星已经“这样子”上去了，现在在新的安全态势下，美军就要考虑将来若受到干扰或攻击等情况时，如何解决作战能力不受致命影响等问题。

对此，可采取的措施有很多。比如，发展新一代的高性能高对抗性的卫星，但这一条途径势必是花费高、周期长，但还必须要干，因为就像前文威尔逊所言，这些大型高价值的卫星是必要的。那么，就需要发展诸如机动卫星、卫星保镖、太空维修机器人以及加固卫星、提高卫星抗干扰能力等之类的防御性能力，来保护这些“大家伙”。但这些手段也都是需要花“大功夫”的，并非一蹴而就的。再进一步设想，如果还没等这些措施具备发挥效能的条件就遇到太空系统被降级、被失效，那该怎么办呢？总不能眼睁睁等着联合作战体系“熄火”吧？这时，美国太空发展局“下一代太空体系架构”就来了。这也许就是这一“大招”的首要目的，即利用商业技术以及所谓的盟友伙伴等一切可以利用的资源，快速构建一套更加分散、更具弹性、更加及时的军事卫星体系架构，既解决了“燃眉之急”，又提高了作战应用灵活性。比如：导航层，就是为了解决其 GPS 遭到拒止或不可用时如何提供备选定位、导航、授时能力的，在《美国法典》第 10 篇中也加入了“备份 GPS”条款；威慑层，就是为了对太空战场进行全球近实时态势感知，威慑对手从而保护已方卫星不受攻击；监视层，就是企图对所有已识别的时间关键目标的全天候监管；作战管理层、传输层，就是为了确保指挥、控制、通信畅通；而支持层，则是为了确保地面系统的生存能力、天基系统的快速补网。总而言之，一旦太空真发生战争，确保美军能力不降级是这一“大招”的重要目的之一。技术你超我？我也要超你！美国之前的导弹防御系统在拦截常规导弹方面可谓“信心十足”，而现在面对高超声速导弹武器等新型装备的面世，美国似乎又感到“捉襟见肘”。因此，它需要通过发展天基“跟踪层”，来提供先进导弹目标的持续全球监视和先进导弹威胁的预警、跟踪、指示。这也是这一“大招”的另一个重要目的。

太空联合作战域的核心是太空作战。这个方面也可以从更大的背景下看，美国参联会新版《太空作战条令》已明确太空是与陆、海、空类似的作战域，首次提出“太空联合作战区域”概念，重新划分太空任务能力领域。可见，在这一“太空已成作战域”的背景下，太空系统及其相关方面必然会面临“有死有伤”的情况，那么就要重新设计太空体系架构了。可以预见，一旦美国“下一代太空体系架构”建设完毕，其必将在太空更加“肆无忌惮”而非“投鼠忌器”。所以，这就是时间的赛跑，不是不进则退，而是进慢则退。

3. 看好小型化规模化生产的卫星与载荷

在信息征询书中，太空发展局主要征询与卫星平台、有效载荷、附件和发射概念相关的产业信息，重点是小型、可大规模生产的卫星（50kg～500kg）和有效载荷软硬件，以为构建“下一代太空体系架构”提供支撑。太空发展局已开发概念性功能套件，包括基于小型通信卫星的网状网络层，每个层为整个体系架构提供集成功能。但无论是“传输层”，还是“跟踪层”或“导航层”，“下一代太空体系架构”发展的核心仍是低成本、便捷性、高弹性，这就需要依赖小型化可大规模生产的卫星和载荷（包括软硬件）来支撑。

例如，太空发展局近期主要开发的“传输层”，即是在落实新版美国《国家太空战略》中关于“向更有弹性的太空体系架构转变”的要求。在操作层面，增强太空体系架构的弹性包括更加注重低轨星座的建设，以替代或备份以往使用单颗昂贵卫星的做法。因为当对手具备反卫星能力时，单颗卫星的侦察和通信能力再强也很难满足生存性要求。此时不如由大量卫星组成星座，并准备大量休眠的备份卫星。这样即使部分卫星被反卫星武器击毁，整个星座的效能也不会受到明显影响。同时还要大力发展快速发射和快速在轨补充能力。而欲实现上述目标，核心是快速部署小型化规模化生产的卫星与载荷。

4. 企图寄军于商、以商托军

太空发展局“下一代太空体系架构”的设计也凸显了美国太空体系发展“寄军于商、以商托军”的特点，商业托管军用载荷或成为其太空体系弹性发展的重要方式之一。太空发展局成立的宗旨之一，就是利用现有或计划的商业能力支持太空体系架构的全面解决方案，如支持多个有效载荷和软件应用程序的平台，以及能在多个平台上集成的有效载荷或软件，也就是所谓的通用性，而追求通用性一直是商业领域利润最大化的一条原则。美国《国家太空战略》推行采取整个政府层面、培植良好国内和国际环境等方法实现美国在太空领域的领先地位，该方法即要求寻求与私营部门和盟友密切合作。比如，太空探索技术公司（SpaceX 公司）能够为美国发射绝密军事卫星，这表明商业航天企业的强势加入打破了军事和商业领域的界限。通过这个方法实现更具弹性的太空体系结构，以增强弹性、防御能力和受损后快速重建的能力，是非常重要的一个方面。

五、“特朗普版”独立太空部队暂未能如愿

特朗普政府上台后，为加快推进太空作战能力建设，多次扬言组建独立的太空部队，并于 2018 年 6 月 18 日正式命令美国国防部立即启动组建太空部队。之后，在作为独立太空部队重要组成部门的太空发展局、太空司令部正式组建成立的过程中，美国筹建太空部队的其他工作也在同步开展。2019 年 2 月 19 日，特朗普正式签发第 4 号太空政策指令《建立美国太空部队》（SPD－4）。之后，经历了 10 个月左右的辩论、决策和准备过程，12 月 17 日美国国会参议院正式投票通过 2020 财年《国防授权法案》，授权太空部队作为美国第六支武装部队正式成立，12 月 20 日特朗普签署这一法案，标志着美军筹建太空部队正式开始。但这一法案所授权的太空部队筹建模式与特朗普版完全独立的太空部队有所差别。本部分重点对“特朗普版”独立太空部队以及“SPD－4”相关内容进行总结分析，希望能为透视美国组建太空部队的来龙去脉提供帮助。

（一）美国成立太空部队的呼声由来已久

如前所述，在太空力量建设方面，美国空军、陆军、海军长期以来分别拥有执行太空军事任务的部队。其中，空军的太空力量和规模最为强大，主要执行导弹预警、太空监视、火箭发射、卫星运行控制等任务，并管理美军 90% 的太空研发与采办活动；陆军和海军的太空力量主要执行卫星通信、太空作战等一些支撑性任务。近年来，随着美军建军备战重点向打赢“高端战争”转变，美军从更新政策条令到增设太空战机构，从强化太空态势感知能力到研发太

空作战武器，一支独立的太空部队正悄然成型。[①]

2001 年 1 月，由美国国会授权成立、美国前国防部长拉姆斯菲尔德领导的“美国国家安全太空管理和组织评估委员会”即向国会提交报告指出，如果美国要避免“太空珍珠港事件”的话，就需要仔细考虑美国太空系统受到攻击的可能性。这份报告全面评估分析了冷战结束后太空活动出现的新变化、太空安全面临的新威胁等新形势。报告指出，目前的国家安全太空组织和管理，没能反映太空对美国利益不断增长的重要性。为此，报告在调整组建太空部队方面，提出了两种方案：“独立太空部队”方案和“空军太空部队”方案。一是“独立太空部队”方案。报告指出，为利用太空保护美国的利益，可能也需要在将来的某个时候成立一个专门负责太空的军事部门，即太空部队——主要从事军事和情报太空作战的部队。但报告认为马上就成立这样一个部门，其弊大于利，存在合格人力资源不足、经费不足、需求和任务量也不足等多方面问题，因此，报告认为当时成立独立太空部队的内外条件均未成熟。但报告承认在近期和中期机构的调整中，有存在成立独立太空部队的可能。二是“空军太空部队”方案。该方案则仿照海军陆战队隶属于海军部，在空军内部设立一支太空作战部队。报告认为，“空军太空部队”方案是向“独立太空部队”过渡的正确而有效的阶段。[②]上述报告提出的两种不同调整方案，基本上为后续美国推进太空军事力量调整改革提供了主要方案设想。

2017 年，美国众议院军事委员会战略力量小组委员会主席、众议院议员迈克·罗杰斯在太空研讨会上指出，美国太空军事力量组织结构分散、效率低下，需在国防部内建立一支独立的太空力量。

① 付为工，李大光．美国拟建的“太空部队”是啥底色．解放军报，2019 年 1 月 15 日．

② 黄志澄．如何看待特朗普下令组建太空部队．空天大视野，2019 年 2 月 22 日．

同年 7 月，众议院通过了 2018 财年《国防授权法案》，提出组建太空部队并成立美国太空司令部，但参议院未通过该法案，要求就国家安全太空部门组织与管理机构改革进行进一步评估。由此可见，美国成立太空部队的呼声并不是特朗普政府的新鲜事物，更不是特朗普的“专利”，而是由美国根据长期以来对太空安全环境变化所“感受”到的日益严峻的威胁与谋求太空霸权之战略目标“双轮驱动”的产物。

（二）特朗普独立太空部队嗓门大但落实难

特朗普执政后，无疑更加重视太空军事力量的发展和作战能力的提升。其《国家安全战略》和《国防战略》报告，均为组建太空部队提供了战略引领。两份报告均从战略高度看待美国在太空领域面临的威胁挑战，认为美国必须加强在该领域的投入，方能立于不败之地。在威胁评估方面，特朗普政府认为，其他国家和非国家行为体，可以利用美国在太空领域的脆弱性威胁美国经济和民众安全；美国在陆、海、空、天、网等领域的军事优势，将面临激烈的竞争。对此，《国防战略》报告更是直截了当地提出，美国应该建立更具威力的太空部队，并加大在太空作战领域的投入。

为更好更快落实美国提升太空竞争能力这一战略思想，特朗普政府在组织和政策上层层推进。2017 年 6 月，特朗普签署了重启国家太空委员会的行政令。该委员会主席为副总统彭斯，成员包括国务卿、国防部长、商务部长、国土安全部长、参谋长联席会议主席等多位高官要员，委员会主要发挥跨部门协调的作用，负责从更为长远的角度考虑美国的太空政策和战略实施。之后，特朗普在不同场合多次提及公开组建独立太空部队的意愿，特别是在 2018 年 3 月 13 日，特朗普首次提出将建立独立太空部队作为其国家安全战略的一部分。[①]6 月 18 日，特朗普在白宫会见国家太空委员会时明确要求，美国国防部立即启动组建独立太空部队的进程。他表示，美国在太空中仅有“存在感”是不够的，还要具有“统治力”，因此他要求立即开始组建一支“与空军分开但平等”的独立太空部队，并称这支部队将成为美国“第六大军种”。

2018 年 8 月 9 日，美国国防部即提交《国家安全太空部门组织管理结构》的最终报告，提出太空部队组建方案的两个阶段：第一阶段，组建太空发展局、美国太空司令部、太空作战部队以及服务支持部门等力量；第二阶段，在此基础上，组建独立太空部队。之后，沙纳汉牵头成立国防部“太空部队组建工作组”，并在 9 月 10 日的《太空重组与管理备忘录》中，沙纳汉指示该小组应该“至少每周举行一次会议，以确保强有力的协调和工作的统一”。[②] 10 月下旬，国防部完成了太空部队独立立法提案草案，计划 2018 年底提交给总统，并向国家太空委员会提交组建太空部队的六条建议。当时争议的焦点在于：一是情报界等太空力量是否纳入太空部队；二是太空部队力量规模结构；三是太空发展局的定位。

在美国国防部太空部队组建工作组工作的同时，美国有关智库也在为此“出谋划策”。2018 年 11 月 19 日，美国智库战略与国际研究中心发布了一份“备受期待”的报告，详细介绍了组建独立太空部队的成本。报告列出了组建太空部队的三种可能选项：隶属空军的太空部队、精简版太空部队和一个加强版太空部队，三个选项的建设成本分别是 113 亿美元、134 亿美元和 215 亿美元。可见，无论哪一种方式都是价格不菲，因为美国宇航局（NASA）的年度预算也仅有 199 亿美元左右。但需要注意的是，这上百亿的预算中，有

---

① 特朗普签署太空部队成立命令，“最后一步”等待国会立法通过．*Deep Tech*，Feb. 22，2019.

② Shanahan keeps tight grip on Space Force planning. *Space News*，Jan. 5，2019.

超过 96% 的部分都可从现有的国防预算中重新分配而得，每年新增的额度仅有 3 亿至 5.5 亿美元。之后，12 月 20 日，一份提交给国会的立法提案草案称："确定把美国太空部队作为空军部下属的一支武装力量。"①

这表明，在特朗普 2018 年 12 月 18 日签署命令成立美国太空司令部的同时，美国国防部也正在努力敲定组建第六大军种"太空部队"的一项立法提案。这也是围绕特朗普提议设立美军第六大军种后，国防部进行几个月的论证工作所做出的决定。这也表明，尽管这一提案还可能会进行修改，但整个国防部在将太空部队留在空军部内的问题上基本形成了一致意见。比如，该提案并没有规定太空部队与新建立的美国太空司令部或太空发展局之间的关系。不过，这一方案显然是借鉴了 2001 年 1 月美国国家安全太空管理和组织评估委员会向国会提交报告中的"空军太空部队"方案，同时也是战略与国际研究中心所提三种方案中的折中方案。但这种方案显然与特朗普版独立太空部队的"雄心"尚有较大差距。据沙纳汉和格里芬在国防工业协会会议上与记者会面时所说的"我知道总统已被告知，他给了我们指导"来分析，特朗普当前是支持这一提案并做出了让步的，因为他在 2018 年 6 月指示国防部建立太空部队时，曾强调这是一个新的太空军事分支，与其他军种"分开且平等"。②

2019 年 1 月 1 日，沙纳汉接替马蒂斯出任代理国防部长。由沙纳汉领导的太空部队组建工作组，坚持进一步完善成立太空部队的立法提案。不过，沙纳汉正在设计的是一支隶属美国空军一部分的一支"较小"的太空部队（小天军），尽管特朗普仍在"大嗓门"

---

① Valerie Insinna. Trump's new Space Force to reside under Department of the Air Force. *Military Times*, Dec. 22, 2018.

② Sandra Erwin. Pentagon putting final touches on Space Force proposal. *Space News*, Dec. 15, 2018.

呼吁。比如，1 月 17 日，特朗普在国防部发布 2019 年《导弹防御评估》报告发表演讲时说："为了维护美国至高无上的军事优势，我们必须始终站在最前沿……这就是为什么我们自豪地重申美国在太空领域的领导地位。我们的竞争对手已经开始进行太空武器化，他们想要干扰信息传输，这会威胁到我们的战场行动以及其他许多事情。我们将在很短的时间内领先他们，这会让你目不暇接。"他还说："就像空中、陆地、海洋一样，太空已经成为一个作战区域……在太空仅有'美国存在'是不够的，我们在太空中必须拥有'美国统治'。"特朗普称，成立太空部队尤其必要，以解决太空防卫脆弱的问题，并维护美国在太空的优势地位；太空最终"将成为我们防御和进攻的重要组成部分"。[①]对此，1 月 29 日，沙纳汉则表示："我想到未来五六个月我们将进行的讨论"，"它会很小，尽可能小"。[②] 果不其然，沙纳汉所谓的"讨论"真的很艰难，如果一直按照特朗普的独立太空部队方案，将可能"半途而废"。所以，这也是沙纳汉为什么强调"它会很小，尽可能小"的原因。换言之，这也是因为许多国会议员明确表示他们反对建立一个代价高昂的新军事部门，作为空军部门一部分的太空部队可能更容易通过。不过，如前所述，这一提案草案或许最能反映迈克·罗杰斯最初提出的太空部队组建方案。罗杰斯和众议院的其他人一直主张建立一支太空部队，但这支部队将隶属于空军部，类似于海军陆战队作为海军部下属的独立部队[③]。可见，国防部倾向于采取一种更为温和的方法——一种允许空军最初对太空部队保持一定程度监督的方案，并认为它可以在以后需要时再进一步建立一支独立的太空部队。所以，美国也并没有

---

① Sandra Erwin. Trump unveils Missile Defense Review, promises funding for space sensors in 2020. *Space News*, Jan. 19, 2019.

② Pat Host. US' Shanahan eyes 'small' space forceWashington, DC. Feb. 1, 2019.

③ 海军陆战队虽设在海军部下，但却是一个独立的小军种。

放弃组建完全独立的太空部队，而是策略性地采取了“迂回”政策。

尽管美国太空部队的成立，最终必须获得国会批准，但根据该草案，太空部队将会设在空军部之下，这基本上已无悬念。太空部队组建方案大概是，空军部将新设主管太空部队的副部长一职，由文职人员担任，并向空军部长报告；同其他军种一样，太空部队还将会设一位四星上将级参谋长，且此人也将是参谋长联席会议成员。届时太空部队将由这一主管太空部队的副部长和太空部队参谋长指挥。太空部队人员将包括现役军人、预备役人员和国民警卫队人员。从其他军种调入太空部队的军人将保留原有职级和军衔。太空部队参谋部除将设一位太空部队参谋长外，还会设立一位副参谋长。参谋长将由总统提名，并需由参议院确认。曾担任美国空军太空司令部副司令的塔弗尼称，按这一正要推出的方案，太空部队将会符合被视为美国第六大军种的标准。他说，最重要的是要有一个把心思全都放在太空使命上的指挥机构，而与海军陆战队组建模式相似的太空部队符合这一点。该提案草案指出，太空部队应通过组织力量、训练部队和部署先进装备，为美国及其盟国进出太空领域的行动自由提供支撑，为联合的国家领导提供独立的军事选项，并提升联合作战的杀伤力和效力。太空部队的职能将由现役部队和太空部队后备部队承担，包括作战和作战支撑部队，以便在所有领域迅速和持续地实现太空攻防作战以及联合攻防作战。

部分美国国会议员和国防部官员对太空部队抱持质疑态度，担心其将所费不赀，且会助长官僚作风。成立全新的太空部队，也会在五角大楼、尤其是空军内部引发地盘争夺。[①]不过从威尔逊的表态看，她似乎已经站在支持太空部队成立的一边了。2018 年 12 月 3 日，威尔逊在华盛顿举行的第二届太空新闻卓越奖与创新奖上获得

① 向太空进军：特朗普下令成立“太空司令部”. 新华网，2018 年 12 月 21 日.

军事领域政府年度最佳领袖奖后发表讲话时表示，她坚持要求空军继续专注于太空任务，同时支持特朗普政府提出的建议；一项核心工作是保护美国卫星不受攻击的程序和策略，她称之为“可防御太空”。[①]在空军如何处理太空部队的问题上，威尔逊表示，她100%与总统保持一致，她作为空军部长的职责是确保美军有战略、行动概念和计划来阻止并在必要时在太空中赢得战斗胜利。威尔逊认为，美国正面临前所未有的威胁，对此，不只是制定计划，而是需要大力加速。美国空军太空司令部2018年进行了一系列太空战演习，研判了在2025年或2030年可能面临的威胁，以及如何应对这些威胁。而预算决策的重要一点是它们受到国防战略和我们所看到的威胁的驱动。因此，她表示，无论国会是否支持特朗普组建太空部队的计划，美国空军都准备保护并提升其在太空的优势地位。据美国国防部消息来源称，威尔逊从一开始就参与了太空部队组建工作组，并称支持沙纳汉的提议。不过，作为美国空军部长，“空军太空部队”方案也许也是她最愿意看到的了，尽管后来她辞职了。

（三）美国海军分析中心：问题与风险同在

美国国会认为，建立第六大军种是一项重大工作，其中至关重要的是应确定美军在太空领域能力发展、作战指挥等方面存在的真正问题，并进一步审查评估四个关键问题：战略优先次序的设定、改进设备与物质采办、预算支持与调整、创新与风险。[②]为此，2019年1月，在美国国防部向国会提交太空部队组建方案草案后，美国

---

① Q&A：U. S. Air Force Secretary Heather Wilson says change is underway，Space Force or not. *Space News*，Jan. 2，2019.

② 许红英. 美国前议员：2019年应解决国家安全太空领域的“真正问题”. 国防科技信息网，2019年2月26日.

海军分析中心作为2018 财年《国防授权法案》规定的与太空有关的审查研究单位之一，发布了其对成立太空部队计划的第三方评估报告《关于成立太空部队计划的评估》。[①]

该报告认为，在战略层面，需要认识到太空是一个作战领域。尽管多年来一直如此，但从未这样来对待它。直到最近，美国空军才陈述这个看似简单的事实。美国国会和白宫确实收到了来自空军的简报，但并没有感受到其紧迫感。然而，现在美国空军正因为没有做好太空作战的准备而受到严厉的批评。简而言之，美国没有关注“轨道上”的事。俄罗斯等国在太空和反太空能力方面继续取得令人难以置信的进展。莫斯科经常在战术层面干扰 GPS 信号；如果他们愿意，也可以实施战略干扰。而有的国家向月球另一边发射探测器，这是极其困难的任务，意味着其有能力将美国最重要的国家安全卫星置于其瞄准范围内。这些难道不是需要立即关注的首要问题吗？对此，美国也需要更好地制定太空行为准则，在内部划定红线，在外部与俄罗斯等国沟通。尽管到目前为止很幸运地避免了太空冲突或者地球上延伸到太空的冲突，但人们绝对不希望陷于此种境地——在冲突发生后才与对手就不该跨越的界线或可能的后果进行沟通。

在改进设备与物资采办方面，该报告认为，采办流程是国防部的一个大问题，几乎到了危机的程度，许多项目进展太慢，最终超出预算，并持续重复工作。为了使新的太空部队成立，国防部不得不改变许多“传统的做法”，采办程序也应该改变，以减少审查的环节，并尽可能降低授权层级。然而，提出武器系统需求与制定预算及费用的是两拨人，这就使问题进一步复杂化，这很奇怪。如果这

① Sandra Erwin. Independent study raises red flags about Space Force as a separate military department. *Space News*, Jan. 7, 2019.

样做，在商界是无法生存的。成立太空发展局，全面集中地负责所有太空采办，也许能解决这个问题，至少这是一部分支持者所希望看到的。

在预算与创新方面，预算较少对维护国家太空安全的影响是真实而持久的。国防部因官僚作风没能跟上商界的步伐，明智的做法是在适当的情况下购买商业服务，并在内部进行创新，以获得与众不同的能力。目前，私营部门正在开发、测试和部署可重复使用的火箭、小型卫星和巨型星座。美国政府现在应该利用这些能力真正向前发展，而不是创建更多的部门和新的机构。美国国防预先研究计划局、国防创新局和太空快速能力办公室等机构正在努力推进技术进步，但它们需要得到资金支持，并且应与政府太空规划形成一个整体。目前的太空探索方法是基于过时的运作模式，过于看重规避风险。以任务保证为例，通过严格对待每一次国家安全有效载荷，每一次发射都必须达到尽善尽美。换句话说，它必须有 99.999% 的成功几率。携带 10 亿美元的有效载荷，它最好能正常工作。但并不需要每次都发射 10 亿美元的有效载荷，也不需要 5 亿美元的发射。可以尝试在更小或可重复使用的火箭上，安装更小更有创新性的有效载荷，这样，两者的成本都会降低。

为此，改进政策和预算就是当前美国太空战略应该做的，匆忙成立新的军种将会分散注意力。但该报告也指出，有许多可能的方案来设计太空部队，但在实施之前无法明确地知道哪一种方案能够产生预期的效益。报告建议，太空部队将有 16000—19000 名现役军事人员。由于太空部队的规模小①，报告认为，新的太空部队应该隶属空军部。报告还建议，太空部队的职责应包括目前由国家侦察局

① 目前，美国海岸警卫队拥有约 4 万名现役军人，海军陆战队拥有约 18.6 万名现役军人，空军约 32.1 万名现役军人，海军约 33 万名现役军人，陆军约 48.7 万名现役军人。

进行的天基侦察活动；遵循 GPS 终端使用的模式，即太空部队定义总体系统接口和互操作性要求，由具体用户采购自己的终端；设立工业和政策办公室、太空创新中心和太空系统司令部作为采办指挥部。报告不建议合并导弹防御局相关计划、承担基地和安装等职能。最后，报告警告说，建立一个新的军事部门并非没有风险，尽管其设计倾向于尽量减少不必要的矛盾，但也需承认短期内可能存在某种程度的不稳定性。

(四) “SPD－4”——《建立美国太空部队》出炉

在美国国防部向国会提交太空部队组建方案草案后，预计特朗普将会尽快签署太空政策指令，以推动国防部建立美国太空部队方案正式进入国会立法审议程序。该指令将明确美国太空部队作为美军在空军内部的第六支部队进行筹建，但这样的隶属空军部的太空部队也是一项临时性安排。随着美国太空部队的发展以及美国国家安全的需要，将来有必要建立一个完全独立的太空部队，将从空军部门接管美国太空部队的部分或全部责任；国防部长将进行定期审查，以确定何时建议总统寻求立法建立这样一个部门。可见，成立空军部下的太空部队将只是“第一步”。[①]对此，英国《简氏防务周刊》在 2019 年 1 月 31 日报道称，美军有意建立一个规模相对来说不算太大的太空部队，并且一定程度上保证该部队有升级为独立军种的潜力。[②]但目前的方案实际上要比之前特朗普提出的建立太空部队计划合理许多，且只需投入一定资金，在现役力量结构基础上升

---

① Sandra Erwin. White House：Space Force Under the Air Force Only a First Step，Separate Department Not Off the TableSpace. News Staff Writer，2019 年 2 月 2 日.

② 美军为何要建太空作战部队？在作战平台顶端压制对手需高度警惕. 战略网军事，2019 年 2 月 7 日.

级改进，让其拥有一定打击能力即可，目前美军实际上已经逐渐拥有了这种能力，具备了很好的基础。总之，在美国国家太空委员会、国防部等的共同工作下，2月19日，特朗普正式签发第4号太空政策指令（SPD-4）——《建立美国太空部队》。①

第1节　简介

太空是我们生活方式、国家安全和现代战争的一部分。历史上，美国太空体系曾对潜在的对手保持着技术领先。而现在，这些对手为在危机和冲突时阻止我们使用太空，正在不断推进并积极发展他们的太空能力。因此，美国有必要对与国家安全相关的组织、政策、学说和能力进行调整，以慑止进犯并保护我们的利益。为此，国防部应在现行体制下采取行动，整合相关资源，慑止及反击太空威胁，并提出立法建议，在空军部下建立美国武装部队第六大分支——美国太空部队。这将是迈向未来美军太空军部（完全独立太空部队）的重要一步。根据这一建议，将授权美国太空部队组织、训练和装备美国军事太空力量，确保美国自由进入太空，自由使用太空，并在平时和各种冲突时为美军联合部队和联军提供至关重要的能力。

第2节　定义

为此备忘录和受此备忘录第3节内容指导的立法建议目的，做出如下定义：

（1）“美国太空部队”系指，初步设立于空军内部的美军武装部队新的分支。

（2）“太空军部”系指，未来国防部内的军事部门，负责美国太空部队的组织、训练与装备工作。

① 张萌．太空政策指令-4：建立美国太空部队．航天防务，2019年2月22日．

(3)“美国太空司令部”系指，根据2018年12月18日总统备忘录（设立美国太空司令部为联合作战司令部）设立的联合作战司令部，将负责即将列入美军《联合司令部计划》的联合部队太空作战。

第3节　立法建议及目的

国防部应通过管理及预算办公室向总统提交立法建议，建立美国太空部队为设立于空军内部的新军种。

颁布后，该立法建议应建立美国太空部队，以组织、训练和装备部队，提供进入太空维度、位于太空维度、来自太空维度的行动自由；为国家领袖提供独立的军事选项；加强联合部队的杀伤力和效能。美国太空部队应具备作战和作战支撑职能，可执行快速和持久的太空攻防作战及各领域联合作战。美国太空部队应进行组织、训练和装备，满足如下要求：

(1) 保卫国家太空利益，并在与包括国际法在内的适用法律相一致的情况下，保卫所有负责任的行为方和平利用太空；

(2) 为美国国家安全、美国经济、美国的人民、伙伴和盟友，确保不受限制地使用太空；

(3) 面对位于太空或来自太空的敌对行动，慑止进犯并保卫国家、美国盟友和美国利益；

(4) 确保所需的太空能力整合进入所有美国作战司令部，并使之可用；

(5) 为保障国家利益，在太空投送军力，从太空投送军力，向太空投送军力；

(6) 发展、维持并改善专注于太空领域国家安全需求的专业队伍。

第4节　范围

(1) 本备忘录第3节所要求的立法建议，除本备忘录第3

节所要求的条款之外，在颁布后，还应包含如下条款：

①为军事太空行动，如若恰当，合并现行部队和机构，以减少重复工作，消除官僚低效；

②不包括国家宇航局、国家海洋和大气局、国家侦察局及其他美国政府非军方组织机构。

（2）提请建立的美国太空部队应：

①经国防部长与各军种部长商议决定，军人和文职人员开展或直接支援所有美军作战；

②负责所有主要太空军事采办项目；

③在所有相关专业领域为太空部队军人及文职人员创造合适的职业轨道，这些领域包括作战、情报、工程、科学、采办和网络。

第 5 节　美国太空部队预算

根据国防部预算程序，国防部长应向管理与预算办公室主任提交列支于《2020 财年总统预算申请》的美国太空部队预算。

第 6 节　美国太空部队组织及领导体制

（1）本备忘录第 3 节所要求的立法建议应设立负责太空的空军部长帮办，即由总统提名并经参议院建议并同意的空军部长帮办。

（2）立法建议应设立太空部队参谋长，军衔为上将，并列席参谋长联席会议。

第 7 节　相关机构

（1）根据 2018 年 12 月 18 日指令，应依法设立太空联合作战司令部，即美国太空司令部。除此前已指派至美国战略司令部的太空相关职责外，该司令部应具备联合作战司令部的全部职责。该司令部也应具备提供联合部队的职责和为联合部队训练太空作战部队的职责。该司令部快速成为联合作战司令部也反映了太空作战对联合部队的重要性。该司令部司令将领导太空领域、陆地领域或电磁频谱领域的全球太空行动中的太空作战。

(2) 与美国太空部队和其他美国武装部队提供的部队一道，美国太空司令部应确保不受限制地进入并自由使用太空，并在平时和各种冲突时为美军联合部队和联军提供至关重要的效能。

第 8 节　与国家情报机构的关系

国防部长和国家侦察局局长应在国防部和美国情报界间建立并加强协作机制，团结一致提高太空作战实效。国防部长和国家侦察局局长应在此备忘录签署 180 天内向总统提交报告，内容包括工作步骤、已采取和将采取的计划，并在必要和恰当时提出立法建议。

第 9 节　作战职能

为确保美国太空部队和美国太空司令部拥有必要的作战职能，国家太空委员会与国家安全委员会将互相协作，加速开展太空作战职能评估。在此备忘录签署 90 天内，国防部长应向国家太空委员会及国家安全委员会提交相关职能变更建议，供总统批准。在国防部长向委员会提交建议后 60 天内，国家太空委员会及国家安全委员会应就国防部长建议开展跨机构评估，并就适合的职能向总统提出建议。

第 10 节　定期评估

随着美国太空部队的逐步成熟，根据国家安全要求，有必要建立独立的军事部门，即太空军部。该部门将接手空军内部美国太空部队的部分或全部职能。国防部长应开展定期评估，决定何时向总统提出建议，以立法建立这一部门。

第 11 节　总则

(1) 本备忘录不应被解释为将损害或影响如下内容：

①法律赋予的行政部门或机构或其领导的职能；

②管理与预算办公室主任与预算、管理或立法建议相关的职能。

(2) 本备忘录应依照相关法律、美国国家和国土安全需求实施，并符合拨款情况。

(3) 本备忘录无意也无法为任何反对美国的团体及其部门、机构、实体、官员、雇员、代理或其他人员在法律上和公平上创造任何实质性或程序性权利或利益。

(4) 授权国防部长指导发布本备忘录于《联邦公报》。

(五) 特朗普组建太空部队方案有所让步

“SPD－4”为美军太空部队组建提供了基本框架，也正式表明了特朗普政府对组建太空部队的态度。特朗普在“SPD－4”签署仪式上扬言：“美国的对手重视太空，正在训练部队，发展技术。太空是一个作战域，美国必须做好准备。建立太空部队是美国的优先事项，国会对此十分支持。太空部队作为第六大军种，其领导将列席参谋长联席会议，这是一个重要决定。太空部队可威慑对手，将部署进攻性和防御性武器。这些武器经过特别设计，力量将无与伦比，计划中所列事项将更超出想象。设立太空部队是一个历史性决定，将保护数代人的安全。”[①]白宫当天发布消息说：“这项指令是保证美国太空主导地位的一个大胆的战略步骤，我们必须应对来自外国敌人的太空威胁，以维护我们的领导地位。未来一段时间内，美国与别国在太空领域发生摩擦的可能性不大，但在当下组建和发展太空

① 张萌．太空政策指令－4：建立美国太空部队．航天防务，2019年2月22日．

部队的战略意义要远大于作战意义。在真正发生冲突之前，完善作战理念，大力发展国防科技、武器装备并进行前期战略部署至关重要。”

分析认为，虽然面临一些阻碍，但国际社会普遍认为美国太空部队成军只是时间问题。特朗普政府此次签署“SPD－4”加紧筹建太空部队，主要有三个目的：在太空这个竞争日益激烈的领域，强化美国参与竞争、遏制和取胜的能力；组织、训练并装备具备下一代作战能力的太空战斗人员；在精简机构的基础上，使作战能力最大化。显然，美国此举旨在维持其太空军事优势，确保对太空的主导权。[①]无疑，美国组建太空部队，是美国以大国博弈为目标的军事战略的重要组成部分和在太空领域的重要体现。随着美国组建太空部队，未来美国对太空对抗能力建设的投资将会大幅度增加，美军的太空资源将得到高效整合，太空作战也将深度纳入到美军的联合作战体系之中，并大大加强太空领域在美国国家安全决策中的地位。[②]“SPD－4”的签署，正是将太空部队组建推向又一高潮的又一把火。

该指令解释说，虽然太空部队最初将作为空军的一部分运行，但类似海军陆战队是海军的一部分，最终的目标是太空部队作为军队的独立部门运作，即与空军部并列的太空军部。[③]由此可见，太空部队首先在美国空军部下组建，之后，再根据需要在国防部组建独立的太空部队军种——太空军部。这一指令的签署意味着，2018年以来关于美国是否正式设立“太空部队”的争议有了一个阶段性的结果，新的“太空部队”至少暂时隶属美国空军，所有军事太空功能或将集中在新的太空部队下。根据“SPD－4”，美国太空部队的

---

① 张凤波．美组建太空部队加剧军备竞赛．网易，2019年2月25日．

② 黄志澄．美军太空作战能力的建设及其经验教训（上）．空天大视野，2019年5月6日．

③ Trump signs directive establishing US Space Force. *Sputnik News*, Feb. 22, 2019.

职能应包括作战和作战支撑，以实现迅速和持续的进攻性和防御性太空行动以及所有域的联合作战。

对于“SPD－4”提出的太空部队建设方案，众议院军事委员会战略力量小组委员会成员迈克·特纳表示，这种方案比之前听到的要轻松得多，太空能力仍然属于空军范围是很重要的，既可以创造确保在太空领域取得成功所需的能力，同时又具有较高效费比。美空军参谋长戴维·戈德芬对此表示，“SPD－4”表明美军迈出建立一支训练有素的太空军部（独立太空部队）的第一个具体步骤，但这还不是美国应该采取的最重要的太空步骤；建立太空司令部，这样美国可以更有效地遂行任何涉及太空资产的战争，这比建立一支独立太空部队更重要。他说：“‘SPD－4’推出的是隶属空军部的太空部队架构，对此，必须做出一千个决定，以便能够处理如何在空军部内建立太空部队的复杂细节。但对我来说必不可少的，首先是作战指挥。这也是特朗普当天上午签署指示国防部创建太空部队指令几个小时前所说的。”①②因此，“SPD－4”在指示国防部长为国会撰写立法提案以建立太空部队的同时，它还重新授权政府创建太空司令部，这是一个比太空部队更复杂、可能更昂贵的部门，尽管其大部分已经存在。他还指出，非常重要的是，太空部队不会包括任何民用太空组织，如美国宇航局、国家海洋和大气管理局、国家侦察局和国家安全局等。然而，太空司令部将建立和加强国防部与美国情报界之间的合作机制，以尽可能地增加太空行动的统一性和有效性。

可见，“特朗普版”独立太空部队的愿景暂未能一步如愿，但特

---

① Colin Clark. Space Command More Important Than Space Force: CSAF Goldfein; Trump Signs SPD－4. *Breaking Defense*, Feb. 21, 2019.

② Valerie Insinna. Trump officially organizes the Space Force under the Air Force . . . for now. *Defense News*. Feb. 21, 2019.

朗普政府显然已接受多方建议，正采取小步快跑的方案，先行在空军部内组建太空部队，并成立一级太空司令部与太空发展局，待条件成熟后必然会适时组建完全独立的太空部队。

六、美国太空部队开始在空军部下组建

“SPD－4” 签署后不到十天，美国国防部即向国会正式提交了组建太空部队的提案，组建太空部队也正式进入了立法程序。之后，美国国会参众两院经历长时间的听证和辩论，众议院于 2019 年 12 月 11 日以 377∶48 正式投票通过 2020 财年《国防授权法案》，12 月 17 日，参议院以 86∶8 正式投票通过 2020 财年《国防授权法案》，12 月 20 日特朗普签署这一法案，标志着在空军部下建立太空部队正式获得授权。[①]这 10 多个月的过程中，汇集了美国国会参众两院、美军高层等多方面对建立太空部队有关态度、理念的演化、交锋，值得系统梳理，敏而辨之或借以鉴之。但是，对其大肆渲染中俄“太空威胁论”、掩耳盗铃般推进美国太空军事化，须警而惕之并巧以应之。

（一）美国国防部提交组建太空部队立法提案

2019 年 2 月 27 日，美国国防部向国会提交了组建太空部队的正式提案，并于 3 月 1 日对外发布《美国太空部队战略概述》。[②③]《美

① Sandra Erwin. Trump signs defense bill establishing U. S. Space Force: What comes next. *Space News*, Dec. 20, 2019.

② Robert Burns. Space Force would be by far the smallest military service. *Airforce Times*, Mar. 4, 2019.

③ 黄志澄．美军太空作战能力的建设及其经验教训（上）．空天大视野，2019 年 5 月 6 日．

国太空部队战略概述》内容涉及美国组建太空部队的战略背景、国防部的立法提案、组建时间表和预估成本等内容，概述了太空部队的作用、任务、职能、权限和组织结构，五年建设计划，以及与其他军种或机构的关系等内容。

太空部队的职责：根据适用的法律，包括国际法，保护所有负责任的行为者在太空与和平利用太空方面的国家利益；确保美国经济企业以及美国个人、伙伴和盟友为美国国家安全目的而不受限制地利用太空；阻止侵略，保卫国家、让美国盟友和美国利益不受太空内外敌对行为的威胁；确保整合所需太空能力，并向所有美国作战司令部提供相关能力；在太空、从太空和到太空投射军事力量，以支持美国的利益；发展、维护和提高关注太空领域国家安全需求的专业团体。为此，太空部队重点发展的任务：太空态势感知；卫星运行和太空部队全球一体化指挥控制；全球和战区军事太空行动，支撑联合作战（包括导弹预警）；为陆、海、空、网络部队提供太空支撑；太空运输及太空运行；天基核爆炸探测；迅速和持续地开展太空攻防作战，以获得太空优势。

太空部队组建与能力形成的五年计划：2020 财年，国防部将创建最初的太空部队总部，以便让太空部队在随后的几年中尽可能有效和高效地接收和执行其任务。2021 财年和 2022 财年，该计划要求将军方大多数现有的与太空有关的部门和资金转移到新的太空部队，但美国政府在太空中所做的大部分工作仍然不在其范围内。2023 财年和 2024 财年，新的太空部队将可以完全正常运行，包括开发创新方法组织、训练和装备部队，甚至可能组建额外的运营、采购和/或培训单位以满足新的任务需求，以及建立太空作战特需的能力发展、情报分析、教育等。经费预算为 2020 财年 7400 万美元，接下来的四年为每年5亿美元。[①]预算文件指出，五角大楼有必要增加对太空的支出，以确保不受限制地进入太空并在太空自由行动；国防部必须适应未来战争的形态，必须做好准备，确保在太空中自由行动、阻止袭击，并在必要时打击太空和对抗太空威胁。[②]白宫也表示，太空部队将最初重新调整军事部门现有的太空部队和物资，并将在未来几年内负责任和有意识地扩大规模。[③]

对此，在《美国太空部队战略概述》发布的当天，美国国防部一名高级官员表示，太空不仅仅是一种支撑性功能，更是一个战争领域，必须准备好战斗、威慑并赢得胜利，必须适应这些变化。沙纳汉表示，此举是应特朗普的要求做出的，特朗普坚持要求一个单独的军事部门专注于保护卫星和应对太空系统脆弱性的问题；关于建立太空部队作为美国第六支武装部队的立法提案是朝着确保美国在太空的重要国家利益迈出的战略性步骤，这对美国而言是一个历史性时刻。他说，该方案遵循特朗普对太空的大胆设想，并投入资源以更快地提供更多能力，确保美国能够在复杂的太空领域中竞争、威慑并在必要时获胜。[④]威尔逊也表示，美国将继续在太空领域保持世界领先，建立一支专注的太空力量，将进一步增强美国在太空中遏制、竞争和获胜的能力。尽管2019年3月威尔逊宣布将辞去空军部长职务，但这并没有减缓其参与的太空部队组建工作组3月22日前向沙纳汉提交报告。[⑤]威尔逊表示，她将继续参与太空部队的计划，直到她5月31日离职。对此，负责该工作组的空军司令部首席助理

---

① Space Force to cost \$2 billion, include 15, 000 personnel in first five years. *Defense News*, Mar. 3, 2019.

② Air Force seeks \$2 billion increase for space programs in 2020 budget. *Space News*, Mar. 14, 2019.

③ Trump's 2020 budget increases defense spending by 5 percent, funds Space Force. *Space News*, Mar. 13, 2019.

④ Pentagon submits Space Force proposal to Congress. *Space Daily*, Mar. 1, 2019.

⑤ Air Force to submit Space Force transition plan by March 22. *Space News*, Mar. 15, 2019.

约翰·斯托弗（John Stopher）表示，威尔逊是努力满足总统建立美国武装部队第六分支太空部队意图的核心参与者，但也正是由于她的领导，这个拟议的太空部队仍隶属于空军部。

威尔逊在第35届太空研讨会上曾表示，虽然国会是否批准成立太空部队仍是未知数，但一旦批准，空军已准备好一份组建计划。[①]根据美国航天新闻网获得的这份计划的草案，其蓝图是迄今为止关于美国太空部队建立的最详细的计划，并将作为所有后续行动的指导路线图，已于3月22日提交给了沙纳汉。最初的工作计划列出了组建太空部队所需采取的步骤——先在90天或更短的时间内建立太空部队总部，人员规模约200人，预计到2024年具备全面运行能力。太空部队总部将由一名四星级参谋长、一名副参谋长和一名主管太空事务的空军部副部长领导。在其他军种成员过渡到太空部队之前，空军将首先重点过渡空军内以太空为重点的人员。根据该计划，在第一年，太空部队领导人将确定初步的组织设计，包括常设总部办公室，下属战地部队，任务支持中心和机构（太空人事中心、太空理论中心、太空情报中心）。该计划表示，需要定义或修改关键的制度流程，以便能够转移其他军种和相关机构的人员、任务和全部专款授权；将创建一支太空部队规划工作小组，帮助定义如何吸收具有不同专业军事教育系统、晋升时间表以及开发和识别过程的其他军种人员，确保来自其他军种的人员无缝过渡，不会产生任何不利影响。

（二）美国组建太空部队提案在质疑声中前行

美国太空部队能否最终得以组建或以何种方式组建，需要得到

---

① 田甜．第35届太空研讨会：美空军已制定天军组建“初步工作计划”．国防科技信息网，2019年4月13日．

国会批准授权。美国国内多方对此曾存根深蒂固的慎重意见，认为此举可能导致国防预算激增以及官僚作风等。所以，美国组建太空部队计划进入立法程序后，美国国会参众两院还需展开更多的辩论，而这一过程历经数月。[①]在这一过程中，代理国防部长帕特里克·沙纳汉、空军部长希瑟·威尔逊与现任空军太空司令部司令约翰·雷蒙德、参谋长联席会议主席约瑟夫·邓福德、战略司令部司令约翰·海顿、陆军参谋长马克·米莱、国防部长马克·埃斯珀以及新任空军部长芭芭拉·巴雷特等，都曾到听证会作证，为组建太空部队能够在国会获得授权“答辩”。

2019 年 3 月，沙纳汉在参议院军事委员会作证。两位重要参议员就建立太空部队的必要性进行了询问，他们对在今后 5 年中用 20 亿美元建立太空部队表示质疑。参议院防务拨款小组委员会的资深成员迪克·德宾说，创立太空部队只会让五角大楼的官僚体系变得更加臃肿，这项建议必须接受彻底审查和谨慎评议。空军的预算包括花费 7240 万美元，在内部设立一个太空部队总部，还要增设一个四星上将的位置来领导该机构并出席参谋长联席会议。他问道：“我们必须扪心自问，我们是不是被太空部队的概念蒙蔽了双眼？这会让我们更安全吗？相比建立一支太空部队，把 20 亿美元花在新武器、更好的装备以及培训作战人员上，会不会是比建立一支太空部队更好的国防投资呢？我们有责任同军事委员会一道提出这些问题。”该小组委员会的主席、参议员理查德·谢尔比表示，他对建立这个特朗普支持的新军种的必要性感到怀疑。同其他重要议员一样，谢尔比并未明确表态他是否最终会支持有关建议。

对此，在回答关于为何需要太空部队的问题时，沙纳汉说：“美国 19 万亿美元的经济依赖太空资产，但由于我们的脆弱性，我们的

---

① 美国组建太空部队进入立法阶段．新华网，2019 年 3 月 8 日．

军队承担了太大的风险，现在太空是一个有争议的领域；太空部队有机会加速我们应对这种威胁环境的能力；今天在轨道上的卫星从未被设计成具有弹性并应对当今存在的威胁……我们需要设计新的能力并尽快将其投放到轨道上；太空部队本身旨在加快我们的防御能力。”太空、高超声速武器和网络战是三个应该获得更多关注和资源投入的关键领域。[①]这也是2020财年预算的三大结构性变化，其中，要求141亿美元用于太空[②]、26亿美元用于高超声速武器技术、96亿美元用于网络。在回答关于组建太空部队是否会增加官僚作风的问题时，沙纳汉表示，当你想到15000到18000人时，太空部队将是一个“非常小”的机构，但太空部队的主要职能是巩固太空能力；考虑到美国陆军将采取全新的现代化计划，因此组建太空部队的主要任务是如何将这一职能与空军、海军等正在进行的工作相结合，然后将其整合到所有作战指挥中。

4月3日，雷蒙德在众议院军事委员会战略力量小组委员会作证时表示，他完全支持在空军部内设立太空部队的立场。[③]雷蒙德说，一个单独的军事部队将给予太空应有的重视，太空部队的一个主要好处是将协调和统一太空活动，这些活动现在是在许多组织中开展。虽然该计划遭到了广泛的怀疑，但并未受到众议院军事委员会战略部队小组委员会的怀疑，该小组委员会多年来一直倡导建立一支独立的太空部队，仍然是国会中最坚定的太空部队支持者。该小组委员会主席吉姆·库珀在开幕词中说：“我鼓励这个小组委员会成为所有与太空部队或太空部队有关问题的专家，无论你想称之为什么，我们现在必须改善我们的卫星和太空能力。”

---

① Shanahan pitches Space Force in Senate testimony. *Space News*, Mar. 16, 2019.

② 其中，除空军的138亿美元投资组合外，还有3.06亿美元专门用于建立三个新组织：太空部队、太空发展局和太空司令部。

③ Raymond endorses Trump's Space Force proposal. *Space News*, Apr. 6, 2019.

4 月 11 日，参议院军事委员会再次举行听证会，沙纳汉、威尔逊、邓福德、海顿到会作证。[①-⑤] 随着委员会准备制定 2020 财年《国防授权法案》，这次听证会被视为参议院军事委员会对太空部队组建方案支持程度的关键晴雨表。该委员会成员普遍认为，国防部必须投资太空系统并使其卫星现代化，因为竞争国家加紧开发反卫星武器，以阻止美国通信和 GPS 导航等关键的太空服务；但质疑为什么需要一个头重脚轻的官僚机构来做到这一点，且认为目前空军在管理太空领域没有明显的问题；成员们还质疑为什么太空部队不包括国家侦察局，该局在发展和运行国家间谍卫星方面发挥着关键作用。对此，上述几位国防部高级官员均表示，国家经济和国防安全在很大程度上取决于美国的太空能力，但是国防部和美军目前有多个部门涉足太空领域，这样的组织架构不利于应对中国和俄罗斯在太空领域的迅速投入，如果不立即做出改变，美国很可能失去在这个领域长期拥有的优势。

邓福德说："中国和俄罗斯承认太空在经济和军事领域的好处，他们在太空领域的投入正在迅速改变这个领域的安全格局，美国必须采取行动予以回应；太空不再是一个避难所，传统上，空军一直是我们在太空中努力的主要动力……而且我们在太空中的能力是首屈一指的，但我们目前的组织架构是在太空成为一个有争议的领域之前建立的。确保利用太空对于所有军事行动都是至关重要的，组建太空部队使美军能够保持在这一重要作战领域的竞争优势。"沙纳

---

① 五角大楼称威胁紧迫，促国会快速批准设立太空部队．铁索寒，2019 年 4 月 15 日．

② Space Force would build, accelerate American space capabilities. Defense Media Network, Apr. 14, 2019.

③ Sandra Erwin. Defense officials get a grilling at Space Force hearing. *Space News*, Apr. 11, 2019.

④ Jim Garamone. Defense leaders: Space Force would build, accelerate American space capabilities. U. S. Department of Defense, Apr. 11, 2019.

⑤ Trump's Space Force collides with skeptical congress. *Space Daily*, Apr. 12, 2019.

汉说："中国和俄罗斯的实际行动显示他们已经在将太空武器化，美国不得不作出回应。太空部队将继续并加速美国空军给予美国军队太空的优势；底线是下一场重大冲突可能会在太空中定输赢，未来的太空能力应该从一开始就是系统设计，包括发射、商业创新、网络、卫星、地面部分、用户设备和网络安全等。"沙纳汉请求委员会在2020财年《国防授权法案》中授权建立美国太空部队。他说："美国在太空中拥有持久的利益，正如美国海军确保海上航行自由一样，美国太空部队现在必须确保太空自由航行。"威尔逊说："美国更愿意看到一个和平的太空，但是面临越来越大的威胁，美国需要采取措施遏阻对手可能发动太空战。如果能成功遏阻对手，美国就不必动用太空部队。"威尔逊重申了一个主要论点，即为什么在大国竞争的时代，以及在太空从一个开放和无争议的环境转变为一个竞争激烈和军事上至关重要的环境时代，太空军事力量是必要的。她说："如果战争扩展到太空，每个人都会失败，但我们正在开发能够阻止并在必要时在太空领域进行战斗并赢得胜利的能力，就像我们在其他所有领域一样，这样我们的对手就会明智地选择与我们的外交官打交道而不是与我们的战士开战。"①海顿表示："太空部队的建立是不可避免的，因为我们拥有的每一个物理领域（包括太空）都会受到威胁，我们需要创建一个军事力量来处理这个问题。我认为我们做得很好，但这是在太空没有受到威胁的环境中做得很好；正在发生变化的是，我们的对手正在建立能够在太空中挑战我们的重要能力。……从操作角度来看，我们必须让五角大楼的人们始终把注意力集中在太空上。"

但尽管如此，参议院军事委员会大多数民主党议员和一些共和

① Charles Pope. Senate Armed Services Committee recognizes importance of space while offering divergent views on Space Force. U. S. *Air Force*, Apr. 11, 2019.

党议员仍质疑单独设立太空部队的必要性，他们称这项计划可能会使国防部机构臃肿的状况更加恶化。计划角逐2020年总统大选的参议院军事委员会民主党议员伊丽莎白·沃伦表示："我所看到的只是一支新的力量将如何创建一个更多的组织来向国会要钱，并且没有理由相信增加一个全新的太空部队官僚机构并向其投入更多资金将减少我们在太空中的整体脆弱性。"西弗吉尼亚州民主党人乔·曼钦（Joe Manchin）说："这对我没有任何意义，我认为空军当前对太空事务的处理令人满意。"当然，参议院军事委员会中也不乏支持者。如与特朗普同属共和党的议员凯文·克雷默说："设立太空部队可以帮助美国稳固对中国和俄罗斯的太空优势。我担心我们的优势已今非昔比。尤其在这个领域的技术发展速度如此之快，如果你不尽早大力投入，你会发现自己很快落在后面。"

在组建太空部队正受多方面的质疑时，4月底，由43名前美国国防部、空军和情报等部门人员组成的小组签署了一封公开信，表达了对建立太空部队的强烈支持。①原美国空军太空助理部长兼国家侦察局局长马丁·法加是招募签名的几名组织者之一。法加说，最近几周立法者提出的问题和评论表明，对太空部队立法的支持远未得到保证。委员们继续对新架构的成本表示担忧，许多人仍然不明白为什么需要它或者空军在太空中做错了什么，有些人认为太空部队是特朗普政府的一个随机概念，所以这封信的目的是表明该提案得到了军事和民间太空专家的支持。他说，这封信试着回答为什么美国应该拥有太空部队这一问题。信中称，美国太空部队将"发展军事太空文化和精神；招募、培训、教育、促进和留住具有世界级太空技能和才能的科学家、工程师和战士；倡导太空需求和资源；

---

① Sandra Erwin. Former U. S. officials sign open letter in support of DoD's Space Force proposal. *Space News*, May. 5, 2019.

发展太空学说和作战艺术；开发和提供先进的太空能力；配置资源以维持美国在国家安全太空活动中的战略优势和卓越地位”。建立一支新的太空部队对于使美国走上有效阻止冲突开始或扩展到太空的道路是必要的，如果威慑失败，则必须打败敌对行动并保护美国的经济和国家安全；太空活动的组织和管理一直是一场长期争论；作为空军部内的独立武装部队，美国太空部队的建立是解决这一问题的一种负责任的方法。

同时，特朗普政府也仍在不断为组建太空部队鼓吹造势。据美国《星条旗报》网站 2019 年 4 月 27 日发布题为《特朗普和彭斯将“美国第一”议程推向月球和太空》的文章称，近期，副总统彭斯与美国太空界领导人交谈时，在月球实景照片上展示了一面美国国旗。文章认为，从目前透露出的许多信息来看，特朗普政府正试图将“美国第一”的观念投射到太空，以加快该领域的军事化，正坚持强化美国的导弹防御系统、推动组建太空部队。[①]文章称，这是美国在太空政策上的重大转变，显然已经对太空军事化产生了浓厚兴趣，将太空称作“最新战争领域”。5 月 6 日，彭斯在出席 2019 年国际卫星通讯技术展及年会并发表演讲时继续炒作中俄“太空威胁论”，重申特朗普政府的太空政策。[②③]他声称，中俄等国将太空作为战区，开发技术让美国面临威胁，因此美国必须在太空保持领导地位。他说：“从我们政府的第一天开始，我们就致力于恢复美国在太空领域的自豪领导力，因为在太空占据领导地位对美国的安全、繁荣和生活方式至关重要。”5 月 9 日，特朗普通知沙纳汉，希望他继续管理五角大楼，并提名他为国防部长。沙纳汉表示，他对提名感

---

① 马骐騑．欲实现“美国第一”？美政府推动太空军事化．新华网，2019 年 5 月 7 日．

② Pence reaffirms Trump administration's support for space. *Space*, May. 10, 2019.

③ 史雨轩．彭斯：美国必须引领太空事业，因为中俄是“太空威胁”．观察者网，2019 年 5 月 7 日．

到“非常兴奋”，执行国防战略将是他的首要任务。外媒报道，沙纳汉被提名为国防部长，也是为太空部队重组提供了连续性。①

在美国众议院和参议院军事委员会审查太空部队立法提案的同时，众议院和参议院拨款委员会负责审查太空部队资金预算申请。据国会官员称，国防部官员表示，他们估计太空部队将在五年内花费不超过20亿美元，但没有提供详细的分析来支持这一点。对此，参议院军事委员会已进行尽职调查，并指示国会预算办公室分析太空部队、太空司令部和太空发展局的未来费用。但2019年5月1日众议院拨款委员会国防小组委员会通知沙纳汉，他们仍需要更多关于太空部队长期预算的关键信息以及美国太空司令部和太空发展局的费用预算。②他们警告说，未能提供更详细的费用估算可能会延迟通过2020财年国防部的拨款法案。

为此，沙纳汉在《华尔街日报》发表《创造美国太空力量的时间》专栏文章对这一问题进行了回应。文章写道：“我们提议将太空部队置于空军部门内，类似于海军陆战队隶属海军部内的方式。第一年，太空部队的费用为7200万美元，这是一个很小的投入。美国的经济活力和军事实力取决于对太空的持续支配。”但该委员会成员凯·格兰杰表示，她发现“令人惊讶的是”拨款人对拟议太空部队的许多方面仍处于黑暗状态，对正在做的事情不太了解。对此，沙纳汉承认国防部可以更好地说明太空部队重组的理由和成本。不过，5月8日，众议院拨款委员会在一份报告草案中表示，它不会支持7200万美元建立太空部队总部的要求，并希望五角大楼研究其他选择；这是在不妨碍建立太空部队这项决定的情况下做出的决定，以

---

① Shanahan's nomination to be defense secretary gives continuity to space reorganization. *Space News*, May. 11, 2019.

② Sandra Erwin. House appropriators press for details on Space Force cost and organization. *Space News*, May. 1, 2019.

审查和完善其他组织方案，简化管理和决策过程，最大限度地减少间接费用和官僚作风。[①]

正在沙纳汉等为回应众议院拨款委员会上述问题“犯愁”时，美国国会预算办公室发布报告称，太空部队将需要数千名额外人员，每年将增加13亿美元的额外费用——远远高于国防部每年预计的5亿美元，太空司令部、太空发展局将每年增加国防部的成本高达19亿美元。[②③]国会预算办公室的数字更接近威尔逊2018年9月提出的130亿美元的估计数，该备忘录被五角大楼官员和太空部队的支持者所驳回，他们声称这些数字是过度夸张的。沙纳汉也坚持他先前的声明，称太空部队将在五年内花费不超过20亿美元。对此，国会预算办公室表示，沙纳汉的分析没有考虑任何新的能力，只是包括新的行政组织的成本；并且，从这个意义上说，国会预算办公室的估计也可能仅代表了成本范围的下限。

经过三个月的辩论，2019年6月10日，众议院公布了其2020财年《国防授权法案》草案，并于6月12日对这一草案进行了投票。[④⑤]众议院军事委员会主席、来自华盛顿州的民主党议员亚当·史密斯表示，特朗普政府提出的太空部队方案不会在其委员会获得通过，因为它太昂贵，并会制造更多官僚。史密斯称，他将同来自两党的同事合作，以制定一个在总体上替代特朗普政府建议的方案。如果草案要包含建立这支部队的资金，那也是建立一个比特朗普的

---

① 众议院拨款者不批准建立太空部队的资金，呼吁国防部研究替代方案 . *Space News*, May. 21, 2019.

② Congressional report: Space Force would cost billions more than DoD estimated. *Space News*, May. 10, 2019.

③ Pentagon challenges CBO's cost estimates for new space organizations. *Space News*, May. 11, 2019.

④ 美众院《国防授权法》草案出炉：特朗普“太空部队”计划遭冷遇 . 新华网, 2019年6月14日 .

⑤ House Armed Services Committee votes to create a U. S. Space Corps. *Space News*, Jun. 15, 2019.

计划规模更小、重点更明确的太空军事部门，即在空军部内建立太空部队。特朗普的计划是把太空部队从美国空军中剥离出来，史密斯对此评论称："主要区别在于减少官僚机构。"他指出，众议院将坚持减少强制性的人员调动，并降低整体成本。他还指出，过去就曾考虑过建立太空部队，因此不需要把通过一项法案视为特朗普的胜利。他说："这不是特朗普的想法。在这位总统的许多糟糕主张中，不要认为'如果你支持太空部队，就意味着你百分之百支持特朗普'。早在这位总统知道太空部队存在之前，我们就在谈论这个问题。他抢过了这个主意，但这与他无关。"不过，史密斯也承认，空军没有优先考虑太空的军事化应用，而中国和俄罗斯则将其作为优先事项。[①]

该草案由众议院军事委员会战略力量小组委员会主席、民主党众议员吉姆·库珀和共和党众议员迈克·罗杰斯负责起草，因此也称为库珀—罗杰斯修正案。罗杰斯在一份声明中说："我很高兴众议院军事委员会的同事们认识到这个提议的重要性，正如我一次又一次地说过的那样，未来战争将在太空中展开。俄罗斯和中国在太空能力方面超越了我们，我们必须拥有一个专注于这一使命的军事部门。"根据这一修正案，太空部队将拥有由空军转移的人员和资产，但可能不包括国家侦察局或国家地理空间情报局的人员或资产；太空部队将负责组织、训练和装备太空力量，为美国进出太空提供自由行动；太空部队将保护美国在太空中的利益、阻止侵略、进出太空并进行太空作战；空军部长可以为太空防卫建立一个单独的替代采办系统，业务范围将涵盖军事太空系统的采购，但情报界的除外；国防部长可以向太空部队转移空军部队的职能、资产和义务，可以转移的人员包括委任军官和空军太空部队的成员；虽然参议院军事

① House committee delays decision on funding Space Force. *Space Daily*, Jun. 14, 2019.

委员会为太空部队确定其组织设定了一年的过渡期，但众议院这一草案规定过渡期为2021年1月1日到2023年12月31日，国防部长应向国会国防委员会提交一份报告，说明太空部队组织结构的详细计划，以及太空部队如何与太空司令部、太空发展局和其他太空相关武装力量之间的关系。

与众议院同步，参议院军事委员会也发布了其2020财年《国防授权法案》提案，该法案提出由太空司令部司令雷蒙德兼任太空部队参谋长。[①]但太空部队作为空军部内与空军同等的武装部队，就像海军陆战队是海军部内与海军同等的部队一样，其职能是组织、训练和装备部队，供太空司令部使用，而不是作战指挥，太空司令部将执行实际的作战行动。目前，关于人员分工、军事官僚机构重叠和组织建设等问题尚待解决，如果雷蒙德掌握了太空部队的指挥权，他将需要从下至上建设太空部队，首先从空军的资产和人员开始，在国会认为合适的情况下再进一步扩展到其他军种。另外，根据参议院的方案，空军太空司令部和太空部队是一样的，但是当建立太空部队的时候，仍需要运行空军太空司令部，所以这仍然是一个新的工作来增加其他已经存在的工作。对此，6月28日，美国防务头条网站发布文章称，如果参议院2020财年《国防授权法案》通过，新上任的太空司令部司令雷蒙德可能面临三项艰巨的任务：成立太空司令部作为新的作战司令部、管理长期存在的空军太空司令部和组建太空部队。美国前国防部负责太空政策的副助理部长道格·罗维罗及部分官员对此表示担忧，他们认为，首先雷蒙德的工作不仅仅是管理多个组织，而是“创建+管理”的双重任务，但仅就创建多个组织本身就已经够难的了；其次，控制范围是一项长期的组织原则，即任何一个管理者或指挥官都不应该有太多的下属直接向他

---

① 康国卫. 美国太空部队组建其路漫漫. 装备参考，2019年7月9日.

们汇报，更何况是同时领导三个组织；再次太空作战架构改善的问题，如果最终相同的人会做相同的工作，只是佩戴不同的徽章，那么所有这些重组又有什么意义呢?

可见，美国众议院和参议院军事委员会公布的 2020 财年《国防授权法案》草案均拒绝了特朗普政府的计划，即将所有太空军事计划和专门用于太空的人员整合在一起组成独立的太空部队，而且都是支持组建隶属空军部的太空部队，尽管他们的组建方式不尽相同。[①]这两项法案草案都预见到太空部队将由一位四星级将军领导，且明确排除了将国家侦察局和国家地理空间情报局合并到未来的太空部队，并放弃了陆军和海军太空计划和人员的合并。但参议院和众议院最终会对太空部队的建立产生什么样的影响，将取决于纳入 2020 财年《国防授权法案》的最终结论。

2019 年 7 月 3 日，美国空军代理部长马特 · 多诺万[②]在接受太空新闻采访时说："让我们释放太空专业人员。"[③]尽管特朗普 5 月 21 日已宣布，打算提名前美国驻华大使芭芭拉 · 巴雷特担任空军部长，但多诺万说，他已打电话给巴雷特，祝贺她并与她对未来的道路进行了很好的讨论。多诺万说："今天的太空部队正处于空军于 1947 年脱离陆军的那一刻；就像当时的军用航空一样，太空已准备好开辟自己的发展路径；当空军与陆军分离时，美国成为了一个全球大国，因为我们从其他思维方式中释放出来，现在太空部队正处于这个关键时刻。"多诺万表示："虽然众议院和参议院版本的 2020 财年《国防授权法案》草案都认识到组建太空部队的最佳位置是在空军部，但若是重点讨论成本问题，会忽略我们的对手迅速赶上我们的

---

① Congress Gives Trump Rump Space Force. *Breaking Defense*, Jun. 14, 2019.

② 在美国空军前部长希瑟 · 威尔逊离任后，空军副部长马特 · 多诺万于 6 月 1 日接任空军的临时文职领导人。

③ Sandra Erwin. As acting Air Force secretary, Donovan takes lead role advocating for independent space force. *Space News*, Jul. 7, 2019.

全部观点。失去战争的成本如何？这可能是我们应该谈论的成本。”多诺万一直试图引导成本对话朝着不同的方向发展，将太空力量作为一个机会，建立一个更加精干的组织。多诺万说：“为什么我们不抓住机会创建一个为信息时代而建立的21世纪力量？”对于太空部队必须适应现有的军事结构而不能按照不同的规则行事这一观点，他表示不同意，他说：“也许太空力量是国防部开展业务的新途径，也许我们不需要臃肿的工作人员队伍，也许我们需要通过小型化、扁平化实现更快、更有弹性和敏捷性，现在可能是打破传统模式的时候了。”

随后，美国陆军参谋长马克·米莱在参议院军事委员会发表证词时表示，完全支持建立太空部队，并反驳有关建立新部门只是增加官僚主义的说法。[①]参议院军事委员会提出为期一年的过渡计划，在此期间，太空部队指挥官将由雷蒙德担任，届时他将是同时担任太空部队和太空司令部的指挥官。一年之后，国防部将向国会提交计划，为太空部队配备专属指挥官，并将成为参谋长联席会议的成员。参议院军事委员会坚持采取渐进过渡的方式，可避免形成官僚主义。米莱表示，还有一个更广泛的问题，那就是承认太空是一个军事作战领域。美国的经济和军事发展都依赖太空领域，必须具备攻防能力，才能在该领域发挥优势作用，并取得成功。无论《国防授权法案》最终采用何种措辞，关键是要继续推动建立一支太空部队，为美国提供训练有素的太空战士，保护关键太空传感器、提高太空资产的整体弹性，以保持美国在太空领域的优势。7月25日，美国国会批准米莱担任美军参谋长联席会议主席，可以预见，他在9月份接替现任主席邓福德后，将在国防部太空架构重组中发挥核心

① 张明月，刘伟雪．美参谋长联席会议提名主席证词指出采用“零散方案”建立太空部队．国防科技要闻，2019年7月17日．

作用。此外，特朗普提名为国防部长的陆军部长马克·埃斯珀也在参议院军事委员会进行了作证。埃斯珀表示，现在正是创建太空部队的合适时机，对于太空这样一个新的战争领域，它需要一种不同的组织结构和不同的思考方式。①美国副总统彭斯也对组建太空部队进行了呼吁。彭斯表示，太空是战争领域，美国国会一如既往地保持主导地位，不排除在太空使用核武器，和平是由力量而来。②

此时，虽然众议院和参议院都承认特朗普长期以来建议的太空部队必须纳入法案的最终版本，但他们尚未就新机构的架构及名称等达成一致。比如，战略与国际研究中心航空航天安全项目主任托德·哈里森表示，随着国会准备立法授权国防部组建太空部队，立法者需要做出许多决定，包括组织的名称。他说："太空部队的名称，你可以随心所欲地称呼它。但我个人认为国会应该把它命名为太空防卫部队，因为太空防卫部队更能准确地强调军事太空部队的主要工作，即保卫美国在太空的资产。"③

2019年9月12日，被特朗普提名的空军部长芭芭拉·巴雷特在参议院军事委员会确认听证会上作证。巴雷特表示，强烈支持在空军部下建立一个单独太空部队的建议。④-⑦巴雷特说："大多数美国

---

① Defense nominee Mark Esper calls on Congress to provide ‘necessary resources’ to stand up Space Force. *Space News*, Jul. 18, 2019.

② 重启"太空核计划"美国究竟想干啥？央视军事，2019年8月27日.

③ Analysts: ‘Space Defense Force’ would be a better name, Space Development Agency will not survive. *Space News*, Jug. 2, 2019.

④ 2019年5月21日，特朗普宣布，他已选择芭芭拉·巴雷特取代美国空军部前任部长威尔逊，但实际提名于9月9日提交给参议院，参议院对其提名的全面投票定于9月19日举行。参议院军事委员会的成员已经表示他们将支持特朗普的提名。自威尔逊于5月31日离职以来，副部长马特·多诺万担任空军部代理部长。

⑤ 刘伟雪. 美空军部长候选人呼吁美国在太空问题上保持强势姿态. 国防科技要闻，2019年9月19日.

⑥ Nathan Strout. Air Force nominee lays out her approach to space. C4ISRNET, Sep. 2, 2019.

⑦ Air Force nominee Barrett calls for assertive U. S. posture on space, says Space Force is a ‘key imperative’. *Space News*, Sep. 14, 2019.

人在早上第一杯咖啡之前就开始使用太空，太空控制我们的电力、水利、金融交易，当然还有导航、信息和通信。虽然太空无处不在，但它也是看不见的，所以往往被低估。美国的国家力量取决于太空——我们潜在的对手都知道它。我们必须维持美国进入太空的能力，必须通过投资先进的太空技术、培训和教育，准备好捍卫关键的太空资产，增强我们太空企业的复原力，并准备好在威慑失败的情况下战斗并赢得胜利。其中，建立太空部队是一项关键任务。”巴雷特说：“我完全支持建立美国太空部队；需要美国太空部队来应对当前和未来的威胁以及太空战略机遇”，“这是一个特定领域的机构，用于组织、训练和装备太空部队。作为空军部长，我将努力确保新的太空部队取得成功；在美国太空部队内培养战略性的战斗精神将是我任期内的首要任务。”巴雷特还建议空军和太空部队在基础设施和招募等领域分享资源。她表示，加快太空采办将是其首要任务，其中满足应对太空威胁的关键需求是重中之重。关于未来太空部队与国家侦察局之间的关系，巴雷特表示，在综合国家安全太空架构的开发和运行方面两者应该是非常密切的伙伴关系，在冲突发生时包括统一指挥在内的基本作战原则必须胜过任何领域，为此必须在冲突之前建立指挥关系，并与空军以外的机构进行演练。

对于国家安全太空发射问题，巴雷特表示，她非常支持对私营部门在太空运载火箭的投资以及将新参与者引入国家安全太空发射计划，结构合理的供应商之间的竞争往往会降低成本并激励创新，使作战人员和纳税人都受益，如果能获任空军部长，她将继续目前的创新采办战略，同时寻求避免依赖外国火箭发动机进入太空。

巴雷特也不忘鼓噪“太空威胁论”：“中国和俄罗斯正积极发展其利用太空进行通信、导航和情报目的的能力，同时开发各种反卫星技术，这是对美国利益的最紧迫威胁。阻止太空冲突必须成为当务之急；如果威慑失败，我们必须准备好战斗并赢得胜利。”巴雷特表示，在她的领导下，在太空领域日益增长的威胁下，空军将专注于加速太空获取和防御能力的提升。

2019 年 12 月，巴雷特提出一项不寻常的战略，即通过解密五角大楼目前正在太空中运行的秘密信息，以寻求支持，不仅在美国议员中，而且在公众中为特朗普新的太空部队寻求支持。[①]她认为，这可以向广大公众阐明美国在这一领域的所作所为，以及为什么它迫切需要一支单独的力量来进行太空作战。这也得到了迈克·罗杰斯的支持。罗杰斯认为此举不仅有助于解密美国的机密信息，而且还可以解密俄罗斯和中国在太空的活动，使国会议员更加支持太空部队的需求。罗杰斯说：“除非他们了解我们所面临的威胁和依赖性，除非他们看到我们在太空中正在做什么、中国和俄罗斯正在做什么以及太空将会发生什么，否则这种情况不会发生。”

2019 年 10 月，美国国防部负责太空政策的副部长助理史蒂夫·基塔伊也表示：“美国对太空的兴趣正在扩大，威胁也在相应地扩大。国防部不再将太空视为一种支撑功能，而将其视为一个战斗领域——一个潜在危机和冲突的领域。鉴于太空中持续存在和不断增长的威胁，美国需要一支联合部队来保卫该领域，我们必须为此做好准备”，“建立太空部队的动力来自包括中国和俄罗斯等在内的对手不断增加的威胁，这是一项战略要务。太空部队将成为组织、训练和装备天基能力的统一要素。建立具有共同文化的太空部队至关重要，我们必须在建立这种身份和文化时将职能的各个要素放在一起，并且实际上不只是空军人员，因为那些其他组成部分在太空中也有很重要的作用”，“太空发展局最终将在适当时候调入太空部队，

---

① US Air Force Head mulls declassifying secret programs to gain support for Space Force in Congress. *Space Daily*, Dec. 14, 2019.

但并不是每个拥有太空专业知识的人都将被转隶到太空部队”。[①][②]

（三）美国太空部队开始在空军部下正式组建

2019 年 12 月 9 日，美国众议院和参议院军事委员会正式公布了他们为 2020 财年《国防授权法案》达成的协议，所同意的政策中即包括在空军部下新建一支太空部队。[③]该协议将太空视为战斗领域，在第 10 标题中明确列出建立美国太空部队成为美国空军领导下的美国第六支武装部队。这也是由美国参众两院军事委员会起草、民主党与共和党多个月谈判的成果。白宫认为，此举对于巩固太空部队作为一支完全独立军事部队的地位至关重要。[④-⑦]

根据 2020 财年《国防授权法案》，雷蒙德将在一年的过渡期内担任美国太空司令部司令（同时兼任美国空军太空司令部司令）和太空部队参谋长。雷蒙德必须每 60 天向国防委员会提供最新信息，直到 2023 年 3 月 31 日，其中包括有关太空部队实施和建立状态的简报和报告。可见，这一时间期限是参众两院的折中结果。此外，还将任命一位由参议院确认的空军用于太空获取和统筹的助理秘书，作为高级太空“建筑师”。这一职位将重新聚焦于获取太空系统，并将担任太空部队采办委员会主席，以确保整个国家安全太空企业的监督、管理和整合。美国空军负责采办、技术和后勤的助理部长威

---

① 美国太空部队将联合作战. 国防行动，2019 年 10 月 17 日.

② Defense official builds case for creating space force. *Defense - Aerospace*, Oct. 16, 2019.

③ NDAA conference agreement establishes U. S. Space Force, directs major overhaul of space acquisitions. *Space News*, Dec. 12, 2019.

④ 美国国会已经对组建美太空部队“开绿灯”. 参考消息网，2019 年 12 月 11 日.

⑤ 美媒：国会允许组建太空部队，但禁止从外雇用新成员. 网易，2019 年 12 月 14 日.

⑥ Lawmakers green light US space force. SPACE DAILY, Dec. 13, 2019.

⑦ NDAA conference agreement establishes U. S. Space Force, directs major overhaul of space acquisitions. *Space News*, Dec. 12, 2019.

尔·罗珀兼任该委员会主席。太空部队采办委员会主席将与空军服务采办主管同步所有太空系统的采购与整合工作，并自 2022 年 10 月 1 日起承担太空系统和计划的服务采办主管职责，同时，将监督并指挥太空与导弹系统中心、太空快速能力办公室和太空发展局的工作。国家航天局还将设立国防政策部长，作为国防部长办公室的高级文职人员，负责监督太空部队运行。

当天，雷蒙德表示："我为太空部队感到非常兴奋，我认为这将为我们的国家提供另一个巨大的优势，拥有一支专注于太空领域的太空部队将对我们产生巨大的帮助。"[①]《国防授权法案》将取消空军太空司令部，并在太空部队的架构下对其进行调整。对此，他说，既拥有太空司令部又拥有太空部队，可以将战争功能以及组织、训练和装备功能提升到更高的水平。目前，美国太空司令部的临时总部位于彼得森空军基地，约有 400 人。雷蒙德说，到未来几年该司令部达到全面作战状态时，它将大大增加……与其他作战司令部保持一致。此外，雷蒙德也再次强调太空威慑的重要性。他说，美国太空司令部相信能够阻止敌人采取敌对行动，但这将需要能够公开谈论美国的"所作所为"，"我们认为，如果要威慑，这很重要，必须能够改变对手的思考方式。而且，唯一的方法就是进行讨论并展示拥有的能力。因此，我确实认为有必要减少某些功能的分类，而某些功能我们不会，但是我们将必须制定策略以确保我们能够有效威慑"，"我们的愿望是不陷入冲突。我们想威慑，而威慑的方法是基于具有优势的能力做到这一点，并表明我们拥有保护和捍卫我们的能力。我认为这是今后的重要工作"。

在太空部队人员组成相关方面，该法案禁止这一新设立的美军

---

① U. S. Space Command chief Raymond: I'm really excited for the Space Force. *Space News*, Dec. 12, 2019.

第六大军种组建之初就雇用新成员，以防止人浮于事现象。战略与国际研究中心托德·哈里森说，这一新设军种被要求利用现有人员来启动这一计划，尤其是从空军太空司令部抽调人员，“实际上，它迫使空军做的是转移（其）所属人员”。一些美国国会的关键议员称，他们打算保持太空部队的小规模，并将始终密切关注其组建情况以及额外聘用任何对执行任务而言必不可少的人员的情况。新法案规定在独立建军的第一年中，太空部队将建立一个总部，并在考虑到该军种核心职能的情况下为未来制订计划。其核心职能是：“保护美国在太空的利益；阻止在太空中、从太空中以及对太空发动的攻击；开展太空作战行动。”法案还规定，总统可以任命一名上将担任隶属空军部长、并作为参谋长联席会议一员的“太空部队参谋长”，其任期不得超过4年，但在战时或国家紧急状态时期可延长至8年。这表明，美国国会同意在空军部内新设一支独立的太空部队，但由于担心增加成本和冗员，议员们加入了禁止任何新职位的措辞；且空军太空司令部被重新指定为美国太空部队。对此，也有评论认为，除非直到国会批准允许其他部门的人员被重新分配，否则，太空部队实质上或可认为是对空军太空司令部的“重命名”。哈里森表示：“我认为这将是过渡期最重要的规定之一。这将迫使空军和国防部长办公室认真研究他们必须向太空部队转移什么？如何以及何时转移？这事关成败。”

此外，哈里森认为，剥夺空军与太空相关的采办权会激怒空军领导人，然而，这是使之成为“一个真正的、独立的军种”所必需的一步；现在太空部队的成功将取决于埃斯珀在确保其他部门在未来几年内将其所有太空组织和人员转移到太空部队方面的有效性；但如果美国国家安全太空问题成为各方之间的党派斗争，那将是非常不幸的。[①②] 12月7日，在年度里根国防论坛上，埃斯珀曾感谢国会即将批准2020财年《国防授权法案》中的太空部队，他表示，该法案有望在下周投票通过。[③]巴雷特也表示，如果太空中存在恶意行为，美国将蒙受更多损失；美国处于领先地位，但领先优势正在缩小；现在是美国与太空部队一起前进的时候了。[④]她说："我们对建立美国太空部队的立法前景感到鼓舞，我们正在审查立法草案，并期望一旦国会通过立法并由总统签署就明智地采取行动；现在是我们推进太空部队的时候了。"[⑤]她表示，太空部队将需要集中精力保护当前的国家安全太空资产，并确保整体架构满足地面作战人员的未来需求。她说："我们必须捍卫我们所依靠的东西，我们需要替换那些需要外部防御的系统，要将其放到自己可以防御的范围内；然后，我们需要能够将太空用作其他领域作战的支撑者。"

12月11日，美国国会众议院以377：48正式投票通过了2020财年《国防授权法案》。在众议院投票前仅几个小时，迈克·罗杰斯和吉姆·库珀警告说，太空部队的组建"就像是新生婴儿的诞生"，必须加以培育，该法案的通过只是漫长道路的第一步，并警告说太空部队可能会面临巨大的成长痛苦。[⑥]他们将密切关注太空部队重组的每个步骤。库珀说："我们将像鹰一样看着它。"罗杰斯表示，建立一支太空部队的理由"势不可挡"。他说："美军虽高度依赖卫星，在过去十年中，美国还不足以应对中国和俄罗斯的威胁"，"我们已经允许中国和俄罗斯成为我们的同行，而不是我们的近邻，这

---

① Cautious Congress makes Space Force AFSPC in all but name. *Breaking Defense*, Dec. 13, 2019.

② Could Trump's proposed Space Force become a reality? *Space Daily*, Dec. 12, 2019.

③ Congress agrees Space Force; 2020 NDAA vote next week. *Breaking Defense*, Dec. 12, 2019.

④ Air Force leaders enthused as Space Force legislation heads to House floor. *Space News*, Dec. 10, 2019.

⑤ Barrett: Air Force to 'move out smartly'on Space Force. *Space News*, Dec. 12, 2019.

⑥ Space Force proponents in Congress warn Air Force: 'We will watch you like a hawk'. *Space News*, Dec. 13, 2019.

是不可接受的，且我们一直在做一些缺少太空部队的事情”，“当我们回顾过去的一两年时，很明显空军没有将太空能力作为优先事项。特朗普对太空部队的支持重新赋予了力量，给了我们第二次机会”，“众议院、参议院和白宫已经达成了建立太空部队的协议，我感觉很好，大约三到四年后会好很多”。罗杰斯说，国会近期将签署 2020 财年《国防授权法案》最终文本，并投票通过；太空部队的组织形式至少在短期内将只会涉及空军人员，而不是五角大楼立即开始将陆军和海军人员转移到新部队的计划。但罗杰斯深信，如果太空部队留在空军中，那将永远是“资源之战”。他希望太空部队不会被官僚主义所束缚，并将成为其他部门的榜样，“太空部队可以精益地完成任务”，“然后我们可以将其复制到其他部门中”。罗杰斯说，国会了解太空的重要性，并将为军事能力提供更多资金。据估计，太空部队在未来三到五年内将增至约 15000 名成员，但也是迄今为止规模最小的部队。不过，他说：“太空部队将是技术驱动的，而不是人力驱动的。一旦太空部队组建完成并开始运作，他们将告诉我们他们要打败俄罗斯和中国需要具备什么能力，我们将为其提供资金。”

但关注科学家联盟的物理学家和高级科学家劳拉·格雷戈称太空部队为“非常糟糕的主意”，她不接受库珀与罗杰斯的说法——需要单独的军事部门来对抗中国和俄罗斯的反卫星武器。她说：“五角大楼官员强调，俄罗斯和中国正在开发反卫星技术，但他们忽略了美国在先进技术和能力方面遥遥领先的事实。事实上，拥有反卫星武器对保护自己的卫星不受攻击没有任何作用。不受限制的太空武器的发展将导致竞赛，使太空变得更加危险、昂贵且难以预测。”前国防部负责政策的副部长凯瑟琳·希克斯也表示，下一步的关键是让太空部队和太空司令部弄清楚美国到底要在太空中完成的任务是什么。许多专家也表示，对于新的太空部队以及太空司令部的成功至关重要的是战略、政策和理论的制定。

12 月 17 日，美国国会参议院以 86∶8 正式投票通过 2020 财年《国防授权法案》。之后，特朗普于 12 月 20 日签署了这一法案。法案概要中提出“认识到太空是一个作战疆域，授权在美国空军下设立美国太空部队，作为《美国法典》第 10 标题下的美国第六军种”。特朗普宣布，作为第六军种的美国太空部队正式成立。他表示，今天我们取得了里程碑的成就，创建了美国太空部队，这是一个伟大时刻。[①]

按照这一法案，美国太空部队隶属于美国空军，旨在维持美国太空行动的能力与自由；雷蒙德正式出任首位太空部队参谋长（太空作战部长），并将于 2020 年 12 月正式成为美国参谋长联席会议成员；美国空军太空司令部更名为美国太空部队，其下属 16000 余名军事与文职人员转入太空部队序列，其中包括 3400 名军官、6200 名士兵、其余为文职人员，目前尚未授权招用新人；国防部在法案签署后的 60 天内成立“太空作战部长办公室”（又称太空作战部）作为太空部队总部，初期规模约 40 人，后续将增至 200 人左右；国会 2020 财年将拨款 4000 万美元用于太空部队运行。

太空部队离成为现实又近了一大步。计划中的太空部队将由太空部队参谋长担任主管，他直接向空军部长汇报，是参谋长联席会议的一员，其地位与空军参谋长相同，这一安排仿照了海军陆战队司令与海军作战部长之间的关系。在第一年过渡期中，太空部队参谋长可能会兼任美国太空司令部司令。作为一个作战组织，太空司令部不受太空部队管理，但太空部队将在训练和为太空司令部提供装备和力量方面起领导作用。虽然尚未实现特朗普关于设立一个独

---

① Sandra Erwin. Trump signs defense bill establishing U. S. Space Force: What comes next. *Space News*, Dec. 20, 2019.

立部门的计划，但隶属于空军部的太空部队拥有比隶属于海军部的海军陆战队更大的控制权限。例如，这一新军种将获得实质性的采办权，将在空军部设立一名负责太空采办和整合的助理部长。[①]到2022年10月1日，该职位将变为服务采办经理，兼任太空部队采办委员会主席。这将使空军部在各军事部门中独一无二。相比之下，海军部只有一位服务采办经理来处理海军和海军陆战队的采办事宜。尽管如此，太空部队和空军的军事人员都要向负责管理的副部长助理呈交他们的项目计划和拨款要求。但是，在资金有限的情况下，必须平衡各项目计划，才能在更高层领导面前形成统一意见。太空部队预算的增长如果以损害常规空军的利益为代价，可能会引发争端。如果从负责管理的副部长助理到空军部长，各级官员都与传统空军的观点保持一致，那么，太空部队的采办仍可能会遭忽视。因此，对资金缺乏控制实际上可能扼杀新项目，直至这些项目符合空军对能力、成本和规划的理念。报道认为，除非空军部长扮演比历史上更积极的角色，否则，太空部队的几乎全部技术发展都可能会让人觉得，它似乎是一个相当于空军本身的部门。空军太空与导弹系统中心主任约翰·汤普森说，在新的太空部队模式下，我们期待进行尝试，以追求非传统创新之类的东西；但他不希望过渡到太空部队来破坏太空与导弹系统中心的计划。[②]

此外，尽管美国太空司令部的建立被认为是太空部队成军的先导，太空部队会与太空司令部一同协作，但它们是不同的实体。太空部队负责提供人员、物资和能力支持太空行动，而太空司令部则作为作战指挥部，使用太空能力和领导太空行动。两者虽然都关乎太空作战，但性质完全不同，推进的速度也就有所区别。12月20

---

① 美媒："钱袋子"或成美太空部队瓶颈．新华网，2020年1月1日．

② Air Force leaders enthused as Space Force legislation heads to House floor. *Space News*, Dec. 10, 2019.

日，根据美国空军部长巴雷特的命令，第 14 航空队正式更名为太空作战部长办公室以作为太空部队的总部。[①]通过重新指定行动，以前分配给第 14 航空队的空军军事和文职人员现在被分配于特种作战司令部。更名后，太空作战部长办公室直接负责美国太空部队的任务，第 14 航空队前司令约翰·肖被重新任命为太空作战部长办公室主任。肖表示："负责美国太空部队总部太空作战部长办公室工作是一件荣幸的事；每天，在地球上，人们都希望我们有所作为——为确保我们国家、我们的盟友和我们的伙伴安全提供太空作战优势。"

相比 2020 财年拨款 4000 万美元用于太空部队运行，2021 财年特朗普政府已计划专门为太空部队申请投入约 154 亿美元，集中用于太空系统及其应用的现代化升级（包括部署强健和弹性太空系统、防护大型高价值卫星系统等），应对来自俄罗斯和中国的威胁（包括开发防御性与进攻性方案、欺骗和迷惑对手的能力等），并保持战备状态（推动太空战备与军事行动从作战支撑向作战转变）。其中，约 103 亿美元用于研究、开发、测试与评估预算，24 亿美元用于卫星、地面设备和发射服务的采办，26 亿美元用于太空作战、部队训练和设备维护，约 1 亿美元用于作战相关卫星服务和太空运行。[②] 2021 财年太空部队对人员配备的目标是 9979 人，包括 6434 名军职和 3545 名文职。对此，雷蒙德说："太空现在是一个有争议的领域，这就是我们必须训练和装备太空部队的原因，以确保在所有冲突阶段的太空行动自由。这一预算提供了太空部队所需的资源，以满足这些要求，并为我们的联合部队和联军提供至关重要的太空能力支撑。"[③] 2020 年 1 月 14 日，雷蒙德宣誓就任美国太空部队首任参谋长

---

① Amy McCullough. 14th Air Force redesignated as Space Operations Command. U. S. *Air Force*, Dec. 30，2019.

② 田甜．美媒分析天军 2021 财年预算重点．星际智汇，2020 年 3 月 23 日．

③ Doug Messier. U. S. Air Force requests ＄169 billion，funding for Space Force. Parabolic Arc, Feb. 11，2019.

(太空作战部长)，成为美国太空部队的首位正式成员与领导人，美国太空部队开始正式组建。

2 月 3 日，巴雷特向国会递交了第一份太空部队组建报告，对如何将太空部队组建成美国空军部内部一个独立的军事太空部门提出全面建议。[①]报告强调，太空部队将不再是传统的官僚机构。建立太空部队是一个历史性的机会，即采取一种全新的方法，创建一个具有精简组织机构的 21 世纪军种。报告提出，在职能建设方面，太空部队虽然是空军下设部门，但也要确保太空部队的自主权。在机构建设方面，太空部队将拥有战场指挥部和下属战术部队，太空部队必须具有条令、太空训练和教育、太空作战概念和全面战备的能力。在人员力量建设方面，2020 财年太空部队作战部长办公室编制人员 200 人，计划将在未来五年内在现有国防部资源内增加人数。为了保持太空部队的精简以及专注于太空作战职责，空军将提供大部分的人员支撑。少部分太空专业领域的人员将有机会正式转入太空部队。经国会批准后，2020 财年将启动空军人员的调动，2022 财年将启动陆军和海军人员的调动。在经费投入方面，太空部队大部分经费先从空军过渡。未来五年内，新增总成本不会超过 20 亿美元。在采办办公室建设方面，国会设立一个新的空军副部长职务，负责太空采办和一体化工作，对太空与导弹系统中心、太空发展局、太空快速能力办公室以及空军快速能力办公室太空部门进行独立管理。2020 年 1 月，美国国防部为响应新版《国防战略》，已发布新的采办政策文件 5000. 2 指示，从政策体系、采办程序、业务领域等方面对采办政策作出重大调整，突出强调时间和速度，从上到下进行放权，凸显采办过程的灵活性与快捷性。这对美国太空领域采办改革

① 魏艳艳. 美空军部长向国会递交太空军组建报告. 天地一体化信息网络，2020 年 2 月 5 日.

也将起到巨大推动作用。

当前，美国太空部队组建工作已开始在多个方面向前推进。比如，2 月 13 日，雷蒙德任命罗杰·托伯曼军士长为美国太空部队首位高级士兵顾问。该顾问为美国太空部队第五号领导人，负责太空部队行政管理、军队战备、人员晋升、福利待遇等事务。[①] 3 月 31 日，美国国防部宣布，随着新军种不断建设壮大，未来 3 到 6 个月内空军会有 23 支与太空行动有关的部队共约 1840 人转入太空部队。[②] 4 月 23 日，美国太空部队副司令汤普森表示，美国国防部正在审查一份对太空部队采购体制进行改革的报告，以发展一种更灵活、响应速度更快的采购体制，弥补目前存在的缺陷。[③]

（四）美国组建太空部队被当喜剧笑料又如何

特朗普政府组建独立太空部队的“三大件”——太空司令部、太空发展局、太空部队，可谓是在阻力重重与质疑声不断的情况下实现了步步突破。这表明，即使表面上有反对意见，这也是在“帮助”特朗普政府把这步棋走好，从而最大限度地为增强美国太空实力、保护美国太空利益服务。某种程度上，这些阻力与质疑可以理解为是在为特朗普版独立太空部队组建“修路”，因为奉行“美国第一”的国家安全战略思想已在特朗普政府“落地”，同样在太空维持霸权自然也会成为美国国家安全太空战略的全政府行为，这对很多美国政客都有很大的吸引力。因此，质疑没啥用，该来还得来，但这一过程中折射出美国维护太空安全的一些理念思路与重点方向等，值得细思与慎对。

---

① Ready. 美国太空军首位高级士兵顾问 . 外军人和事，2020 年 3 月 23 日 .

② 综保科技 . 美空军 23 支部队全部或部分转隶太空军 . 美军事进行时，2020 年 4 月 1 日 .

③ 刘盛龄，卞颖颖 . 美国防部将改革太空部队采购体制 . 电科防务，2020 年 4 月 26 日 .

从目前看，在美国国防部和美国空军等经过较长时间的“酝酿”之后，美国太空部队独立组建计划已迈出实质性的三大步，其节奏甚至可用紧锣密鼓来形容。尽管太空部队目前还隶属于空军部，但“单飞”或是迟早的事儿，关键是其能不能整合、怎么整合美国现在比较分散的太空力量，尤其是在这些分散的太空作战力量也都在“念念不忘”地扩大自己能力的情况下，欲把这些力量捏合到一块儿实属不易。但是，无论如何，只要在美国国家安全太空战略中仍以形成“美国第一”绝对优势、保持其所谓的自由与优先权利为主流基调，美国太空军事化武器化与特朗普版独立的太空部队就会越来越近，人们将不得不惊呼“战火已烧向太空”?！对此，或仁者见仁智者见智。[①]

美国有线电视新闻网记者吉姆·休托在《华尔街日报》曾撰文称：“虽然特朗普关于建立太空部队的声明被美国喜剧演员当作笑料，但特朗普在某些方面是正确的，美军指挥官应非常严肃地看待应对太空新威胁的必要性。太空部队也好，太空司令部也罢，战火显然已经烧向太空，美国应对此做好准备。”文章中，休托举例说明“战火已经烧向太空”。2014 年 5 月，位于美国加利福尼亚的美军联合跨部门太空作战中心发现，俄罗斯火箭把一枚通信卫星和几个起初以为是普通太空垃圾的物体送入太空。但几周后发现，一部分“太空垃圾”突然活动起来，且进一步跟踪发现，这些疑似太空垃圾的物体先后 11 次接近分离后的火箭上面级。这种“太空舞蹈”只有在物体安装变轨发动机并拥有足够燃料的情况下才能实现。这是所谓“杀手卫星”工作的必要条件，它们能接近卫星并发动攻击。

且不说这个例子有多牵强，试问拥有太空多次变轨技术的卫星难道就一定是“杀手卫星”吗？美军凭什么跟踪他国的太空目标运

---

① YR. 美国：我们是不是被太空部队的概念蒙蔽了双眼．学术 plus，2019 年 4 月 10 日．

行情况甚至说三道四？不过，休托倒是说了一些实话，美军进行多次太空战模拟的结果显示，即使是规模有限的太空战也可能造成灾难性后果，因为许多现代化技术过于依赖卫星。[①]文章称，敌军陆基激光将攻击美国的低轨通信卫星，敌方军舰和战机发射的反卫星导弹将摧毁“全球定位系统”卫星，“杀手卫星”将负责消灭地球同步轨道上的美军侦察卫星和反导预警卫星。这种大规模攻击，产生的后果极其严重。一方面，将产生大量卫星残骸，让地球轨道在多年内都无法使用。另一方面，将在很大程度上使依赖现代化武器的军队失去战斗力。无人机和全天候高精度制导武器（巡航导弹和“智能炸弹”等）都离不开卫星。现在，依靠这类武器，我们能在任何时间、任何地点和任何天气发动攻击。然而，一旦卫星被摧毁，这种能力将会失去，将回归二战时的作战方式。此外，还将使普通人的生活变得一团糟。如依赖“全球定位系统”卫星的金融市场将陷入瘫痪，互联网被切断，所有股市、金融交易都将停顿；使用“全球定位系统”数据的信号灯将默认显示红灯，导致交通瘫痪；飞机将无法正常飞行，因为飞行员确定不了方位……

对此，休托一方面写道，为应对太空威胁，美国正在研制安装有新防御系统的军用卫星，包括可抵御动能武器的护盾；考虑发射保护重要航天器的太空防御卫星，就像保护航空母舰的驱逐舰；又在故伎重演，掩耳盗铃。比如，休托写到：“美国还要回答太空战学说领域的一系列迫切问题。美国要不要研制和发射自己的太空武器？它将成为威慑因素还是太空军备竞赛的导火索？美国能否找到不使用进攻性武器保护本国卫星的办法？在美国还未着手建立更强大的太空部队之前，美国完败于自己的敌人或将成为现实。”这看似是在担心太空战的后果，实则是在强调“美国应对此做好准备”，是在为

① YR. 美太空部队被当喜剧笑料，可是那又怎样？学术 plus，2019 年 5 月 31 日.

特朗普政府谋求新一轮太空霸权优势“摇旗”。

同时，美国备战太空的步伐实则是在加快。美国国防部负责太空政策的副部长助理史蒂夫·基塔伊2020年2月表示，美国国防部正在以特朗普政府《国防战略》为基础，依据保持太空优势、为美国及盟军提供太空支撑和确保整个太空稳定三项主要原则，制定新的太空战略，而太空部队作为独立军种成立是重大新发展，必须反映在新太空战略中。美国国防部负责战略、计划和能力的部长助理詹姆斯·安德森也表示，太空系统是国防部武器库中各种武器系统的支撑，美国现有的许多太空系统都是为太空威胁很少的时代而设计的，已不能满足现在的需求。而中国和俄罗斯正在开发先进的在轨能力和一系列反太空武器，这些武器能够瞄准美国几乎所有类别的太空资产，试图夺取美国及盟国的太空优势，以便在未来的危机和冲突中取胜。美国应改造其航天企业，部署弹性架构，开发太空作战专业知识，并在联合作战中与盟国密切合作。为此，2021财年国防预算要求为军事航天提供180亿美元，较2020财年增加了28%，重点是加速发展和部署必要的军事太空能力，确保美国及盟国的技术和军事优势。安德森称：“我们不能再想当然地认为我们拥有绝对优势，如果威慑失败，我们必须做好为太空优势而战。”

美国国防部在一份备忘录中表示，将于2020年4月30日前在国防创新委员会下成立太空咨询委员会，以在太空技术、创新和战略等方面提供正确合理的建议或见解。[①]备忘录指出，尽管美国历来在太空领域拥有技术优势，但潜在对手现在正提高其太空能力，并积极发展在危机或冲突中拒绝对手使用太空的方法。美国现有和计划中的太空能力存在不足，这将影响美军对抗电子战、动能和网络

---

① 赵霄．美拟成立太空咨询委员会．国防科技要闻，2020年4月16日．

威胁的能力。为应对这些挑战，美国国防部已采取建立太空部队、太空司令部、太空发展局等一系列措施，空军也正在推动既加强创新、又加快交付新军事太空能力的多项采办改革措施。国防部希望新的太空咨询委员会处理的具体事项包括：作为新的作战域，太空领域当前和未来面临的挑战与机遇；美国和全世界正在开发的太空技术的价值和影响；确保国防部领导人掌握商业航天创新、太空未来产业和部门的最新动态，以及组织、培训和装备部队的最佳实践处于前沿地位。

可以预见，在“美国第一”的战略指导下，美国在太空这一战略竞争领域仍会坚持“主宰太空”的战略目标。随着美国太空部队逐渐发展成熟，美国未来很可能甚至必然会成立“完全独立的太空部队”，即“天军”，以确保赢得激烈的“太空竞争”与塑造切实有效的太空威慑态势。就像上述休托提到的那几个问题，想必美国各界也都在寻找应对之策；正如基塔伊、安德森所述，美国在加速部署军事太空能力的同时，也不会忘记加快组建“完全独立的太空部队”。对此，应清楚地看到，太空军事竞争日趋激烈之态势，或掀起新一轮军备竞赛，或对太空安全与世界安全造成严峻影响、提出重大挑战，防控太空安全风险、应对太空安全威胁任重道远。好战必亡，忘战必危。只有以“太空战发生的可能性正日益增加”为大前提，不断增强底线思维与忧患意识，做好充分准备，方可防患于未然。

小 结

美国太空部队、太空司令部、太空发展局的正式成立，标志着其在太空军事化的道路上完成了一次“蜕变”，即又一次从国家安全战略高度瞄准战略竞争对手在太空疆域整军备战——建设一支精干、灵敏的太空力量，确保自身太空优势，维持威慑效能；一旦威慑失败，必须运用强大的太空作战能力，保护美国在太空的关键国家利益。其中，太空司令部重在太空联合作战指挥，太空部队重在太空军事力量建设，太空发展局重在太空攻防能力快速创新。虽然三者之间、三者与传统部门之间尚存许多“争议”之处，三者也都刚刚起步甚至前途或存许多“变数”，但万变不离其宗，三者之成立既是特朗普政府持续提高对太空安全与军事力量建设重大战略地位认识、加紧提升太空军事力量建设与攻防作战水平的集中体现，更是特朗普政府觊觎向战略竞争对手准确传递其有效威慑的实力与决心、并全力作好“一旦威慑失效、用实力击败对手”这一准备的集中体现。因此，三者若能运行顺利，或将各司其职、相辅相成，为其实现“主宰太空”的国家战略提供重要支撑，为其实现“一慑、二攻、三用”的太空军事战略提供重要支撑。

能 力 篇

“确保美国在太空的统治地位永远不受质疑和威胁。”

——美国总统唐纳德·特朗普

一、美军全方位提升太空战场感知能力

知己知彼，百战不殆。太空否决权，情报新高度。从作战环节的视角看，战场态势感知能力即战场情报能力至关重要。对于太空域而言，战场态势感知同样是维护太空安全和遂行太空行动的基础，其本质是对影响太空活动所有因素的认知和分析，主要包括如下功能：探测、跟踪、识别，威胁预警和评估，数据集成、开发与传输等。因此，太空态势感知应用主要体现在：对各国卫星进行准确认知；了解敌方军事体系，从而有针对性地确定体系对抗的途径和方式；提供敌方侦察卫星过境预报，以隐蔽已方军事行动，削弱敌方侦察系统效能；对敌方反卫星武器进行预警与监视，对攻击效果进行评估；对太空碎片编目，为太空活动提供碰撞预报，保障航天器安全；判断航天器故障等。①

自美国空军 1956 年研发“贝克—纳恩”光学卫星追踪照相机起，美国一直在构建日益完善的太空态势感知系统，持续提升监测太空目标以及空间环境的能力。近年来，美军愈发重视增强太空态势感知能力在其备战太空中的重要性。2011 年 2 月 4 日，美国国防部公布的《美国国家安全太空战略》已明确提出，要提高情报能力，加强预测性感知、特征描述、预警以及责任归究，更好地监控太空领域内的活动。“施里弗 –2016”演习进一步表明，无论是确认可能的敌对太空行动还是避免太空碎片，都非常需要强大的太空态势感知能力作支撑。2018 年 3 月特朗普政府发布的《国家太空战略》更

① 黄志澄．美军太空作战能力的建设及其经验教训（上）．空天大视野，2019 年 5 月 6 日．

是从国家战略层面将“改进态势感知、情报和采办流程，确保有效的太空行动”视为太空战略的四大支柱之一。

随着美国太空司令部、太空部队相继开始正式组建，美军正以备战太空的作战视角来重新审视太空态势感知的重要地位，并于2019年10月将太空态势感知“晋级”称为战味更浓的太空战场感知（或称太空域感知），并在美国空军太空与导弹系统中心下成立“特别项目处”，取代“太空优势系统处”，以有效识别、表征并理解与太空域相关的所有因素，强调发展端到端的“太空控制”能力。[①] 2020年3月，美国太空部队副司令戴维·D. 汤普森表示，太空部队需要建立一个以太空为重点的情报中心，并希望重组国家航空航天情报中心，以保护本国卫星免受蓄意或意外侵略。2021财年预算也将太空态势感知领域作为重点，划拨经费推进“太空篱笆”“地球同步轨道太空态势感知计划”等项目实施。在诸如此类举措的推动下，美军天地一体化太空战场感知体系能力正在全方位快速提升，以使他国卫星发射、在轨运行、机动变轨、离轨操作等全过程对美“单方向”透明。[②]

（一）“太空篱笆”等地基系统显身手

在太空目标地基监测方面，20世纪50年代以来，美国已逐步建成了遍布世界的太空监视网，主要包括太空目标搜索捕获雷达、太空目标精密跟踪测量雷达、太空目标监视望远镜等。目前，美军正在部署第二代“太空篱笆”系统，正在拓展“太空监视望远镜”系统，正在探索“奇异鸟太空雷达”商转军新模式。

---

① 杨彩怡. 美军加强太空控制与太空域感知装备研发. 微视航天，2019年10月27日.

② Nathan Strout. 太空部队将需要太空情报. 圣斯沃茨，2020年3月12日.

1. 第二代“太空篱笆”具备初始作战能力

“太空篱笆”指的是由多个地基相控阵雷达站构成的大型太空目标监测系统。美军第一代“太空篱笆”于1961年建造，由于系统老化、功能不足且耗资巨大，已于2013年9月1日关闭。2014年6月，美国空军已与洛克希德·马丁公司就第二代“太空篱笆”研制方案达成协定，计划建造2至3套，全球部署，预计2020年建成。

按照最初方案，第二代“太空篱笆”雷达系统将通过分布全球的三个完全相同的S波段相控阵电扫描雷达站协同监视①，并由“太空篱笆”运行中心控制。三个拟定布站地点分别位于太平洋夸贾林环礁、澳大利亚西部哈罗德·霍尔特海军基地以及南大西洋英属阿森松岛。但该项目经过系统定义评审、初步设计评审后，决定将站点数量缩减为两个，一处仍位于夸贾林环礁，并将另一处拟定为西澳大利亚州，已完成选址勘察工作。目前，位于夸贾林环礁的“太空篱笆”已完成建设工作，美国空军2019年第四季度启动该套系统的初始运行，预计在2022年具备全面运行能力。美国空军发展S波段“太空篱笆”，既是美军太空监视系统推陈出新、新旧替换的结果，也是美军基于“太空系统受到日益严重威胁”的判断，大力提升现有太空态势感知能力的充分体现。新系统的全面运行，将使作战人员更早检测到可能威胁如GPS卫星或国际空间站的太空事件。而增设一个场站，尤其设在南半球，将提高观测频度，从而显著提高异常轨道活动的探测精度和及时性。

2019年5月22日，洛克希德·马丁公司称，位于夸贾林环礁站点的尚处测试阶段的“太空篱笆”监测到了印度反卫星试验造成的

---

① S波段雷达比L波段或P波段雷达探测精度更高，更容易探测小型目标，为美军监视他国卫星并进行反卫星作战奠定基础。

碎片带，验证了该系统的实际运行能力，能够对包括高动态情况做出快速响应并提供关键数据。自 3 月 27 日印度实施反卫星试验以来，该系统一直在跟踪这些目标，并于 4 月初启动了由政府主导的相关测试。[①]当印度反卫星试验中被击落的光学侦察卫星穿过“太空篱笆”监视波束屏时，当时正在进行耐久性测试的“太空篱笆”自动发出了“解体警报”，表明附近有多个无编目记录的非关联目标（碎片）。然后，“太空篱笆”针对轨道碎片带启动了长弧段跟踪，以测定精确的初始轨道。有了初始轨道信息，系统就能够自动预测和关联下一次的“穿屏”时间。“太空篱笆”系统运行人员通过相关灵敏度操作，延长了对低轨道的持续跟踪时间，以便为下一次“穿屏”做准备。虽然“太空篱笆”系统仍在测试中，但其从低地球轨道到静止轨道的监视范围展示了其先进的能力，即能够实时观测在不同轨道高度的事件。例如，此次印度反卫星试验是在约 300 千米的轨道进行的，但其碎片带延伸到了初始目标轨道之外。2019 年 12 月 10 日，美国空军太空司令部太空与导弹系统中心宣布位于夸贾林环礁的“太空篱笆”雷达接近运行验收阶段，进入军方主导的试验期。[②] 2020 年 3 月 27 日，美国太空部队宣布，位于夸贾林环礁的“太空篱笆”雷达系统通过作战验收正式运行，已具备太空监视初始作战能力。驻扎在美国阿拉巴马州亨茨维尔“太空篱笆”作战中心的第 20 太空控制中队负责该系统的运行工作。[③]

据报道，第二代“太空篱笆”频率更高、精度更高，能够满足更远距离、更小目标的探测需求，是美国太空监视网中最灵敏的搜索雷达，将利用其高灵活性、大覆盖范围和强灵敏度来检测和准确

① 田甜．美空军“太空篱笆”监测到印反卫试验碎片．星际智汇，2019 年 5 月 29 日．

② State - of - the - Art Space Fence Radar Enters Government - led Trial Period as it Nears Operational Acceptance. *Space Ref*, Dec. 12, 2019.

③ 吴永亮．美国太空军宣布太空篱笆雷达系统具备初始作战能力．电科防务，2020 年 3 月 30 日．

跟踪太空中10厘米大小的目标（包括地球同步轨道、中轨道和近地轨道上的军民用卫星、燃料耗尽的末级火箭和空间碎片等），并能识别目标、描述目标特征。[①]单个雷达站内设有间距不远但彼此独立的发射和接收阵列，除可产生固定监视波束屏，还可产生针对特定目标的跟踪波束，主要探测、跟踪、测定和编目低地球轨道上的目标，同时支持中地球轨道和地球静止轨道范围内的任务，如商业及军事卫星、火箭助推器、太空碎片等目标乃至近地轨道上弹珠大小的目标。当监测到新出现的未在太空监视网编目中关联的目标时，该系统会发出警报，并对目标进行跟踪，测定目标的位置、轨迹和速度矢量等，然后纳入编目，因此可用于监测轨道上的异常活动，识别解体、机动、抵近操作以及密集分布的目标和外国新进行的发射活动等。

洛克希德·马丁公司雷达与传感器系统副总裁兼总经理罗伯·史密斯表示，“太空篱笆”将彻底改变美国对威胁国防和经济至关重要的有人和无人军事和商业太空资产的物体进行跟踪和分类的方式；空军太空监视网络目前跟踪约25000个目标，当“太空篱笆”上线时，该目录将获得显著增长，并且在全面投入运营后，“太空篱笆”将成为世界上最大最先进的雷达系统，从而提供前所未有的太空域感知能力。据称将有望探测约20万个太空目标和碎片。美国战略司令部司令约翰·海顿在2019年对《防卫防空》的采访中谈到“太空篱笆”雷达系统时说：“我去过那里，数据令人眼花缭乱，比我们想象的要好。”美国太空部队参谋长雷蒙德也表示，“太空篱笆”雷达系统正通过及时、精确地提供目标轨道数据彻底改变观测太空的方式。

---

① 张亦驰．美加速发展太空军谋取制天权．中国国防报，2020年4月3日．

2. “太空监视望远镜”正在扩大部署

“太空监视望远镜”是由美国空军和国防高级研究计划局合作实施的一项地基太空态势感知项目，也称为“地基光电深空系统”，主要用于监视、跟踪高轨目标，计划建造五套，全球部署。当前已部署的三套“地基光电深空系统”站点分别位于美国新墨西哥州赛贡多白沙导弹靶场、英属印度洋迭戈加西亚岛和美国夏威夷毛伊岛。每个站点设有三台大型望远镜，可相互配合使用，也可单独使用。

“地基光电深空系统”配有高灵敏度的照相机，能探测距地 4 万千米的深空目标，可同时跟踪多颗卫星，晴朗天气下每天可工作 16 小时。“地基光电深空系统”几乎覆盖地球同步轨道，提供近 80% 地球同步轨道目标的信息，可探测到地球同步轨道直径 10 厘米的目标。相关数据被传送至美国加州范登堡空军基地的联盟太空作战中心和内布拉斯加州奥弗特空军基地的美国战略司令部联合情报中心。

2019 年 7 月，美军考虑在澳大利亚赛德普斯林天文台和西班牙内华达山脉天文台再部署两套“地基光电深空系统”，预计 2020 年选定相关合同商，2021 年完成位于澳大利亚“地基光电深空系统”的部署。[①]据美国太空新闻网站 2020 年 4 月 23 日消息，美国太空部队宣布，其太空监视望远镜已在澳大利亚西部组装完毕，将于 2022 年投入使用，美国太空部队第 21 太空联队以及澳大利亚皇家空军将共同操作该望远镜。[②]分析认为，增设“地基光电深空系统”站点，是美军提升东、南半球太空目标监视能力的重要举措。“地基光电深空系统”在澳大利亚和西班牙部署后，与其他相关装备配合，可使美军更快、更多、更好地探测跟踪南亚与东亚区域的太空高轨目标。

---

① 刘海印．美军拟在澳洲、欧洲部署高轨目标监视装备．星际智汇，2019 年 8 月 13 日．

② 任宁．美国太空军在澳大利亚部署监视望远镜．电科防务，2020 年 4 月 26 日．

据 SatNews 网站 2020 年 4 月 6 日报道，美国太空部队授予英国 Serco 公司一份价值 5700 万美元的深空监视保障合同，负责管理、操作和维护“地基光电深空系统”。按照合同要求，该公司将进行太空观测工作，包括操作望远镜、维护和支持系统、记录和报告研究成果，为美国联合太空作战中心、国家太空防御中心和第 18 太空控制中队提供支持。另外，该公司还将承担太空物体识别任务，为国家航空航天情报中心提供支持；提供操作和维护、演习和测试以及任务系统维护，包括维修、后勤管理、土木工程和支持基地改造等。这项工作将在现有三个地基光电深空系统站点进行。[①]

3. “奇异鸟太空雷达” 商转军新模式

除正在推进太空目标地基监测系统升级换代外，美军还在积极探索利用商业技术创新提升太空目标地基监测能力。

2019 年 10 月 16 日，斯坦福大学国际研究院的科技初创企业 LeoLabs 在美国陆军协会年会上，宣布其已在新西兰部署一款用于跟踪太空物体的独特雷达——“奇异鸟太空雷达”。[②] LeoLabs 首席执行官兼联合创始人丹·塞珀利说，这款雷达具有许多第一的优势，比如是南半球第一套太空相控阵雷达，是首个能够在低地球轨道上探测直径小于 2 厘米物体的商用雷达。当前，大多数基于地面的太空跟踪雷达只能在低地球轨道中看到大约垒球大小的 10 厘米以上的物体，包括美国军方太空态势感知系统。他解释说，“奇异鸟太空雷达”不同于传统的使用大型碟形天线的雷达，它可以将视点从天空的一侧迅速切换到另一侧，每小时可以追踪多达 1000 个太空目标，因此可以提示其他雷达，并可以“放大”感兴趣的目标。

---

① 任宁. 美国太空部队授予英国信佳公司管理“地基光电深空监视”系统合同. 天地一体化信息网络，2020 年 4 月 8 日.

② LeoLabs 新雷达跟踪微小的太空碎片. *Breaking Defense*，2019 年 10 月 16 日.

据报道，LeoLabs是于2016年在硅谷成立的创业公司，计划建立一个由六套雷达组成的太空态势监测网络，专门研究近地轨道中的漂浮物和碎片，检测并努力避免各种潜在碰撞。接下来的三套将位于赤道附近最北端和最南端，以确保覆盖全球。塞珀利说，他们正在寻找对美国公司投资而言在地缘政治上稳定的地区，并可以为雷达运营提供足够的支持，如出色的网络连接。但是，LeoLabs不出售雷达，而是通过订阅出售对数据和情报产品的访问权。塞珀利说，该公司有四组不同的客户，包括国防组织、监管机构、卫星运营商和保险公司。值得关注的是，自2017年以来，该公司已经与美国空军研究实验室和国防创新部门合作开展了一项名为“商业增强型任务作战”的计划。塞珀利说，LeoLabs正在参与空军研究实验室的任务，以探索商业性太空态势感知服务如何“可以增强并帮助国防部了解太空”。2019年4月，美国空军采购负责人也表示，LeoLabs以及ExoAnalytic Solutions、Numerica和Rincon等太空感知企业都将向美国空军提供其太空数据和分析工具集，这也是美国空军正在探索如何通过集成各种数据资源、开发使用敏捷软件升级其太空态势感知和战斗管理系统的一种积极尝试。

（二）GSSAP等天基系统威胁挑衅不断

相对于地基系统而言，天基态势感知系统在监视太空目标方面，能提供不受天气影响且适应性较强的太空监视能力，能对位于地球静止轨道上高度关注的目标进行更及时的重访与抵近侦查等。地球静止轨道上常部署着电子侦察、导弹预警、军事通信、导航定位等高价值军用卫星，是整个太空信息系统的重要节点，战略意义重大。美军天基态势感知系统即以监视此类目标为重点，目前正在完善部署“天基太空监视卫星计划”（SBSS）、“地球同步轨道太空态势感知计划”（GSSAP）等。

1. SBSS 项目后继星预计 2021 年发射

SBSS 项目是建立一个轨道高度约 630 千米、轨道倾角 98 度的太阳同步轨道上的光学遥感卫星星座，由多颗天基监视卫星组成，于 2002 年正式启动，首颗卫星（SBSS－1）于 2010 年 9 月 25 日发射。SBSS 携带 30 厘米口径望远镜，可提供对运行在低地球、半同步、地球同步轨道上的卫星的观测和太空目标识别数据。据称，SBSS 系统可使美国对地球静止轨道卫星的跟踪能力提高 50%，同时使美国太空目标编目信息的更新周期由现在的 5 天左右缩短到 2 天。按照计划，美方将发射 4～8 颗 SBSS 卫星组成一个星座，实现每天对太空目标监视一次的目的，SBSS 后继星预计 2021 年发射。此外，2017 年 8 月 26 日，美军还发射了一颗作战响应空间 5 号（ORS－5）卫星进入赤道 600 千米左右轨道，执行对地球同步轨道目标连续扫描探测任务，实现快速、连续、无提示的目标搜索与识别，填补未来数年可能出现的能力缺口。

2. GSSAP 高频次抵近侦查引人注目

为对他国重点高轨卫星进行抵近侦查，美国研制部署了系列高轨太空监视卫星，以在同步轨道上下折返漂移，进行较大幅度轨道机动抵近目标进行侦查监视。GSSAP 项目即是一系列工作在近地球静止轨道的卫星，它作为美军太空监视网络的天基传感器，可帮助美国战略司令部、太空司令部收集大量太空目标数据，为美军太空监视与作战行动提供支撑。

GSSAP 项目的内部名称可能为“大黄蜂”，它充分汲取了美国空军从先前的“徘徊者”“微卫星技术实验”卫星任务中所获取的经验。目前已发射了 4 颗，首对 GSSAP 卫星（编号为 USA 253，

2014-043A；USA 254，2014-043B）于 2014 年 7 月 28 日发射，2015 年 9 月 29 日美军宣称其具备初始作战能力；第 2 对卫星（编号为 USA 270，2016-052A；USA 271，2016-052B）于 2016 年 8 月 19 日发射，2017 年 9 月 12 日进入工作状态；第 3 对卫星预计在 2020 年第四季度发射。目前，4 颗 GSSAP 卫星具备对整个地球同步轨道遍历多次的现实可能性，且兼具对全球高轨目标普查和重点区域详查功能，具有较强的变轨能力，可对指定目标进行动态监视、精密跟踪和抵近清晰成像。

GSSAP 卫星部署在地球静止轨道上下的漂移轨道中，能对通信和监视卫星等进行监视。GSSAP 卫星成对工作，一颗略高于地球静止轨道，另一颗略低于地球静止轨道；GSSAP 卫星在该轨道位置监视驻留太空目标具有明显的优势，不会如地基系统那样受天气和大气畸变的限制。此外，GSSAP 卫星能够执行交会与抵近操作，能使卫星机动到“所关注的目标”附近，据报道，能到达距目标 10km 以内的位置。GSSAP 卫星在目标卫星处于地球阴影时接近它，这样通过地基望远镜看不到 GSSAP 的活动。GSSAP 表征太空目标的特性能到非常精细的程度。GSSAP 的数据可用于精确和及时的轨道预报，增强对地球静止轨道环境的了解，以及进一步实现太空飞行安全，包括卫星碰撞规避。

GSSAP 卫星由美国空军卫星控制网地面站提供测控通信支持，其日常运行由第 50 太空联队的第 1 太空作战中队负责[①]。2020 年 2 月，第 1 太空作战中队完成 GSSAP 地面系统大规模升级并通过作战验收。GSSAP 一直处于高度保密状态，直到 2014 年初美国空军才承认该计划的存在，但详细的技术指标和细节仍处于保密之中。当问

① 第 1 太空作战中队是美国太空部队管理天基太空态势感知系统的机构，负责指挥、控制和操作 SBSS 系统、“空间跟踪和监视系统”（STSS）、ORS-5、GSSAP 系统。

及承认的原因时，时任美国空军太空司令部司令的谢尔顿称：“希望表明我们实际上正在观察地球静止轨道上发生了什么——非常近距离地观察。它将有望产生威慑和劝阻影响。”2019 年 4 月 4 日，安全世界基金会发布的 2019 年版《全球太空对抗能力》报告称，美国的 GSSAP 卫星多次秘密靠近俄罗斯和中国的军用和民用航天器，并对其进行检查。[①]根据俄罗斯科学院 ISON 天基监视网络收集的数据，自 2014 年以来，GSSAP 卫星进行了数百次机动，在地球静止轨道上近距离接近了至少 12 颗正在运行中的卫星或为接近它们进行了机动。GSSAP 卫星以 10 千米 ~ 15 千米的距离范围接近了俄罗斯民用卫星“Ekspress - AM8”（2017 年 7 月）和“光线”（2017 年 9 月）以及军用卫星“钟声”（“宇宙 - 2520”，2017 年 10 月）、“彩虹 - 1M”3 号（2017 年 11 月）、“彩虹 - 1M”2 号（2018 年 5 月），并于 2017 年 9 月接近了“巴基斯坦通信卫星” - 1R 和“尼日利亚通信卫星” - 1R。由此可知，美国的这些太空态势感知卫星在战时可很快转化为在轨攻击卫星。俄罗斯消息来源称，GSSAP 在针对宽带全球通信卫星 WGS - 4（2012 - 003A）的抵近操作期间，实施了 14 次以上的单脉冲和双脉冲机动，这也引起了对它是否在测试共轨技术的担心。

尽管关于 GSSAP 卫星及其有效载荷的细节目前尚不十分清楚，但根据 GSSAP 卫星主承包商是轨道 ATK 公司、卫星是由德尔它 - 4 M +（4，2）运载火箭发射等信息，可做如下推测：考虑到德尔它 - 4 M +（4，2）运载火箭的地球静止轨道漂移轨道运载能力为 1550 千克 ~ 1650 千克，扣除有效载荷适配器和次要有效载荷的质量，那么 2 颗 GSSAP 卫星的质量应为 1300 千克 ~ 1400 千克，即每颗卫星的质量为 650 千克 ~ 700 千克量级，这意味着每颗卫星可以携

① 慕枫．美“地球同步轨道太空态势感知计划”卫星概况．战略前沿技术，2019 年 4 月 17 日．

带大量的推进剂，能进行频繁的轨道调整和位置保持机动，以在作战需要时卫星进行漂移或停留在新位置上。基于卫星的质量，GSSAP 卫星很可能采用的是轨道 ATK 公司的 GEOStar-1 平台。该平台作为一个紧凑、敏捷的地球静止轨道卫星平台，有 5~8 年的寿命。GEOStar-1 平台是为美国国家安全太空应用设计的，可搭载功率需求达 200 瓦的 150 千克有效载荷。GEOStar-1 平台适合于许多应用，包括地球观测，情报监视侦察，太空态势感知，定位、导航、授时和战术通信等。该平台可利用两个展开的太阳能帆板向有效载荷提供达 200 瓦的功率，增大帆板并增加平台尺寸能够将功率提升至 1.5 千瓦。GEOStar-1 平台的主推进系统为 310 秒比冲的双组元推进剂发动机，依据有效载荷质量，GEOStar-1 可完成任务期间的大范围机动和轨道变化；单组元推进系统用于轨道微调和位置保持机动；姿态确定利用恒星跟踪仪和陀螺仪完成，同时 GPS 单元提供轨道确定和授时；利用高扭矩高反作用轮，支持达每秒 1 度的转速，实现优于 0.4 毫弧度的指向误差和 50 米的位置精度；利用高速 X 频段终端（具有 Ka 频段下行链路可选项），可支持达 100Mbps 的下行链路数据速率。在有效载荷方面，卫星上载有光电传感器，能跟踪地球静止轨道卫星的光学特征、运动和其他信息，从而了解其身份并研究其活动；另一可能的载荷是射频传感器，可表征卫星的射频辐射特性，用作卫星身份和活动的一个指示器。

总之，随着地球静止轨道拥挤与竞争加剧，美军认为 GSSAP 能够阻止针对地球静止轨道的侵略行为，并提供及时和精确的情报数据，实现太空防卫任务，以此来达到保护美国和盟友航天器的目标。预计 2020 年前后 GSSAP 项目再发射 2 颗卫星入轨后，其对地球静止轨道上太空系统快速检测、预警、表征和识别的能力将进一步提高，将更好地支持其在轨抵近监视任务，从而增强美军太空情报综合感知能力。

3. S5 验证低成本太空态势感知星座技术

美国空军研究实验室微小卫星 S5（微型太空态势感知卫星）作为“猎鹰”－9 火箭次级有效载荷，于2019 年2 月21 日发射升空进入地球静止轨道附近，在用于探测和定位地球同步轨道太空目标并定期更新编目的同时，也在验证低成本太空态势感知星座技术。①

蓝色峡谷技术公司曾于2017 年宣布赢得美国空军的合同，研发两颗地球静止轨道小卫星，其中一颗代号即为S5，重60 千克级，将使用应用防御系统公司提供的有效载荷执行太空态势感知任务。蓝色峡谷技术公司在其声明中表示，该任务的目标是衡量开发低成本星座的可行性和经济可承受性，以便对地球静止轨道太空编目进行常规和频繁更新。应用防御系统公司（现已被 L3 技术公司收购，并更名为 L3ADS 公司）曾于2017 年获得空军一项“小型企业创新研究第二阶段”合同，名为“微型卫星太空监视系统”。该项目要求像“天基监视系统”“探路者”光学侦察卫星那样，装载一台30 厘米直径的光学望远镜，用于探测和跟踪地球静止轨道附近的目标。根据项目合同，其后续飞行试验将演示验证利用低成本太空传感器补充太空监视网能力的可行性，不排除后续根据 S5 运行效果，在轨大规模部署此种低成本微卫星星座的可能。

4. 发展探测几厘米到百分之一毫米大小目标的新技术

2019 年4 月，美国海军研究实验室称，希望利用天基激光产生的光束和星载照相机制成一种新型传感器，探测微小碎片，诊断卫

---

① 田甜. 美空军太空态势感知技术验证星 S5 即将发射. 国防科技信息网，2019 年3 月6 日.

星故障，提高太空态势感知能力。[①]这种新型传感器采用质量不足1千克的小型激光器，通过一个金字塔形状的小透镜发出光线，在航天器前方形成光束。当碎片穿过光线时将发出光子，被星上鱼眼摄像机捕获。因此，卫星操作员可通过将碎片探测的时间与故障本身相关联来判断故障是否可能是由碎片引起的，而不是由敌方发射的炮弹引起的。

相比目前美国光学和雷达传感器太空监视网络只能在低地球轨道可靠地探测和跟踪10厘米或更大碎片、“太空篱笆”能探测1厘米大小的太空碎片，这种新型传感器的早期试验表明，其可看探测几厘米到百分之一毫米大小的太空碎片。该项目最大的优点是，当增加激光器尺寸时，可同时提高分辨率和扩大视场，为决策者、规划人员和操作员提供近实时确定天基服务中断原因的能力，这些原因包括已知的、自然的、人为的。目前，该项目正在进行为期三年的实验室演示，希望在大约两年内研制出具有太空应用价值的版本。

2020年3月27日，美国太空部队在发射第6颗先进极高频军事通信卫星（AEHF－6）时，还搭载了一颗携带多个有效载荷的12U多舱位卫星TDO－2，重量约为20千克，在AEHF－6发射31分钟后开始部署。TDO－2星旨在通过光学校准和卫星激光测距来支撑太空域感知，帮助美国太空部队执行关键任务。该卫星由乔治亚理工学院制造，由空军研究实验室赞助。[②]这也表明，美军愈发重视基于天基激光的新型太空域感知技术的研发，以促进太空目标探测能力质的提升。

---

① 贾平．美国海军研究实验室开发针对微小太空碎片的激光探测器．中国航天系统科学与工程研究院，2019年4月21日．

② 美国成功发射第六颗先进极高频卫星．天地一体化信息网络．2020年3月27日．

（三）太空数据战略升级支撑全域作战

“数据”必然是未来智能化信息化社会的显著特征。而当几乎一切都成为“数据”时，有效控制和高效利用自己的“数据”乃至对手和敌人的“数据”，将成为战略博弈与军事胜利的首要因素。美军非常重视数据战略，尤其是在太空领域，以促进太空系统的共建共用和数据开放共享工作。2019 年 1 月，美国空军太空司令部称，正在积极制定一项太空数据战略，意在共享数据，并根据数据采取行动，在太空和从太空遂行作战行动；该战略有助于提升太空域感知能力，支撑多域联合作战。[①]空军太空司令部副司令戴维 · D. 汤普森表示，新的太空数据战略是美国空军在太空疆域扩展数据功能的一部分，将研究太空数据战略是什么、意味着什么、多么重要以及包含什么有效要素等。就有限的文献资料分析来看，其太空数据战略升级，旨在广泛应用人工智能等新技术，极大提升太空作战链条效率，从而有力支撑全域作战。

1. 核心是广泛应用人工智能等新技术

2019 年 4 月初，美国空军已开始使用快速软件开发、云计算、机器学习、人工智能等技术构建一套全新系统，以实现各类型传感器数据的整合汇总，有效识别、表征并理解与太空域有关的所有因素，使美军能够跟踪和瞄准飞行和进出轨道的每个物体，革命性地提升对太空作战动态的掌握能力，增强端到端的“太空控制”能力。[②]美国空军太空与导弹系统中心授予弹弓航空航天公司一份价值

① 许红英．美国航天司令部制定太空数据战略．国防科技信息网，2019 年 3 月 3 日．

② Colin Clark. Roper：Air Force cloud may track & target all from space to ground – Exclu Sive. *Breaking Defense*，Apr. 10，2019.

600 万美元的两年期合同，用于定制该公司军用“太空图谱”太空态势感知预测系统的军用版，旨在创新运用人工智能和云计算技术增强美国空军太空态势感知能力。弹弓航空航天公司的首席技术官兼联合创始人斯特里克兰表示，太空与导弹系统中心渴望利用技术创新，实现“太空图谱”系统商业开发，使战士从专注于太空编目维护的传统太空态势感知转向更具战术性和预测性的解决方案。该系统非常直观，因此在监控太空环境时可以快速了解航天器的潜在风险。①

实际上，多年来美国空军一直在开发“联合太空作战中心任务系统增量Ⅱ”，作为其下一代太空态势感知系统。但该计划由于受到开发问题和技术壁垒的困扰，进展十分缓慢。如今，大量商业部门正在积极开发人工智能和机器学习等技术，美国空军希望将这些新兴商业技术应用于太空态势感知领域，以更好地监测太空活动并对其进行预测。鉴于此，美国空军向商业公司发起投标合同，并最终选定弹弓航空航天公司的“太空图谱”系统来增强其检测和表征太空威胁的能力。“太空图谱”系统的商业版本并不具备跟踪机密卫星的能力。根据空军合同，弹弓航空航天公司将进一步开发军用版“太空图谱”系统。军用版“太空图谱”系统将在加利福尼亚州范登堡空军基地的联合太空作战中心和科罗拉多州施里弗空军基地的国家太空防御中心进行测试。弹弓航空航天公司还计划在未来向“太空图谱”系统添加地理空间情报探测能力，以便进一步为太空作战人员提供地面活动监测，例如导弹发射活动等。②

美国联邦新闻网站 2019 年 8 月 27 日再一次报道，美国空军太空司令部正制定“下一代数据战略”，希望利用数据来改变战争和执

---

① Sandra Erwin. Air Force selects Slingshot Aerospace to bring artificial intelligence into space surveillance. *Space News*，Apr. 7，2019.

② 唐睿．美空军引入人工智能太空监视系统．国防科技要闻，2019 年 4 月 14 日．

行日常任务的方式，从而获取战略优势。[①]空军当前的数据系统相互隔离、分散，这严重制约了协同工作的开展，为解决该问题，太空司令部正在建设新的数据系统，在不同系统之间搭建“桥梁”，并且制定共同标准以开展互相协同。为制定该战略，美国太空司令部还设立了专门团队调研了 19 个站点的 82 个单位，明确他们需要的信息；美国太空部队成立了数据治理委员会，以向该军种的首席数据办公室提出有关数据治理和技术决策的建议。[②] 马克 · 布拉迪是第一位首席数据官，其首要任务是设计数据战略，将信息整合在一起，用以优化太空态势感知能力以及在多个领域开展任务。他表示，太空是一个巨大的地方，物体以每小时数千英里的速度移动；美国太空部队是一支精干、敏捷的部队，速度和精度受到高度重视；将数据整理成赢得战争的资产，对于确保太空部队能够继续在太空领域有效地运行至关重要。为此，数据治理委员会正在研究如何全面记录该部队的数据系统、数据库和数据模型，以及如何为信息共享定义数据标准。从长远来看，该委员会还将努力建立企业数据系统以发现、理解、访问、集成和分析数据；确保所有数据都是权威的，这意味着对特定问题的每次分析都将使用算法来提供一致且准确的结果；监督相关数据系统的创建，这些数据系统将更加高效、完全集成并以更高的准确性运行得更快。

此外，据美国太空新闻网 2020 年 3 月 11 日报道，美国太空发展局乔 · 伊斯坦在 2020 年卫星大会上表示，该局正在评估云计算如何应用于快速识别并跟踪导弹运行轨迹。[③]导弹探测与跟踪是太空发

---

① 美空军太空司令部正制定“下一代数据战略”，以利用数据资源改变执行任务的方式. 国防科技信息网，2019 年 8 月 29 日.

② 网络小子. 美国太空部队成立数据治理委员会推进全面数据战略. 网电空间战，2020 年 5 月 8 日.

③ 李桢静. 美国太空发展局评估云计算对导弹识别跟踪的作用. 国防科技信息网，2020 年 3 月 16 日.

展局的重点工作之一，该局目前正在制定相关卫星部署计划，以识别目标、跟踪导弹并共享收集到的数据。这些数据需要进行快速处理并传输至战场，以免造成数据传输延迟。为此，该局正在采取两种方式开展数据处理，以加快数据传输速度：一是在离数据收集点更近的地方进行，如在装备天基传感器的卫星上；二是在离数据传输目的地更近的位置进行，如将数据传输回地面站进行处理。商业云计算及其可提供的服务使得数据处理更具优势，可以灵活地处理用户所提供的数据，并对处理方式和数据去向进行优化。

2. 宗旨是极大提升太空作战链条效率

2019 年 4 月，美国空军生命周期管理中心和由雷神公司领导的科技公司联盟称，它们正在对 20 世纪 90 年代起开始运行的太空防御作战中心系统进行现代化和简化版升级，以实现太空指挥控制系统的持续稳定高效，从而大幅提升太空态势感知和防卫能力。[①]对此，美国空军太空资产科负责人鲍勃·泰勒表示："太空防御作战中心系统提供关键的太空跟踪能力，我们必须保持和维护，而我们等待新的系统联机；与此同时，我们必须解决老化的太空防御作战中心系统的过时性风险。因此，我们提出了一个真正创新的现代化解决方案——更智能、更好、更快。"雷神公司情报、信息和服务项目主管戴夫·富伊诺（Dave Fuino）表示："在短短几个月内，我们召集了一个团队，开发了现代化技术，获得了合同，并举行了一系列演示以证明其有效。我们在不到一年的时间里从概念转向证明解决方案，这非常了不起。但预计新系统将需要在几年内上线。"

2019 年 5 月，美国空军太空司令部称，其正在对太空物体追踪

---

① U. S. Air Force and Raytheon collaborate to modernize space command and control system. Raytheon，Apr. 5，2019.

和编目系统进行更新升级。[①]一是终止“联合太空作战中心任务系统”近十年的项目[②]；二是将“联合太空作战中心任务系统”中专注于战术作战的部分与现有程序“企业战斗管理指挥和控制”合并；三是使用“敏捷软件开发”取代“联合太空作战中心任务系统”的太空编目更新部分；四是“企业战斗管理指挥和控制”和目录编目更新功能逐渐合并为一个名为“太空指挥控制”的项目。对于美国空军为什么要终止“联合太空作战中心任务系统”这一问题，美国空军太空与导弹系统中心太空优势系统部主任斯蒂芬·普尔迪表示，该系统比计划落后多年，造成太空编目功能难以更新，并且无法适应不断变化的环境，而在这种环境中，针对美国和盟友卫星的拥挤程度和潜在敌对活动增多；过去常常每天或每隔几天查看太空物体，如果它是一个敌对的物体，需要每隔几分钟查看一次。因此，尽管美国空军 2020 财年预算申请仍包括“联合太空作战中心任务系统”的 1100 万美元，但这将在 2021 财年预算中消失。之后，当它与“企业战斗管理指挥和控制”相结合，“太空指挥控制”在 2020 ~ 2024 财年的预算将达 4. 8 亿美元左右。

相对于“联合太空作战中心任务系统”，“太空指挥控制”项目的目的之一是为美国太空部队开发一套称为“整体太空作战管理指挥控制”的系统，满足以前未达到的需求，应对太空资产遇到的新威胁。该项目也旨在加强盟友合作，美国及其盟友基于此系统可以更容易地分享情报，其功能将比过去的开发工作更加自动化，不但可使用户能够识别和监控对美国太空资产的威胁，确定减轻或消除这些威胁的行动方案，而且还可将这些行动方案传递给决策者，以

① 孔紫琴．美空军更新升级太空态势感知系统．中国国防科技信息中心，2019 年 5 月 20 日．

② 目前美军主要通过“联合太空作战中心任务系统”为指挥官提供太空中产生的信息、为卫星提供指挥控制能力。

及直接采取行动作为回应。[①]因此，“太空指挥控制”系统不仅要融入传统的太空态势感知系统跟踪卫星目标和空间碎片数据，还要增加威胁评估能力，以告知指挥官敌方航天器的功能以及它是否在瞄准美国卫星。而且“太空指挥控制”系统采用“敏捷软件开发”方法，以增量的形式逐次部署提高其能力。采用“敏捷软件开发”的目标是使用来自基于云储存库中的新应用和数据来不断更新系统，该储存库可以作为多种商业和政府情报来源。

普尔迪表示，“太空指挥控制”系统未来将在加利福尼亚范登堡空军基地第 18 太空控制中队、联合太空作战中心、科罗拉多州施里弗空军基地国家太空防御中心等部门之间共享数据。美国空军 2019 年 3 月已向范登堡和施里弗基地交付第一批软件应用程序。负责监管联合太空作战中心和第 18 太空控制中队的第 14 航空队认为，盟友能够更容易获得太空数据，军方指挥中心也可以获得更多商业数据来源。“太空指挥控制”项目将开发两套系统：“太空战场感知系统”和“整体太空作战管理指挥控制系统”。按照美国空军太空司令部最新定义，“太空战场感知系统”是指实时感知的不仅是关于卫星的位置和去向（传统的太空态势感知），还包括卫星当前的行为以及是否成为威胁。[②]“整体太空作战管理指挥控制系统”则立足于“企业战斗管理指挥和控制”，其目标是将国家侦察局卫星的数据和国防部、盟军及商用传感器收集的“太空战场感知系统”数据更好地融合在一起，尽可能地为地面上的情报共同体人员和太空司令部提供最好的太空作战图谱，指挥官因此能够了解美国太空设施面临的威胁，并找到方法化解这种威胁。

---

① Space Command and Control：Comprehensive Planning and Oversight Could Help DOD Acquire Critical Capabilities and Address Challenges. *Defense – Aerospace*，GAO – 20 – 146，Oct. 30，2019.

② 2019 年 10 月 4 日，美国空军太空司令部副司令约翰·肖在其备忘录中写道，太空战场感知（Space Domain Awareness：SDA）是取代太空态势感知（Space Situational Awareness：SSA）的新术语。

尽管美国空军宣扬“太空指挥控制”项目好处很多，但 2019 年 10 月 30 日美国政府问责署发布报告指出，“太空指挥控制”项目需要全面规划和监管，才能获得关键能力并应对挑战。[①]“太空指挥控制”项目作为美国空军“多域指挥控制”计划的太空核心部分[②]，虽是一个创新计划，但需要找到方法将不同系统的不同数据集成在一起，其实现起来难度很大。美国政府问责署质问，“太空指挥控制”项目可能太过复杂了，且建立在不明或不现实的需求上。2019 年 8 月，该项目曾提出三种相应能力：在数据中扩展商业可用数据；任务中使用各种不同的传感器；提供可视和分析工具。这些能力都取决于计划中软件的开发。但美国政府问责署质疑的是，该计划当前采用的“敏捷软件开发”方法缺乏明确的采购策略，这会导致开发计划的不同方面失败。

此外，美国政府问责署指出，目前交付的“太空指挥控制”软件应用程序多数能力并没有经过实战的彻底认证。美国空军的态势感知数据和指挥控制都依赖于 20 世纪 80 年代的“太空防御作战中心”系统。但随着“太空防御作战中心”逐渐运行更现代化的平台和基础设施，空军并没有建立起相应的工作机制。天基传感器产生的未经处理的数据容量远超以往，2020 年随着新的国防部传感器入轨，数据量还会呈现指数级增长。比如“太空篱笆”正式运行后将要跟踪约 20 万个低地球轨道上目标（卫星和碎片），且其中很多目标以前从未被跟踪过。这也是多年来美国空军官员一直在警告“太空篱笆”数据可能会“淹没”目前的系统从而造成虚假碰撞告警。因此，美国政府问责署认为，需要敲定明确的要求并迅速开发“太空指挥控制”软件和相关系统，以保证计划不会搁浅。新发布的

① 美国政府问责署审视美国空军“太空指挥控制”计划．电科小氙，2019 年 11 月 5 日．

② “多域指挥控制”计划欲将空中、太空和网络传感器系统链接在一起，将组合信息快速汇集并传送到需要的地方。

2021财年美国国防科研预算中，美国空军已为“太空指挥控制”项目预算了1.49亿美元，以提供强大、反应迅速的太空态势感知和作战管理指控能力。①

同样，对于太空指挥控制系统的现代化升级，美国空军第45太空联队司令兼佛罗里达州帕特里克空军基地东部靶场主任道格拉斯·希斯也表示，迫切需要对技术进行更新，但这也带来了新的风险；最大的问题是网络，因为当开发数字基础架构时有人可以进入网络，这是一种威胁；因此，在竞争激烈的环境中最需要的情报是需要知道谁在试图进入网络。②

尽管美国太空指挥控制系统的现代化升级等存在这样那样的风险，但与其紧密相关的太空数据战略升级必将促进太空指挥控制系统的现代化升级，也必将对美军全域作战提供有力支撑。2020年2月18日，美国参联会副主席约翰·海顿提出，“全域作战”将是未来美军全新的战争样式，联合部队的行动将涵盖“陆、海、空、天、网”等全部作战领域，融合太空、网络、威慑、运输、电磁频谱、导弹防御等各种能力，以“全域作战”与中国、俄罗斯等全球性竞争对手在各种烈度的冲突中展开较量。海顿强调，“全域作战”这一未来战争样式将是整个预算中开启未来的关键，若得以实现，美军将凭借在冲突和危机中无缝地对所有领域实施高度融合和有效指控，长期拥有无与伦比的优势。受国防部推进全域作战概念影响，DARPA在2021财年预算总额35.66亿美元中有多个项目支撑“全域作战”，其中，网络中心战技术项目单元增幅最大，增长1.49亿美元，增幅近30%。那么，试问网络中心战运行的核心是什么？必然是数

① 蔡文蓉，魏俊峰. 2021财年美军科研预算结构调整分析. 国防科技要闻，2020年3月25日.

② Sandra Erwin. 45th Space Wing commander: Changes underway to support commercial launch. *Space News*, Oct. 9, 2019.

据以及基于数据的信息。其中，太空数据不可或缺。

（四）太空态势感知“晋级”太空战场感知

2019 年 9 月，美国空军太空司令部副司令约翰·肖表示，军方关注的一个主要问题是如何掌握太空中发生的情况。①肖在国家情报和安全峰会上表示，对太空司令部的情报支持是一件大事。空军太空司令部正在努力寻找如何建立太空力量以取得成功，这将需要填补对轨道威胁情报的巨大需求。他说，空军太空司令部面临的挑战是如何将太空转变为战斗域，这意味着如果部署了反卫星武器，就需要为可能扩展到太空的冲突做好准备。准备让太空部队成为一支独立的武装部队，不仅是组织的调整，还需要发展能力，更重要的是智力方面的人为因素，必须为太空领域培养太空专业人才。太空情报的主题通常与间谍卫星有关，这些卫星收集情报并将其发送到地球。但在轨道上的卫星成为目标的情况下，关注的问题应是美国是否有足够的情报来预防和阻止针对航天器的攻击。肖说，情报界将成为未来太空作战的核心参与者，当太空部队成立后，必须发展自己的情报专业人员。他预测太空部队和美国太空司令部将不得不更多地依赖私营部门为太空作战提供情报。他说：“经济引擎已被释放，私营公司正在迅速发展太空态势感知体系并开发分析软件，我希望他们能够持续下去，我们可以利用最好的。”

10 月 4 日，肖在其备忘录中写道，太空战场感知（Space Domain Awareness：SDA）是取代太空态势感知（Space Situational Awareness：SSA）的新术语。②长期以来，太空态势感知一直是探测、

---

① Sandra Erwin. Air Force space commander warns the military needs better intelligence. *Space News*, Sep. 5, 2019.

② Air Force: SSA is no more; it's ‘Space Domain Awareness’. *Space News*, Nov. 14, 2019.

跟踪和识别地球轨道上所有人造物体的代名词，这项活动也称为太空编目和维护。但随着太空变得越来越拥挤，敌对国家开发了针对美国卫星的武器，美国军方改变了对太空的态度，现在将其视为与空中、海上或陆地一样的战场。将太空视为战场意味着我们要将以前基于良性太空环境的太空态势感知思维转变为更有效更全面的太空战场感知思维，这与海军为支持海军作战和空军为支持空军作战所采取的海军战场感知、空军战场感知一样。该备忘录将太空战场感知定义为“对可能影响太空运行并进而影响美国国家安全、经济或环境的与太空战场相关的任何因素（无论是被动还是主动的）的识别、表征和理解”，太空战场感知将需要集成传统基于太空态势感知的监测和情报能力，来识别、定位和跟踪在轨系统的潜在威胁。

（五）太空否决权，情报新高度

鉴于上述美军太空态势感知能力发展的一些新动态，其对太空态势感知能力的高度重视不言而喻。对于维护太空安全以及所谓的备战太空而言，再怎么强调太空态势感知的重要性也不为过。因为兵马未动，情报先行——太空正成为作战域，只有知己知彼，方能百战百胜。古往今来，情报对于制胜战争与大国竞争都至关重要。太空若成为作战域，由于太空系统在千里之外运行原理的特殊性，甚为如此！因为只有对太空态势了如指掌，方能知道威胁在哪、对手是谁，方能料敌于先、防患未然。若视太空为作战域，那么必须时刻应对太空威胁；若要时刻应对太空威胁，那么就必须具备强大的太空态势实时感知能力，以掌控太空战场态势，顺势、塑势、扭势。[1]

其实，太空态势感知能力的发展由来已久。自从第一颗卫星上天，人类便开始了对人造天体的观测。只不过以前通过太空态势感知，主要是为了获悉太空中有什么、在哪里、干什么等信息，以提高卫星、飞船、空间站等安全性；而现在通过太空态势感知除上述目的外，可能还包括备战太空了。只不过以前主要通过地基“太空篱笆”系统、光电系统、相控阵雷达、精密跟踪雷达等手段；而近年来为了克服“坐地观天先天不足”的问题，天基太空态势感知系统又成为了“新宠”。地球同步轨道是太空中的战略要地，其上运行着各国的导弹预警卫星、军事通信卫星等核心系统，成为天基太空态势感知系统“关照”的重点。也正是地球同步轨道太空态势感知项目的不断增强，使人们感到离太空战真的不远了，最起码在太空“排兵布阵”已是不可回避的事实。

未来太空情报感知能力将持续受到高度重视。美国《国防》杂志曾以“对太空中发生了什么一无所知，急坏了美空军官员”为标题，表达了美军对监视太空能力的担忧。近年来，美国已将太空态势感知能力视为“所有太空活动的基础、太空控制的关键前提和不可或缺的作战力量”，愈加重视、优先发展、不断增强太空情报感知能力。有报道称，2020 年前美国将投资 60 亿美元用于太空态势感知能力建设，其中天基太空态势感知能力建设将是重中之重。在美国 2020 年卫星大会上，戴维 · D. 汤普森也表示，太空部队需要建立一个以太空为重点的情报中心，以保护美国卫星免受蓄意或意外侵扰。美国曾表示，在 2030 年前夺取制天权，并在必要时实施对对手的太空“否决”。美国真的能够如其所说吗？但不管怎样，太空作战域作为情报界新“高度”，其竞争激烈程度可想而知。《孙子兵法》有

---

① YR. 太空否决权，情报新高度. 学术 plus，2019 年 2 月 25 日.

言："夫地形者，兵之助也。知天知地，胜乃可全。"毋庸置疑，上述太空态势感知系统的部署，将为美国创造一套专用的太空监视网络传感器、形成太空域情报获取能力——侦察和归因任何威胁或破坏行动的能力提供重要支撑。

上医治未病，以不变应万变。之所以强调太空态势感知的重要性，与太空战中"攻守不平衡性、风险不确定性"这两大困扰相关。对此，首先，提升太空态势感知能力，让对手明白"其不良行为无处遁形"，这本身就是一种威慑；其次，基于底线思维亮明红线，让对手明白"只要敢有不良行为将受到非对称手段反击"，至于非对称手段是什么，只可意会不可言传。当然，仍需做好卫星加固和应急补充两项工作，因为不知道哪个地方会出问题①，所以加固卫星是增加对手不良行为难度的必要手段；但若真出现问题，在反击对手的同时，需具备在轨维修、补充发射等多手段快响能力，以确保关键信息流不断。但说一千道一万，太空情报感知是基石和关键。否则，或面临不清楚威胁在哪、对手是谁、我怎么样等问题，这样的话，以备止战以及制胜未来太空战谈何容易。

二、美军下一代军用卫星：提升性能是硬道理

现今，美军通信、指挥控制、导弹预警、核爆探测、天气和全球定位等各种功能的卫星系统，是其遂行太空力量增强任务的关键支撑，对美国国家安全至关重要。然而，正是由于美国国家安全尤其是美军对太空系统的强烈依赖，美军越发感到太空力量增强系统

---

① 据称，若美国卫星遭到攻击，美军无法评估其耐久性。为此，美国正在寻求充分测试评估太空系统遭攻击时作战有效性、适用性和生存能力的新方法，包括建立"太空战联合试验部队"、国家太空试验和训练靶场以及地面太空试验设施。

的脆弱性和易受攻击性。如前所述，为了解决这一问题，美军正在抓紧研发下一代军用卫星，以促进其太空力量增强系统更新换代。其中，“卫星的安全首先要依靠它自己”必然是美军考虑的一个关键点，即面向太空作战域，必须以提升应用性能、生存能力、抗干扰性等作为下一代军用卫星发展的重点，以弥补太空系统在脆弱性和易受攻击性等方面的天然不足，如提升在用卫星的防护水平，部署生存能力强的新型卫星，推动构建分布式太空架构等。此外，为形成探测拦截高超声速导弹武器等新型能力，美军还正在大力发展下一代“过顶持续红外”新型导弹预警卫星，甚至谋划发展天基感知拦截层，欲将导弹预警防御“天上搬”。

（一）新一代抗干扰卫星通信能力升级

2019 年 5 月 3 日，美国空军第 4 太空作战中队在科罗拉多州施里弗空军基地的卫星控制授权仪式上接受了对第 4 颗先进极高频军事通信卫星（AEHF－4）的控制/运行权。[①]仪式期间，太空与导弹系统中心批准了 AEHF－4 的正式运行，并将控制权移交给了第 14 航空队，后者将控制权下放给第 50 太空联队，再到第 50 作战大队，最后到第 4 太空作战中队。第 4 太空作战中队将负责运维 AEHF－4，保障其安全，并确保它完成设计的任务。

美国军事通信卫星主要分为“受保护”“宽带”和“窄带”三个系列以及数据中继卫星。其中，“受保护”系统主要强调抗干扰、保密性及核生存能力，可提供安全、连续的通信服务，以保证美军在军事行动各阶段的通信自由。上述先进极高频军事通信卫星系统

---

① 田甜．美空军第 4 太空作战中队接管第 4 颗先进极高频卫星（AEHF－4）．国防科技信息网，2019 年 5 月 22 日．

（AEHF）即是美国新一代受保护军事通信卫星，主要负责与战略和战术作战直接相关、对安全性和保密性要求高的信息传送，具有加密、防截获、低探测概率、抗干扰和穿透核武器引起的电磁干扰等能力。该系统由6颗AEHF卫星组成，设计寿命为14年，运行轨道为地球同步轨道，将取代由5颗卫星组成的“军事星”（Milstar）卫星系统。AEHF卫星系统在30GHz－300GHz的毫米波频段工作，通信容量将提高约10倍，其更快的数据传输速率将允许战术军事通信的传输，如高质量实时视频和快速访问战区地图及目标数据等，支持航天和情报、核和防御、战区任务防御和特种作战，将为美军提供覆盖全球、高生存能力、抗干扰、大容量的安全通信支撑，也将为美国盟友加拿大、荷兰、英国和澳大利亚等提供服务。

1999年4月，AEHF卫星项目启动；2001年9月，授出首批两颗AEHF工程与研制发展合同；2006年，授出第3颗AEHF卫星合同；2010年8月，首颗AEHF卫星发射；2012年5月和2014年9月，AEHF－2、AEHF－3先后发射。2010年12月，授出第4颗AEHF卫星合同。目前，AEHF卫星采购数量为6颗，其中，AEHF－4于2018年10月17日发射入轨，AEHF－5于2019年8月8日发射升空。2020年2月3日，美国太空作战司令部正式接收AEHF－5卫星。AEHF－6于2020年3月27日发射，标志着先进极高频卫星星座正式组建完成，同时也是美国太空部队自组建以来进行的首次发射，其也将通过AEHF星座获得反拦截、反监测通信能力以及“语音识别”通信能力。第45太空联队在社交媒体上宣称，“没有什么能够阻止航天发射任务”。

除部署完成新一代受保护军事通信卫星外，2019年8月26日至28日，第4太空作战中队在科罗拉多州施里弗空军基地完成了对宽带全球通信卫星（WGS－10）的首次在轨测试。WGS－10卫星的能力已在全球范围内使用，主要服务于美国国防部以及盟国，参议员、国会议员、总统和其他政府机构、军事力量将其用于安全通信和数据传输。[1]第4太空作战中队的武器和战术运营商 David Lacourrege 表示，WGS-10 是宽带全球通信卫星的最新版本，采用 X 和 Ka 频段，具有极高的数据吞吐量，可以支持自主分发，允许多种命令模式，且可在频率之间无缝转换。这有利于战术用户进行抗干扰通信，并允许操作员在更快的时间内更轻松地控制卫星。WGS 系统代表了美国宽带军事卫星通信最高技术水平，已形成了全球覆盖能力，可为美国、加拿大、新西兰等参与国军方在南北纬 65 度之间提供宽带通信服务，服务对象包括普通士兵、舰船、飞机等。该系统原计划发射 10 颗，2018 年美国国会又增购了 2 颗，预计 2023 年前组网完毕。此外，美军新一代窄带卫星通信系统（MUOS），包含 5 颗卫星，其中 1 颗为备份卫星，2012 年到 2016 年每年发射 1 颗，现已完成组网。MUOS 主要服务于全球战术通信，用于各种移动终端和战术广播，使部队在军事行动中占据绝对的机动和信息优势，包括为途中紧急通信、战区内通信、情报广播、战斗网无线电的距离扩展等提供支持。

尽管经过数十年的努力，美军已经拥有了世界上最完备的宽带、窄带、受保护卫星通信系统，为美军的战场通信提供了极大便利，但美国国防部依然认为这三大系统无法满足美军未来十年对卫星通信的需求。因此，启动了一项改造现有军事卫星通信体系的长远计划，以加强美军现有通信卫星的抗干扰性和载荷容量，同时积极论证商业卫星的军用途径，其最终目标是提高美军通信卫星的弹性、

① 4th Space Operations Squadron improves space warfighting capabilities. Schriever Air Force Base, Sep. 18, 2019.

抗毁性和高可用性。[①②] 2019 年 7 月，“五眼联盟”国家[③]的高级军事领导人和工业界代表在伦敦航空航天力量会议上，确定将利用私营部门的卫星导航通信技术优势、加强先进极高频卫星系统与宽带全球通信卫星的使用、增强多频段移动通信网络系统的接入等，实现在激烈对抗的多域作战环境中提高通信系统级的抗干扰能力，降低敌方拦截卫星通信的可能性。[④]

2020 年 3 月 27 日，美国雷声公司和 L3 哈里斯公司各获得美国太空部队一份价值 5 亿美元的合同，用于研发和生产一款名为“受保护战术波形”的抗干扰通信系统，用于受保护卫星通信，防止敌人在作战时干扰美军的卫星通信。[⑤]当“受保护战术波形”系统、“受保护战术企业服务”地面系统和太空段完成部署后，美军的卫星通信系统和“先进极高频”星座都将实现升级，从而支持美军建立一个专用于核指控的卫星通信星座的愿景。在 2021 财年预算中，美国太空部队提出演进战略卫星通信、作战卫星通信体系等新项目。[⑥]作战卫星通信体系将利用大数据、人工智能、机器学习等技术，实现在高度对抗、降级、通信受限的复杂战场环境中提高全频谱、韧性、不间断的通信能力，使士兵从国防部卫星通信系统平滑过渡到国际伙伴或商业供应商持有的系统，确保通信始终“在线”。[⑦]此外，美国太空部队还在天地量子通信等方面开展行业创新、国际合作等工作。2020 年 4 月初，美国太空部队火箭系统发射项目办公室授予

---

① 张东晨．美军下一代通信卫星体系发展分析．太空网，2018 年 12 月 12 日．

② 太阳谷．美军高轨通信卫星系统浅析．高端装备产业研究中心，2019 年 8 月 5 日．

③ “五眼联盟”国家包括美国、英国、澳大利亚、加拿大、新西兰，其内部实行互联互通情报信息，实属情报间谍联盟。

④ 李薇濛．“五眼联盟”关注卫星通信能力．国防科技要闻，2019 年 10 月 17 日．

⑤ 吴永亮．美国雷声公司和 L3 哈里斯公司获得抗干扰卫星通信软件合同．国防科技信息网，2020 年 3 月 28 日．

⑥ 彬哥．美国军事航天的发展动向及其影响．航天战略新引擎，2020 年 4 月 22 日．

⑦ 美军“作战卫星通信”概念几近现实——新架构组成单元 2020 年实现原型化．电科小氙，2020 年 5 月 6 日．

美国VOX空间有限责任公司一份价值为3500万美元的合同，用于开展“太空测试计划”发射任务。该任务将使用“发射1号”火箭进行3次专享发射，将44颗小卫星送入低地球轨道，以演示并量化通过自适应光学、扩展量子网络概念来提升地球与卫星的量子信道上行链路的潜力。该任务还将探索在迅速获得灵活、有弹性和可负担的发射服务等方面的国防应用，比如，具有在任务订单授予后12—24个月内发射太空任务的能力，测试和开发新的太空感知和通信技术等。①②

（二）第三代“全球定位系统”来者不善

全球定位系统（GPS）是美国20世纪70年代研发的卫星定位系统，可以为美国陆、海、空三军提供全球性的实时导航、定位、授时，许多武器也使用GPS进行定位以及制导，同时GPS系统附带了一定民用价值。1991年爆发的海湾战争，就是GPS系统在现代战争中的“处女秀”，自此，“外科手术式打击”“斩首行动”等新名词家喻户晓。尤其是美军“导航战”的概念提出以后，更是掀起了一场导航定位领域的无声对抗。GPS系统共有4个子型号、共发射50多颗星，分布在6个轨道平面上；目前使用的是第二代，24颗工作星，覆盖全球，民用信号C/A码定位精度优于5米、测速精度0.1米/秒、授时精度10纳秒，可推测军用信号P（M）码定位精度在亚米量级以及具有60天自主运行能力。

不过，GPS系统具有一个致命技术弱点，就是其导航系统需要发送和接收卫星信号，仍然存在导航频率公开、长距离传输信号弱、

① 陈柱文．美国太空军授出太空测试发射合同．天地一体化信息网络，2020年4月14日．
② 瞭望者．美国太空部队挑选VOX太空公司发射44颗技术示范卫星．星瞭望，2020年4月18日．

易受电磁和网络攻击等缺陷，极易被干扰、拒止、削弱甚至欺骗。即便军码不容易被欺骗，但压制式干扰还是很难应对。一旦 GPS 卫星出现故障而无法提供服务，将对高度依赖 GPS 系统的作战人员和武器装备带来灾难性后果。伊朗完整俘获美国 RQ－170“哨兵”无人机事件，正是找准了 GPS 系统的关键漏洞，通过俄罗斯引进的主动干扰系统，重新设定了“哨兵”无人机 GPS 参数，使其误认为降落到了美军基地。所以，美军一直在努力升级 GPS 军用信号，增加抗干扰能力。

进入 21 世纪以来，美军开始了“GPS 现代化升级”计划，启动部署第三代 GPS 系统（GPS－3），将按照弹性设计建造，要求具备在轨重编程、在轨升级以及可增加新信号或新任务等能力。2018 年 12 月 23 日，GPS－3 首颗卫星“韦斯普奇”发射升空。“韦斯普奇”并未立即投入使用，完成在轨监测后，与其他卫星进行系统整合测试。2019 年 8 月 22 日，GPS－3 第 2 颗卫星“麦哲伦”顺利升空，预计 2020 年交付使用。“韦斯普奇”和“麦哲伦”将替换目前在轨运行的两颗 GPS－2 卫星，同时也标志着美军 GPS 现代化升级计划进入实质性运行阶段。2020 年 3 月 27 日，美国太空部队宣布对第 2 颗 GPS－3 卫星进行运行验收，该卫星的定位精度比当前卫星提高 3 倍，抗干扰能力提高 8 倍，15 年的设计在轨运行寿命也比当前系统长 25%。①同时，美国太空部队也正式接收洛克希德·马丁公司提供的 GPS 应急运行系统升级版，以处理安全、抗干扰、防欺骗的军码（M 码）导航信号。②对于普通民用用户来讲，GPS－3 卫星带来的变化可能无法察觉，最多是信号强度稍好。但对于军用而言，GPS－3 已经完全不一样了，民用频段和军用频段得到了分离，军用能力大

① 刘李辉，麦灿基．2019 年国外航天战略及发展规划研究．卫星与网络，2020 年 3 月 30 日．

② 杨莲莲．美国太空军接收升级版全球定位系统地面应急运行系统．电科防务，2020 年 3 月 31 日．

大加强，可预测其军用M码定位精度在0.2~0.5米，军码授时精度纳秒级，具有180天自主运行管理能力，还可以迅速关闭特定地域的导航信号发送。[①]第三颗M码GPS-3卫星名为“哥伦布”，于2020年4月发射升空。预计2030年左右GPS-3系统完成组网（32颗星）之后，美军在导航定位领域的博弈能力将持续提升。

同时，美军还非常重视导航战、增强和备用GPS等相关研究与运用。2019年7月，美国GPS世界网发布消息称，美国陆军部长指定陆军太空与导弹防御司令部牵头，深入开展导航战概念研究，评估新的能力需求，明确短板和不足，为陆军部队修订相关作战条例、制定作战流程、开展训练演练等提供支撑。[②]陆军太空与导弹防御司令部还与陆军司令部、联合导航作战中心合作，组织开展GPS性能降级情况下的作战训练，探索、演练先进的导航战战术、战法与流程。陆军太空与导弹防御司令部是陆军主管太空作战与导弹防御的机构，也是陆军导航战项目的领导机构，负责统一协调、组织导航战装备与系统的研发、测试、评估与集成工作。2019年8月，美国国防部发布《定位、导航与授时体系战略》，指导和监督美国国防部各部门采取统一行动，利用现代化GPS等能力，以模块化开放系统集成方法，为联合部队提供精确、可靠和弹性等应用服务的行动纲领，以确保美军定位、导航、授时能力优势，全面提升美军作战能力。[③]2020年2月，特朗普签署总统令《通过负责任地使用定位、导航与授时服务增强国家弹性》，以确保定位、导航、授时服务在中断或被操纵的情况下，不会影响或破坏关键基础设施的可靠性和有效

---

① GPS第三代卫星再发一颗．太空精酿的空间站，2019年8月27日．

② 美陆军太空与导弹防御司令部深入开展导航战相关概念研究．2019年7月25日．

③ 薛晓芳，张代平，李向阳．美国防部发布《定位、导航与授时体系战略》．国防科技要闻，2019年11月4日．

运行。[①] 2020 年 4 月，美国国防创新小组发布招标信息，寻求开发一种紧凑、高性能的量子空间传感器，以帮助在深空环境中利用量子技术实现精确的惯性测量和恒星跟踪，为无法使用 GPS 的深空航天器提供高质量定位、导航与授时服务，或在 GPS 可用环境下增强定位、导航、授时性能。[②]美国国土安全部也宣布，将于 2020 年底举办关键基础设施 GPS 测试活动，以了解其抵御欺骗的能力，评估其脆弱性，推进研发，加强与工业界的联系和接触，提高关键基础设施的安全性与弹性。[③]

（三）“锁眼”系列侦察卫星重出江湖

2019 年 8 月 30 日，特朗普在推特上发布一张伊朗塞姆南航天中心一号发射场的照片，照片显示伊朗发射中心一号发射场在一次爆炸中受损并被烧焦。[④]这张照片吸引了人们的高度关注，因为照片的分辨率非常高。

美国科学家联合专门分析卫星图像的兼职高级研究员安吉·潘达说，这张照片可能只有高度机密的军用卫星才能拍摄。据他所知，没有一颗商业卫星能达到如此高的分辨率。美国航天技术公司 Maxar 生产的 WorldView－2 卫星也只能提供 46 厘米的分辨率。潘达说：“我认为它很可能低于 20 厘米，这是我见过的分辨率最高的照片。”前中央情报局卫星图像分析师帕特里克·爱丁顿也表示，特朗普在

---

① 魏艳艳. 美总统特朗普签署“负责任地使用定位、导航与授时（PNT）服务，加强国家弹性能力”行政指令. 2020 年 2 月 14 日.

② 吴明阁. 美国国防创新小组将开发高性能量子空间传感器. 电科防务，2020 年 4 月 15 日.

③ 魏艳艳. 美国国土安全部将组织 GPS 设备防欺骗测试活动. 天地一体化信息网络，2020 年 4 月 28 日.

④ 张幂. 特朗普曝光美绝密卫星，形似哈珀太空望远镜，分辨率高达 15 厘米. 凤凰网军事频道，2019 年 9 月 1 日.

推特上发布的这张照片似乎是美国间谍卫星拍摄的机密照片。据称，目前世界上分辨率较高的军用光学遥感卫星是美国研制的 KH－11、KH－12“锁眼”系列侦察卫星，其分辨率高达 0.08 米—0.15 米，如结合超分辨图像处理软件，可以在良好阳光照射下分辨地面汽车的车牌号。KH－11 卫星可实时信息传输，分辨率 0.15 米，1976 年发射入轨；KH－12 卫星分辨率优于 0.1 米，1990 年发射入轨，目前在轨运行 4 颗，可进行可见光、红外、多光谱侦察，且具有迅速降轨对特定地区详查的功能。

据“现在航天飞行网”（Spaceflight Now）报道《纽约时报》的视觉调查记者克里斯蒂安·特里伯特从照片中的阴影推断，这张照片拍摄于当地时间下午 1：30—2：30 之间，可能是在 8 月 29 日。普渡大学天体动力学和航天器导航专业的研究生迈克尔·汤普森说，业余追踪者汇编的开放源代码轨道数据显示，在那段时间里，美国政府的一颗绝密间谍卫星确实飞越了伊朗发射场上空。汤普森利用公开数据计算出，这颗官方指定为美国－224 的卫星在当地时间 8 月 29 日下午 2 点 10 分过后不久就飞越了伊朗太空中心。美国－224 卫星是一颗疑似 KH－11 型光电监视卫星，隶属于美国国家侦察局。据悉 KH－11 卫星携带的望远镜有 7.9 英尺（2.4 米）的镜面，大小与哈勃太空望远镜的主镜相同，其对地分辨率可以达到 15 厘米。所以，普遍认为特朗普在推特上发布的伊朗发射场的照片是由 KH－11 拍摄的，当然也有认为是 KH－12 拍摄的。这也表明，美国的“锁眼”系列侦察卫星这么多年依然像幽灵一样活跃在太空中，特朗普公布这一照片也许是“醉翁之意不在酒”。

同时，也有报道称，美国正持续强化基于对地观测的情报侦察能力。比如，持续发射“锁眼”“世界观测”“黄蜂”等太空侦察卫星和隶属国家侦察局的绝密卫星，在轨试验高分辨率成像技术，并在大量技术试验卫星和商业星座卫星中“暗设”具备侦察能力的成像载荷，以实现对地球大部分区域高频次、高分辨率、任意时间点的侦察目的。[①]

（四）下一代 OPIR 导弹预警卫星启动

2019 年 6 月 6 日，美国空军太空与导弹系统中心宣布，“天基红外系统”（SBIRS）第 4 颗地球同步轨道卫星（GEO－4）成功完成空军太空司令部的运行验收，现已全面投入使用，并将纳入导弹预警架构。同时表示，之前 3 月 5 ~7 日其与洛克希德·马丁公司完成下一代“过顶持续红外”（OPIR）系统 3 颗地球同步轨道卫星的审查，4 月 4 ~5 日其分别与分包商雷神公司和诺斯罗普·格鲁曼公司完成两个单独的主要任务载荷的系统设计评审。[②]这表明，美军的新型导弹预警卫星正升级换代，拟为美军提供在对抗条件下可生存的导弹预警能力。

美国天基导弹预警系统在轨运行的卫星包括：“国防支援计划”（DSP）的 5 颗卫星，其中 3 颗运行、2 颗备份，主要用于探测导弹发射和主动段飞行的红外辐射信号；SBIRS 的 4 颗大椭圆轨道卫星和 4 颗地球同步轨道卫星，主要用于对全球航天发射活动进行不间断的监视。其中，DSP 导弹预警卫星于 1972 年投入使用，至今已发展到第三代，目前在轨服役的是第二、第三代导弹预警卫星。其组成的预警网可覆盖俄罗斯和中国的所有发射场，也可覆盖现有潜射导弹射程内的全部海域。在 1991 年海湾战争中，美国爱国者导弹以较高的命中率拦截伊拉克飞毛腿导弹，这种预警卫星即起到了很大作用。相对于 DSP，SBIRS 是美国空军研制的新一代高轨导弹预警

---

① 刘李辉，麦灿基. 2019 年国外航天战略及发展规划研究. 卫星与网络，2020 年 3 月 30 日.
② 孔紫琴. 美空军公布导弹预警卫星项目最新进展. 星际智汇，2019 年 6 月 21 日.

卫星系统，以提供及时、可靠和准确的导弹预警和红外监视信息，增强全球战略和战术导弹发射探测能力，支持美国弹道导弹防御系统，扩大美国技术情报收集能力，增强战场上作战人员的态势感知能力。美国空军太空与导弹系统中心遥感系统部负责管理 SBIRS 项目，空军第460 太空联队负责星座运行。4 颗 SBIRS 地球同步轨道卫星分别于 2011 年、2013 年、2017 年、2018 年发射入轨，洛克希德·马丁公司正在制造第 5、6 颗地球同步轨道卫星，按计划于 2021 年和 2022 年分别发射。SBIRS 大椭圆轨道载荷分别于 2006 年、2008 年、2014 年、2017 年发射，目前全面投入使用。此外，还有 3 颗低轨“空间跟踪和监视系统”（STSS）验证卫星，主要用于捕获、跟踪和识别弹道导弹中段飞行发热弹体和末段飞行再入弹头态势，为反导系统拦截弹提供引导数据。

下一代 OPIR 导弹预警卫星是 SBIRS 的替代版本，是美国继 DSP、SBIRS、STSS 之后规划的下一代导弹预警卫星系统。2018 年，美国空军决定取消采购 SBIRS 第 7、8 颗地球同步轨道卫星，计划过渡到下一代 OPIR 导弹预警卫星。2019 年 4 月，美国空军领导人向国会表示下一代 OPIR 项目 2019 财年的资金缺口达 6. 32 亿美元，并要求将这笔资金重新编入 2019 财年预算。2019 年 10 月 10 日，美国空军宣布下一代 OPIR 通过初步设计评审。美国空军称，此次评审是一个重要的里程碑，意味着该项目将于 2025 年交付首颗卫星。[①]在 2020 财年，该项目获得 14 亿美元资金支持，其中，8. 17 亿美元用于洛克希德·马丁公司研制 3 颗地球同步轨道卫星，1. 07 亿美元用于诺斯罗普·格鲁曼公司研制 2 颗极轨卫星，2. 64 亿美元用于地面系统建设，2. 05 亿美元用于未来部件和材料研究。此外，美国太空

① 任宁. 美国空军下一代过顶持续红外系统通过设计评审. 国防科技信息网，2019 年 10 月 15 日.

部队已计划 2021 财年为下一代 OPIR 提供 23 亿美元的专项资金投入。[①]

尽管目前对下一代 OPIR 卫星的战术技术性能指标尚不清楚，但提升探测能力、增强生存能力等应是其主要考虑，且可以预见下一代 OPIR 的部署进程也会加快。至于提升探测能力，由于采用超大面阵多波段红外阵焦平面探测器，下一代 OPIR 卫星可能不仅具有探测、跟踪不同射程范围弹道导弹发射和飞行的能力，还将具备探测和跟踪小型地空导弹、助推滑翔飞行器及吸气式高超声速导弹甚至空空导弹发射的能力。[②]美国太空部队已计划于 2021 年 8 月前将“宽视场”卫星送入地球同步轨道，该卫星将作为一颗独立的“测试台”卫星，用于测试收集和报告导弹发射数据的不同方法，其实验结果将用于制定下一代 OPIR 的技术要求。同时，美国太空部队还计划利用“宽视场”卫星的实验数据开发地面算法，以处理未来传感器的大量数据。[③]就增强生存能力而言，时任美国空军部长的希瑟·威尔逊曾在一份声明中表示：“我们的重点是到 21 世纪 20 年代中期，提供能在竞争性环境中生存的导弹预警能力。”美国空军参谋长戴维·戈德芬也表示，将为这些卫星提供防御能力，使之具有更强的机动性以及补加燃料的能力。生存能力的提高还可能涉及将导弹预警卫星置于不同的轨道中。

（五）天基感知拦截层：导弹预警防御“天上搬”

2018 年 8 月，特朗普签署了价值 7170 亿美元的 2019 财年《国

---

① Doug Messier. U. S. Air Force requests ＄169 billion, funding for Space Force. Parabolic Arc, Feb. 11, 2019.

② 汤志成．美俄新一代导弹预警卫星扫描．兵工科技，2019 年第 23 期．

③ 任宁．L3 哈里斯公司为“宽视场”导弹防御卫星做发射前的维护与准备工作．天地一体化信息网络，2020 年 4 月 13 日．

防授权法案》，美国国防部网站报道称，该预算加速了对超空间技术的研究和对超空间导弹的防御计划。对此，有专家表示，这里的超空间技术很可能是指能够跨越太空、临近空间飞行的相关技术，例如高超声速武器、临近空间飞行器等新型武器。[①] 2019 年 1 月，特朗普在国防部发布年度《导弹防御评估》报告时称，美国导弹防御政策的目标是确保能在“任何地方、任何时间、任何位置”发现并摧毁导弹，并将投资基于太空的导弹防御技术；2020 财年预算也将为新的导弹跟踪卫星提供资金，以保卫美国和盟国，并指出国防部将消除官僚障碍，加速对这些系统的采购。[②] 2019 年《导弹防御评估》报告中提出的最重要的一项行动，即是建立一个新的预警和跟踪卫星网络的计划，国防部称之为“天基传感器层”。

该报告对在太空部署导弹探测器和拦截装置的可行性进行了评估，明确指出将整合进攻性和防御性导弹防御概念，以应对高超声速武器等新质威胁。负责政策的国防部副部长约翰·鲁德称，《导弹防御评估》报告是“新时代的开始——下一个时代的导弹防御”。美国自 20 世纪 90 年代以来就有导弹防御系统——建立地面、空中和海上雷达和拦截器网络——以保护美国免受弹道导弹袭击。现在将把覆盖范围扩大到高超声速武器和巡航导弹，这是“在过去二十年中，我们看到了导弹威胁的演变以及更复杂的能力变化”。负责研究和工程的国防部副部长迈克尔·格里芬表示，尽管高超声速导弹是无核的，但它们具有“战略影响”。因此，除在高地球轨道和地球静止轨道上部署导弹预警卫星——“天基红外系统”和下一代“过顶持续红外”系统以探测诸如洲际弹道导弹的发射外，美国国防部

---

① 特朗普：太空须由美国统治，确保“任何地方任何时间任何位置”发现并摧毁敌方导弹．搜狐网，2019 年 1 月 18 日．

② Sandra Erwin. Trump unveils Missile Defense Review, promises funding for space sensors in 2020. SPACE NEWS, Jan. 19, 2019.

还计划开发处于较低轨道的未来太空传感器层，旨在监测、探测和跟踪来自全球任何地方的更先进、机动性强的高超声速滑翔武器等目标。太空传感器层具有一定程度的运行灵活性，不受诸如地面传感器的限制，并且可以提供非常有利的“夺命”追踪。更多的太空传感器层可能会增加成功拦截进攻性导弹的总体可能性，减少美国防御拦截器所需的数量，并可能在攻击者的领土上而不是在目标上空摧毁攻击性导弹。格里芬指出，天基传感器层将作为战时的目标工具，并在和平时期作为“持久、及时”的监视平台。

美国导弹防御局一直在研究天基传感器层的概念，认为实现高超声速威胁防御至少需要三年时间，并启动了“高超声速与弹道跟踪太空传感器”项目[①]。该项目旨在开发一种功能强大、价格合理、生存能力高且扩展能力强的太空传感器（部署于低轨道商业卫星上的约200个50千克~500千克的传感器载荷），用以探测和跟踪高超声速导弹等先进武器。导弹防御局的结论是，由于高超声速武器是更难以看到的“更暗”的目标，传感器需要更接近目标。格里芬说：“我们还必须有更广泛的覆盖范围，因此，最好的方法是在低轨道上部署卫星网络。需要多少卫星以及在什么轨道上还有待决定。”他建议尽快推动该计划的开展。他说，国会没有为天基传感器层设定具体的成本限制，他并不担心它变得非常昂贵[②]。此外，美国国防部正在启动另一项研究——基于太空的拦截器。2019财年《国防授权法案》指示国防部确定最有前途的技术，其中提出要对构建天基拦截

① 根据2020财年《国防授权法案》，“高超声速与弹道跟踪太空传感器”系统应于2021年底进行在轨试验，2023年后达到初始运行能力，2025年后实现部署运行。不过，在2021财年中，“高超声速与弹道跟踪太空传感器”项目由导弹防御局转移到了太空发展局，而国会希望继续由导弹防御局开发该项目。太空发展局正在开发下一代太空体系架构，该项目将纳入下一代太空体系架构的跟踪层。

② 美国2020财年“高超声速及弹道导弹目标跟踪天基传感器”项目预算批准额高达1.08亿美元。

层的时间表、成本和人员需求进行设计评估。格里芬也表示，太空中的导弹早已被人们所讨论，但仍有许多未知数。国防部需要更好地了解其有效性、成本和其他考虑因素。至此，“天基传感器层、天基拦截层”概念面世，是不是可以统称为“天基感知拦截层”，即天基导弹预警防御系统？

2019 年 2 月，格里芬办公室发出征询书，要求承包商提交关于“时间敏感的目标任务有效载荷演示验证”项目的提案。该征询书表示，随着对手导弹系统的机动性、抗毁性、可靠性和准确性都在加强，对手导弹系统带来的威胁可能会继续增加并变得更加复杂。因此，威慑是防止导弹袭击的首选战略，但在威慑失败时需要采取更广泛的方法进行反击。美国应准备在导弹发射之前削弱、破坏或摧毁它们。如果可以在对手导弹发射前击败它们，这将减少必须在飞行中拦截的目标数量。而在导弹发射前击中目标将需要天基技术的支撑。这些天基有效载荷将在杂波和噪声存在的情况下提取目标信息，实时处理内部和外部信息，在恶劣的物理和热环境条件下运行。这就是美国国防部发展“天基感知拦截层”的设想，重在防御高超声速武器，重在“发射前摧毁”。[①] 2019 财年以来，特朗普政府开始为导弹防御增加预算，2019 财年为 129 亿美元，2020 财年、2021 财年分别为 136 亿美元、203 亿美元。其中，2021 财年预算专门为“发射前摧毁”申请 32 亿美元。

同时，美国国防部还希望将“天基感知拦截层”连接到一个“人工大脑”上，该大脑可以自动识别目标并最大限度地缩短“杀伤链”，缩短识别和击落目标所需的时间。承包商面临的挑战是如何以最小的延迟将太空传感器的信息传输至地面或海上的拦截导弹链并进行处理。因此，该项目将侧重于如何使用天基有效载荷和信息

---

① 丰松江．“发射前摧毁”：美俄展开新竞赛．解放军报，2020 年 3 月 26 日．

技术来打击“时间敏感目标”。这也进一步表明，美国国防部已启动一项新项目，以研究如何在太空中使用传感器来缩短瞄准敌方导弹的时间，从而实现在发射前击败弹道导弹尤其是高超声速武器等新型威胁。据分析，这项技术研发工作理应由DARPA或导弹防御局牵头，目前却由负责研发和工程的副部长负责，导致人们猜测该项目将被分配给格里芬监督下新成立的太空发展局。不过，也有分析认为，美国国防部在某些方面所寻求的天基有效载荷演示验证工作，与DARPA“黑杰克”项目和导弹防御局正在开展的工作有所交叉，导弹防御局也正在研究如何在太空中开发一层传感器以监测和跟踪高超声速滑翔飞行器。因此，这个新项目可能会对其他正在进行的项目形成补充，并可能带来格里芬认为需要改进性能和缩短新型导弹防御系统部署时间所需的新想法。

2019年4月，美国国防部副部长约翰·鲁德对外表示，美国计划开始研制一款部署在近地轨道的“低成本探测器”，旨在侦测俄罗斯等国的新型高超声速导弹；同年10月，美国导弹防御局宣布，正在与太空发展局合作建立一个由数百颗低地球轨道卫星组成的扩散星座，即天基感知层，用于探测和跟踪高超声速武器，目前已选择L3哈里斯、雷神公司、诺斯罗普·格鲁曼公司、Leidos公司开发原型传感器。[①②] 2020年3月，导弹防御局已授予上述四家公司第二阶段开发合同，以进一步开发高超声速导弹太空探测器原型和有效载荷技术。[③]可见，美国正组建“国家队”合力发展高超声速导弹防御系统，且该系统的重点是形成在高超声速导弹“发射前摧毁”的能力。这也是特朗普政府新版《国家安全战略》在这一方面引领的体

① Nathan Strout. Who will help track hypersonic threats from space? C4ISRNET, Oct. 31, 2019.

② Sandra Erwin. Missile Defense Agency selects four companies to develop space sensors. *Space News*, Oct. 31, 2019.

③ 太阳谷. 美国高超声速弹道空间探测器（HBTSS）项目最新进展. 高端装备产业研究中心，2020年3月23日.

现。在该战略中提出的优先发展增强型导弹防御能力，即包括“发射前摧毁”的能力。美国国防部研发与工程副部长办公室负责高超声速科研的助理主任迈克·怀特表示，一旦高超声速武器与载具分离发射进入中段，防御将变成一个极难、极难的问题，因此最好的防御就是进攻，即在其发射前将其摧毁。

自此，“发射前摧毁”便成为美国应对高超声速武器的一个关键词。2020 年 3 月 4 日，美国参联会主席马克·米利在美国参议院军事委员会作证时也表示，由于滑翔式武器飞行高度较低、飞行速度极快、飞行弹道难预测、潜在的高机动性、且飞行环境与传统的弹道导弹不同等原因，目前的中段反导系统无法防御或被用于防御高超声速滑翔式武器。[①] 3 月 22 日，美国战略与国际研究中心发布报告《转折点：2021 财年预算中的导弹防御与打击》认为，2021 财年的预算申请显示了美国导弹防御与打击项目的重大改变与发展趋势。该预算申请为“导弹防御与打击”相关项目拨款 203 亿美元，除了包括导弹防御局、太空发展局、国防高级研究计划局以及各军事部门的传统导弹防御工作、与战略预警相关的活动外，也包括在导弹发射前进行打击（包括高超声速打击和网络攻击）的项目。[②]

美军在大力发展“天基感知拦截层”的同时，还在构建“天基杀伤评估”系统。美国导弹防御局表示，“天基杀伤评估”系统于 2019 年 3 月进行最后一系列演示验证试验后将很快投入使用。[③]该系统旨在确认美国导弹防御系统是否成功拦截并摧毁了弹头，是美国导弹防御系统的重要组成，但多年来美国国防部和导弹防御局鲜少披露“天基杀伤评估”系统相关研发部署进展情况，为“天基杀伤

---

① 美媒给“高超声速武器热”泼冷水：这种武器并非“天下无敌”. 参考军事，2020 年 3 月 12 日.

② 张岸佳. 美战略与国际研究中心分析美国导弹防御与打击预算情况. 国防科技要闻，2020 年 3 月 27 日.

③ 美军“天基杀伤评估”系统将部署太空，用于导弹拦截. 百度新闻，2019 年 3 月 17 日.

评估”系统添加了几分神秘色彩。

相关研究表明，美国导弹防御局“地基中段防御系统”中海基X波段雷达和杀伤器上红外传感器当前仅可识别与真实弹头尺寸、重量有较大差别的气球等简单诱饵，对于类似弹头形状的重型诱饵几乎不具备识别能力，且这些传感器不具备拦截后杀伤评估能力，无法确定是否摧毁了来袭目标，在“地基中段防御系统”进行的几次拦截试验中也出现了与杀伤评估相关的问题。因此，美军提出研制一种杀伤评估系统，以提高导弹防御系统拦截效率，降低拦截成本。早在2014财年《国防授权法案》中，美国国会已要求导弹防御局应为地基中段防御系统提供改进的杀伤评估系统，尽快开发并控制采办风险，最晚在2019年12月31日前使系统具备初始运行能力。现在看来，该系统已到了瓜熟蒂落的阶段。2020年3月，美国国防部宣布，导弹防御局已将“天基杀伤评估”系统的初始版本交付美国北方司令部，标志着美国正将该系统纳入导弹防御系统，开始进入小规模试验阶段。按照计划，导弹防御局将继续完善该系统架构与开展地面试验，以使其2022年具备完全作战能力。①

“天基杀伤评估”系统由22颗“天基杀伤评估”传感器载荷组成，传感器载荷寄宿在商业卫星下一代“铱星”星座上，于2019年1月完成发射入轨。单个传感器载荷重约10千克，由1个高速光谱传感器、1个高速偏振成像传感器和1个高速偏振非成像传感器组成。光谱传感器用于对拦截中的辐射、热和光谱等信息进行成像，偏振传感器用于确定拦截时产生物质（碎片、颗粒、等离子体、气体等）的粒度分布，确定弹头的类型。因此，“天基杀伤评估”系统可用于评估确定是否拦截目标、拦截目标的类型（常规弹头、核

---

① 贾晨阳．美国“天基杀伤评估”系统将于2022年具备作战能力．国防科技要闻，2020年3月26日．

弹头、生化弹头还是诱饵）、是否是正面撞击、目标是否被摧毁等信息。该系统部署后，尽管其不具备拦截前识别真假弹头的能力，但可用于确定导弹防御系统是否拦截了真正的弹头，帮助美军作战指挥官判断是否进行二次拦截或实施战略反击，对于降低导弹防御成本、提高导弹防御效率具有重要意义。

“天基杀伤评估”系统作为美国天基导弹防御传感器未来发展愿景中的重要组成，将与下一代“过顶持续红外”“天基感知层”“精确火力控制跟踪”等系统组成美国未来天基传感器网络，它们将各司其职，成体系地构建天基导弹预警防御网。其中，下一代“过顶持续红外”系统部署在地球同步轨道和高轨道，主要负责弹道导弹助推段预警；“天基感知层”部署在低轨道，企图对高超声速武器进行“从生到死”的跟踪；“天基杀伤评估”系统部署在低轨道，主要进行拦截杀伤效果评估；“精确火力控制跟踪”系统推测部署在低轨道，轨道高度高于“天基感知层”，预计在1500～2000千米，主要用于弹道导弹中段跟踪。总之，这些系统作为美军用于导弹防御的“天基感知拦截层”，将对其形成“助推段拦截、发射前摧毁”等非对称打击能力具有重大意义，也必将对世界战略格局产生重大影响。

三、美军防御性和进攻性太空能力新“硬核”

太空控制可以为己方部队在太空的行动自由提供支撑，必要时击败对手干扰或攻击己方太空系统的努力以及阻止敌方的太空能力。防御性和进攻性能力是实现太空控制的支撑。2019年3月20日，美国Space Daily网站发表文章《太空部队的使命》称，目前低轨道和高轨道上的对抗性挑战日益严重，这可能不可避免地导致严重依赖天基系统的国家安全行动发生重大范式转变。[①]这些行动将由美国太空部队承担。由于美国对其在地球轨道上的宝贵资产仅拥有“和平时期”的防御系统，如果真正的战争在大国之间爆发，那么许多天基资产都无法得到妥善保护。因此，太空部队最重要的任务之一可能是对天基资产的直接和全面保护。这应该涉及一系列非常“激进”的措施，以实现支持防御的航天器与轨道上的其他航天器分离，并提供防御攻击的保护，如新技术和系统的快速推进和部署，创建并保护太空中用于安全资产的“军事”区域，提升检测并跟踪所有潜在威胁物体的准确性和响应性，永久性地积极清除部分威胁性碎片，屏蔽来自直接动能攻击和射频干扰的资产，保持令人“反感”的太空能力。这些建议似乎相当极端，但替代方案可能更为极端。2019年11月6日，美国空军参谋长戴维·戈德芬表示，作为负责大多数军事太空计划的部门，空军很难向立法者和国会委员会工作人员解释为什么需要更多的投资，因为这涉及很多机密项目。戈德芬说，空军计划在未来五年内增加90亿美元的资金，用于“防御性和进攻性太空能力”；空军在整个太空计划中进行了“改变游戏规则”的投资，以减少美国卫星面临的风险，但这些努力也属于机密。[②]那么，其所谓的机密性“防御性和进攻性太空能力”是什么呢？我们不妨试着从有关报道中“一叶知秋”。

（一）防御有先手：“机动卫星”与“卫星保镖”

太空攻防能力，即为获得、保持太空战场控制权，以各类空间卫星为主要对象实施进攻性和防御性军事行动的能力。其中，防御

---

① A Mission for the Space Force. *Space Daily*, Mar. 20, 2019.

② Defense intelligence chief paints bleak picture of the space battlefield. *Space News*, Nov. 9, 2019.

性太空能力可以理解为力图阻止敌方攻击已方的太空系统，在敌方攻击时保护已方太空系统，在已方太空系统受到攻击后，尽快恢复它们损失的能力。[①]目前，美军正在增强太空系统自身的抗干扰能力和生存能力，加快卫星的升级换代，发展重构技术和建立太空的弹性结构。除此之外，还在探索一些所谓的“巧招”，改进防御战术、技术等手段，以实现通过外围手段增强保卫太空系统的能力，图谋太空防御有“先手”。

1. “机动卫星”：主动躲避威胁

2019 年 2 月，美国国防情报局在《太空安全挑战》报告中称，中国和俄罗斯正在开发太空激光和其他武器，而俄罗斯最有可能开发出能够干扰、降级或损坏美方卫星及其传感器的太空激光武器。这些新出现的威胁要求未来美国的卫星必须具备更快捷更灵活的机动能力，一旦在太空中开战，美国卫星将不得不迅速移动躲避攻击。对此，美国空军官员表示，美国国防部正在努力赋予太空系统更多的灵活性和机动性，创建能够规避导弹甚至太空武器的卫星系统，寻求使其太空任务系统具备自我防御能力，能够独立遂行作战任务。[②][③]简言之，打得过就打，打不过就跑。美国空军太空司令部事业战略与架构处负责人迈克尔 · 迪基 2019 年 2 月 22 日也表示，必须使美国空军的卫星系统有机会进行自卫防御并参与战斗，美国空军已经开始了改革。他说：“不难想象，如果有人向你射击，你可能会想到要从弹药的轨迹线上避开，同样，使我们的太空系统具有一定的灵活性就变得非常重要。机动性需要燃料和推进器以及所有一

---

① 黄志澄．美军太空作战能力的建设及其经验教训（上）．空天大视野，2019 年 5 月 6 日．

② 张羽丰，张明月．为应对中俄太空激光武器挑战，美国建立规避威胁的卫星星座．国防科技要闻，2019 年 3 月 7 日．

③ 美军积极筹划太空作战，研发“机动卫星”．网易，2019 年 2 月 27 日．

切要素。你将在下一轮现代化进程中开始看到这一点。”迪基表示，美国空军还在研究多项其他措施以提高卫星自我防御能力。

分析认为，卫星避免被攻击的关键：一是卫星具有离开“可预测轨道”的能力，包括地球同步轨道和近地轨道。美国空军太空与导弹系统中心项目组合架构师罗素·蒂汉曾对此表示：“我们正在该领域开展大量工作，正在寻求将卫星从高轨道转移至低轨道，并提供全时的情报、监视、侦察能力。”二是从卫星上获取更好的态势感知数据，并快速与更多平台共享。蒂汉表示，美国空军需了解是否有人同样监视着作战进展情况，是否有能力使各平台同步作战，同步作战不仅仅是战术和武器平台的同步，还包括传感器和数据流的同步，需形成体系作战。对于上述问题，美国空军正在研究一些特殊的解决方案：一是为卫星装备武器以抵御来袭的导弹或其他敌方武器；二是为卫星安装机械臂以便进行维修，理论上讲卫星也可以使用机械臂来保护其免受过于靠近的敌方太空武器的攻击。

2. “卫星保镖”：保护其他卫星

DARPA 表示，自 2019 年 1 月起，它将进一步评估“地球同步轨道机器人服务”项目，认真考虑使用太空维修机器人作为“保镖”来保护美国关键的卫星，并计划在 2021 年春季发射第一颗太空维修机器人航天器。[①] 2018 年 2 月，时任美国空军部长威尔逊曾表示，像“天基红外系统”这样的大型高价值卫星容易受到电子和动能攻击，而较小的航天器将更具弹性；美国对“天基红外系统”卫星的依赖可能会持续很多年，如果敌方使地球同步轨道上的 4 颗“天基红外系统”卫星丧失功能，那么美国在预警覆盖方面就会出现

---

① 许红英．分析师：DARPA 应考虑利用太空机器人充当卫星保镖．国防科技信息网，2019 年 3 月 5 日．

能力断层；这样的断层将延误美军对一枚核弹是否发射以及它将在何处着陆的评估；目前尚没有达成协议，能够阻止机器人航天器靠近美国卫星，并近距离潜伏；“天基红外系统”卫星面对动能攻击（包括机械臂抓捕和撞击）是脆弱的。对此，DARPA 表示，可以使用太空维修机器人作为“天基红外系统”卫星的保镖，阻挡敌方的攻击或与之搏斗。此外，在应对核攻击的威慑和防御方面，美国还需要保护地球同步轨道上的“先进极高频”卫星等大型高价值目标。同样，如果对手摧毁 4 颗“先进极高频”卫星，将会使北纬 65°至南纬 65°之间的地区完全丧失通信覆盖。因此，“先进极高频”卫星也必须得到保护，“卫星保镖”行业由此兴起。

对于采用“卫星保镖”来保护其他大型高价值航天器而言，DARPA 正尽可能地降低“卫星保镖”的成本，提高其效费比。且为保证 2021 年春季的发射计划，太空维修机器人或直接用作首批“卫星保镖”航天器。不过，DARPA 正在试图设计出一种更便宜的太空维修机器人充当“卫星保镖”。这些“卫星保镖”航天器也可以释放诱饵，迷惑敌方地面直接上升式的反卫星导弹，降低敌方动能反卫星的成功率。可见，所谓保护其他卫星的“卫星保镖”，其实就是部署于大型高价值航天器周围的太空维修机器人航天器，遇到危险时“挺身而出”与敌方航天器搏斗，或释放诱饵迷惑敌方的动能反卫导弹。太空维修机器人航天器虽有一定的进攻性，但此处主要目的是防御，即用于保护其他大型高价值航天器。

（二）进攻有新招：激光武器“搬上天”与“联合打击战斗机”

进攻性太空能力，即力图破坏敌方完成太空军事任务的能力。[①]

---

① 黄志澄．美军太空作战能力的建设及其经验教训（上）．空天大视野，2019 年 5 月 6 日．

从实现途径看，进攻性太空能力常包括软杀伤、硬摧毁两大类，航天电子对抗、天基操控、定向能、动能四小类。其中，通过航天电子对抗、天基操控、定向能三种方式，主要可以实现软杀伤的目的；通过天基操控、定向能、动能三种方式，主要可以实现硬摧毁的目的。

美国较早地发展进攻性太空能力，主要经历了三个阶段：早期研制试验（1962 - 1975 年）、研制机载反卫星导弹（1976 - 1990 年）、研制定向能反卫星武器。目前，其正在发展的进攻性太空能力包括激光反卫星武器（利用激光器使卫星传感器致盲），主要有固定激光反卫星武器和机动激光反卫星武器（舰载、机载），如美国海军的中红外先进化学激光器 20 世纪 90 年代末在一项航天器易损性测试中从 420 千米的距离照射了一颗美国卫星；射频反卫星武器（通过射频发射机向卫星发射突发性的强无线电能量影响卫星正常工作），主要有高功率微波武器和超宽带武器，如美军太空部队已实战部署的反卫星通信系统平台；动能反卫星武器（利用动能杀伤飞行器直接高速碰撞对方在轨目标卫星）等，如美国空军研究的实验型小卫星 XSS - 11 能够以高速机动能力撞击其他卫星，2008 年 2 月美国海军"宙斯盾"舰发射标准 - 3 拦截弹击毁美军低轨卫星 USA - 193。其中，以下三个方面值得关注。

1. 反卫星通信系统：真的只是软杀伤吗

据俄罗斯卫星通讯社 2020 年 3 月 13 日报道，美国太空部队已经开始运行一种可用于拒止敌方卫星传输的改进型陆基卫星通信干扰系统——反卫星通信系统 Block 10.2，表明该系统已获得初始作战能力，可干扰敌方的卫星通信信号，并向作战人员提供快速响应作战支持。该系统于 2004 年首次推出，是一种可移动部署的太空电子战系统，适用于整个冲突范围的远征、可部署、可逆进攻性太空控制效果。该系统项目总监珀迪表示，这对部署的部队和战斗人员的作用不可低估，“反卫星通信系统代表了传统发展方式的终结，未来的升级和增强功能将适应不断发展的战场环境，同时比对手更快更好地向战士提供能力”。

2020 年 1 月 24 日，美国空军继续授予该公司 7200 万美元，以维持太空与导弹系统中心的地面电子战系统产品组合并开发新一代反卫星装置——Meadowlands 系统，预计 2024 年 2 月 29 日完成部署。库里安（Kurian）表示，Meadowlands 系统将与反卫星通信系统 Block 10. 2 一起部署，且可提供比反卫星通信系统 Block 10. 2 更强大的功能。此外，2020 年 2 月，美国空军在一篇新闻报道中还提到另一种太空对抗系统“赏金猎人”项目。报道称，第 17 测试中队对该项目和反卫星通信系统 Block 10. 2 进行了测试，这两个系统都是位于彼得森空军基地的电子战系统，但是关于“赏金猎人”和它的能力没有进一步的描述。美国空军在 2021 财年预算请求中，要求为太空对抗系统的研发提供近 5470 万美元的资金，其中约 5050 万美元用于继续进行反卫星通信系统项目，不到 200 万美元用于升级“赏金猎人”。其余的资金将用于支持发展一种新的和改进的指挥和控制体系结构，用于空间对抗能力提升。①

不过，根据美国太空与导弹系统中心宣布的消息，反卫星通信系统 Block 10. 2 是目前美国太空部队武器库中唯一的进攻系统。相对于 2014 年列装空军的 10. 1 版系统，反通信系统 10. 2 版可以使美军太空部队有更多选择来破坏对手的卫星通信。另据俄罗斯《今日经济》网站 2020 年 4 月 18 日报道，彭博社称美军太空部队计划在 2027 年前采购 48 套反卫星通信系统，目前已获得 16 套这样的反卫

① 瞭望者．美国正在建设地面进攻性武器网络，以干扰敌国卫星．星瞭望，2020 年 4 月 21 日．

星装置，称这些装置将在发生冲突时用于干扰俄罗斯等国的通信卫星。该报道还援引美军太空部队装备研发采购部门斯蒂芬·布罗根的话说，这些装置将部署在地面，用于在冲突早期阶段暂时消除对手通信卫星的工作能力。[①]反卫星通信系统 Block 10.2 的主要生产商 L3 哈里斯公司太空控制部门总经理帕雷列韦尔·库里安（Praveen Kurian）也表示，该系统不会永久损坏目标，它只是可逆地干扰通信。表面看来，这一系统只会通过电磁波暂时干扰敌方卫星通信，属于“软杀伤”，其引发的后果要小于能够对敌方太空资产造成“硬杀伤”的武器，如天基武器、动能打击武器等。但问题在于，反卫星通信系统真的只是“软杀伤”吗?

对此，即使是短暂的卫星通信干扰，也可能会严重影响被干扰方进出太空、利用太空等重大任务的顺利进行甚至失败。从这个意义上看，该类系统或就不能仅仅认为是“软杀伤”了，而是属于典型的“直接攻击”，只是因为这种方式往往难以溯源暴露“罪魁祸首”，从而被“青睐”于“有机可乘”。反卫星通信系统 Block 10.2 干扰频段扩展至毫米波 Ka 波段，能攻击具备抗干扰能力的通信卫星，可形成对地基卫星通信链路干扰实战能力。[②] 2020 年 4 月 9 日《解放军报》刊发文章指出，电磁干扰手段成本低，技术门槛也不高，不仅像美国这样的太空强国可轻易拥有，对其他一些国家甚至地方组织来说也并非遥不可及。因此，美国运行这一新的进攻性武器系统很可能会对其他各方产生示范效应，不但会加速类似武器的出现，还会让拥有方在遇到冲突时抢先使用。由于进攻方获益会远远大于付出的成本，在可能的太空冲突中，“先下手为强”的理念将促使冲突方更倾向于率先发动攻击。也就是说，这类攻击卫星的武

---

① 美军将购 48 套反卫星武器，俄专家：此举违反太空条约．参考军事，2020 年 4 月 20 日．

② 彬哥．美国军事航天的发展动向及其影响．航天战略新引擎，2020 年 4 月 22 日．

器投入使用很可能严重破坏太空的和平与战略稳定，值得人们高度警惕。[1]俄罗斯普列汉诺夫经济大学政治与社会学教研室副教授亚历山大·佩连吉耶夫也表示，美国针对俄罗斯采购卫星干扰装置的做法违背有关和平开发太空的国际条约。[2]

2. 太空激光武器：反导打地反卫一体化

2019 年 3 月，美国国防部透露，美军正在积极研制新一代轨道中性粒子束武器，未来将作为美军天基反导系统的关键力量，这也是全球首款计划部署在太空的激光粒子束武器。[3]美国国防部对此十分重视，拨出巨额资金进行技术攻关，并在近期展开了一系列测试，通过部署在近地轨道的激光武器，向位于南太平洋的无人岛发射了定向能粒子束，瞬间精确命中了目标。俄罗斯军事专家认为，该武器如果成熟的话，其威慑力堪比核武器。据悉，按照美军的计划，这种太空激光武器预计在 2023 年正式投入使用，美国国防部在 2020 财年国防预算中已为此申请 3. 04 亿美元。在此之前，美军对类似武器系统的研发已经持续了数十年，但近年来随着新科技的不断突破，冷战时期看似无法实现的技术已经成为了现实，这使得这种天基激光武器再次成为美军的发展方向，并在近年获得了突破性的进展。

实战时，部署在太空的激光发射器将发射充满能量的无电荷氢原子，推动电子束接近光速，能够精确摧毁刚刚发射的洲际导弹，使其在发射国本国境内坠毁。这种中性粒子束不会直接烧穿导弹的金属外壳，而是直接穿透弹头释放能量摧毁导弹。可想而知，类似的天基反导系统一旦投入使用，无疑将使得目前的世界核平衡遭到

---

① 兰顺正．警惕美太空军进攻性武器．解放军报，2020 年 4 月 9 日．

② 美军将购 48 套反卫星武器，俄专家：此举违反太空条约．参考军事，2020 年 4 月 20 日．

③ 全球首款太空激光武器诞生，可瞬时击落洲际导弹，俄呼吁立即销毁．搜狐网，2019 年 3 月 18 日．

严重破坏。不过，军事专家同时表示，这种激光武器依然存在一定的缺陷，就是激光束在穿越大气层时的损耗问题，这意味着要么大幅度增强发射器的功率，要么只能在非常理想的环境下才能发射。然而，五角大楼对此并不担心，表示在未来几年内类似的问题将得到解决。

对此，世界其他主要核大国都在呼吁制定禁止外层空间部署武器的国际条约，据悉美国方面曾多次否决了类似的草案，理由是天基定向能武器不属于“大规模杀伤性武器”，纯属是“防御性系统”，因此不应受到任何限制。对此，更值得关注的是，激光武器“搬上天”不只可用来反导打地，更可作为天基激光反卫星武器用来反卫，因为太空真空环境不会遇到大气层损耗问题。这样，美国方面所谓的天基定向能武器还能说是纯属“防御性系统”吗？实则是寓反卫于反导，瞄准反导打地反卫一体化。

3. 太空作战新策略：“联合打击战斗机”

2019 年 7 月 10 日，前“F－35”联合计划办公室负责人、退役空军少将克里斯·波格丹说，五角大楼官员在制定太空作战策略时应该考虑“联合打击战斗机”，因为没有任何武器或系统的设计应满足的目的只有一个。波格丹表示，太空系统不应是封闭的、专用的，建设这种系统成本高、周期长；当态势发生变化时，将会受到这种专用系统的束缚；随着威胁不断发展，太空传感器和技术也应不断发展。波格丹说，像“F－35”一样，未来的国家安全太空系统需要能够执行多个任务，必须具有易升级的软件；否则，“你将花费大量的金钱和大量的时间来追赶”。因此，他提出，当建造天基网络和卫星时，需要摆脱这些单一目的、独特的、非常昂贵的、精巧的卫星，而要尝试在太空中建造多任务适应性强的系统。也许它们是软件可编程的，也许它们具有不同的有效载荷，可以在不同的时间打开和关闭它们，也许它们具有内置的网络功能；从一开始，多角色、多任务的平台真的非常重要，因为再也负担不起单匹“小马”了。

他说，太空司令部司令雷蒙德等告诉他，太空需要一个由大量可用数据创建的整体态势画面，而目前太空领域还没有实现。“F－35”的优势在于，你可以将“F－35”产生的图像与空中作战中心以及在空域飞行的其他飞机等平台所拥有的更大战场态势联系起来。“我们必须认识到，在太空领域，我们将必需能够做同样的事情。”他说，五角大楼和其他机构有许多分散的系统，可以追踪不同的卫星和碎片，但他们没有融合所有这些信息，无法为指挥官提供可视化的信息。国家太空防御中心正在实施一项计划，以通过开放式架构、数据融合，实现命令和控制可视化、多域命令和控制集成化，以便太空作战人员可以像陆地、空中、海上作战人员一样操作、行动和作出反应。

波格丹认为，通过使用信息的力量和数据的力量，太空的进攻和防御能力将得到增强。商业航天将成为解决方案的一部分，但太空防卫系统的设计必须与商业技术兼容，为此，必须弄清楚如何共享信息，而又不给信息增加负担……国防部必须确保任何共享数据的连接。他说：“如果你适当地构建网络，并使用机器学习和人工智能之类的东西来提升这些网络的适应性和可恢复性，那么对手想将整个系统淘汰将极其困难。这是一个优势。所有这些最终将成为未来系统的共同特征，我们正在投资开放架构、人工智能、机器学习、数据可视化。”①

分析认为，波格丹所谓的太空作战策略“联合打击战斗机”，首先是一种理念的变革，即将太空视为作战域，那么太空战场中的作

① 博兹·艾伦·汉密尔顿（Booz Allen Hamilton）追求军事太空计划的增长. *Space News*, 2019年7月10日.

战单元——卫星之间首先应该联合和协同作战运用，就像陆、海、空战场上的作战单元一样。其次，卫星要成为“联合打击战斗机”，必需借助信息的力量和数据的力量，必需利用人工智能、机器学习、数据可视化等先进技术，实现星与星之间、星与其他域内作战单元之间数据共享融合与智能自主行动。例如，美国国防创新部正为美国陆军全域行动寻求的原型卫星终端，即是为了将来自多个 ISR 卫星的情报数据快速和自主地融合到战场指挥官的共同作战情况中，直接为远程精确打击网络提供目标数据，减少传感器到射手的等待时间。[①]美国空军也正在与雷声公司合作开发一种原型系统——未来作战弹性地面演化任务数据处理应用程序框架，以处理不断发展的海量卫星数据，为战斗人员以及最终的民事应用第一响应者和研究人员生成警告、感知和情报信息。[②]最后，“一星多能”将成为与弹性体系或理念（卫星能力分散化）相对应的又一趋势，多角色、多任务的强适应性卫星也将成为太空这一“作战域”的主力“战士”，如果太空战来临的话，它们也将在太空战场中“自主”决策与行动，共同为全域作战提供重要支撑。否则，将难以适应未来智能化信息化战争中“秒杀”这一典型特征的趋势与要求。

“联合打击战斗机”的太空作战策略，也是美国太空部队积极融入未来全新战争样式“全域作战”理念的体现。2020 年 3 月 5 日，美国空军参谋长戴维·戈德芬签署了一份新的声明，旨在塑造联合全域作战详细概念，以变革美国空军的思维方式和行动方式。该声明称，由于美国对手的能力和策略有所提高，有必要进行联合全域作战行动，以应对未来的全球性、全域性冲突。联合全域作战行动，

---

① THERESA HITCHENS. 美国国防创新部为美国陆军全域行动寻求原型卫星终端. 圣斯沃茨，2020 年 3 月 20 日.

② 网络小子. 美国空军正在开发 FORGE 系统管理海量卫星数据. 网电空间战，2020 年 3 月 31 日.

即由空中、陆地、海洋、网络空间和太空领域以及电磁频谱组成，以获取持续优势和完成任务所需的速度和规模同步行动，在所有领域实现作战效果的融合。①同一天，美国空军柯蒂斯·李梅在条令制定和教育中心发布《空军条令说明 1－20 美国空军在联合全域作战中的作用》，首次将联合全域作战和联合全域指挥控制写入空军条令，标志着美国空军在联合全域作战/联合全域指挥控制发展上进入了新的阶段。可预见，伴随着全域作战逐渐成为美军重要作战理念和样式，美国太空部队必然通过有效实现海量卫星数据的高效管理与共享运用，以支撑美国太空军事力量智能自主地深度融入全域作战。美国空军也计划 2020 年举行由空军、太空部队以及其他各军种共同参与的全域作战演习，对卫星开展模拟攻击演练。美国国家侦察局也表示希望将其侦察卫星数据纳入联合全域指挥与控制系统（JADC2），以将侦察卫星情报直接传输给前线作战人员。美国国防部也要求各军种关注太空发展局正在开发的数据传输卫星，未来通过这些卫星将各自指挥控制系统网络接入 JADC2 架构，以进行全域作战，各军种为此也已分别展开工作。②可见，由于太空力量运用的融合性支撑性等特点，美军太空战演习将愈发会成为多军种、多领域，政、军、民、商、盟共同参与的重要演习活动，太空力量也必将成为有效遂行全域作战的重中之重。

（三）攻防多面手：天基操控试验暴露太空战潜力

天基操控包括在轨服务、空间碎片清理、在轨维修与抓捕等相

---

① 小小曲老师．美空军发布联合全域作战－JADO 概念，有望成为未来作战新样式！曲老师的课堂，2020 年 3 月 23 日．

② 焦丛．美国防部长要求太空发展局连接各军种指挥控制网络．电科防务，2020 年 5 月 7 日．

关技术，主要目的包括延长航天器寿命、解决航天器在轨故障、移除空间碎片、清理废弃卫星等。但近年来美军持续推进的十余项天基操控（或称在轨服务）技术试验计划，如试验航天器、自主交会技术、微卫星技术、深度撞击、智能卵石、轨道快车、复元太空机器人、凤凰计划、地球同步轨道机器人服务、X－37B等，在推进太空机动交会、天基动能、在轨维护、天地往返等技术进步的同时，也暴露了其既可用于进攻性太空能力，又可用于防御性太空能力。通过上述试验掌握相关核心技术后，战时这些技术可迅速转化成为太空战力。例如，之前提到的DARPA"地球同步轨道机器人服务"项目用于防御性太空能力时，是作为"保镖"来保护大型高价值卫星，其实太空维修机器人兼具进攻和防御"多面手"的功能，也可作为进攻性太空能力。同样，美国也在计划发展军用空间站，以实现"一站多能"的目的，之中不乏"攻防兼备"之军事目的。

1. 太空维修机器人的"另一面"

作为美国国防部负责研发用于军事用途高新科技的部门，DARPA一直在呼吁工程师和科学家研制能够在太空对卫星进行远程维修的机器人，希望能够在5年内研制出先进的太空维修机器人"工程师"，并将它们送入太空。[①]当卫星发生故障时，如果"工程师"能够造访卫星，或很容易就能排除故障。如果做不到，只能眼睁睁看着卫星走向死亡。在"地球同步卫星机器人服务"项目的帮助下，这一情况可能发生改变。按照DARPA的短期愿景，太空维修机器人可以重复使用并且是个多面手，能够执行一系列太空任务。DARPA呼吁打造商业化运作的太空维修机器人，这意味着机器人可能由民营企业掌控。对于民营企业而言，这种太空维修机器人的重要意义

① 美国正在加紧研制可在轨道维修卫星的太空机器人．空天大视野，2019年5月4日．

要超过以往。为了降低因损坏或失灵导致的重复发射新卫星的成本，企业可能将目光投向太空维修机器人。除了维修发生故障的卫星，太空维修机器人还能减少太空垃圾。那么，它怎么来维修故障卫星或减少太空垃圾呢？我们不妨通过下面的例子一探端倪。

DARPA 计划在 2019 年底前公布其“机器人维修有效载荷系统”项目的新合作伙伴，并计划在 2022 年将一艘航天器送入太空对这一系统进行测试。[①]报道称，该项目旨在研发一艘地球静止轨道航天器，其有效载荷包括两个 2 米长的机械臂和其他工具，使其能够在地球静止轨道上执行维护卫星等工作，如检查、轨道调整、检测异常和自足式有效载荷的安装等。这套系统还将装备多部摄像机，以能够检查其他卫星，帮助地面操作人员诊断卫星问题并进行在轨维修，必要时也可以使用其机械臂捕获卫星并将其移动到新轨道。DARPA 期望这套系统能够多次使用其机械臂在现有卫星上安装新的有效载荷，从而取代旧设备，并在未来几年内扩大其任务。这意味着这套系统的军事应用前景广阔。目前，尚不清楚“机器人维修有效载荷系统”项目与“地球同步卫星机器人服务”项目是否为同一项目，但其均是为了尽快研发出太空维修机器人这一“多面手”。

2020 年 2 月 25 日，美国诺斯罗普·格鲁曼公司的“任务延长飞行器一号”（MEV - 1）成功将机械臂插进了国际通信卫星 901 的发动机喷管，实现对接。至 4 月 2 日，MEV - 1 接管 901 卫星的姿态和轨道控制，把它从墓地轨道重新带回到地球静止轨道，之后，901 卫星重新开始向国际通信卫星公司客户提供服务。据有关报道，这一项目看似很好，但其效费比非常低且并无太大的必要性，对这一项目最感兴趣的用户不是卫星公司也不是美国宇航局，而是美国军

---

① 美国正研发新型太空维修机器人，可直接捕获卫星．新浪国际军情，2019 年 10 月 6 日．

方。[①] 那么，美国军方到底想利用这类机器人做什么，就非常值得揣摩了。比如，他们会不会打算用太空维修机器人强行对接他方的卫星，然后加以劫持，反正 901 卫星和其他卫星一样，都属于“非合作目标”，能“抓”901 卫星，也就能“抓”其他卫星了。这正是非常值得警惕的地方，MEV－1 既可以为目标卫星续命，也可以要目标卫星的命，其实际是一个多功能太空平台。因此，这是一把“双刃剑”，天使还是魔鬼？人心使然。

2. 空间站将被军事化吗

2019 年 7 月，美国国防部称，计划 2 年内在太空中创建一个可自主飞行、模块化、可扩展的“轨道前哨”基地，以用作试验军方太空项目的一个中心，用于太空装配、微重力实验、在轨制造、训练、测试与评估、容纳载荷和其他功能等，外媒称之为“星际迷航式”军用空间站。[②]按照美国国防部发布的信息征询书，“轨道前哨”的最低配置是：容积 1 立方米，载荷 80 千克，持续供电系统功率 1 千瓦，通信速率 100 千比特/秒，气压 0～101 千帕之间可调。

“轨道前哨”将具备以下能力：利用机械手和标准化接口实施在轨装配；与其他模块化“轨道前哨”临时或永久连接；自维护或重新配置；载人或无人运行；进行轨道转移；以及其他与国家安全相关的功能。美国国防部国防实验创新小组在一份建议书中阐述了它的要求，称可能最终会让军事人员登上这个空间站。该小组表示，希望“轨道前哨”空间站实现的未来能力包括同其他基地相连接、轨道转移，甚至可安全承载人类活动，这也将是美国首度以军事计划的形式，赋予空间站“特殊”的职能。

---

① 美国在太空成功挽救报废卫星，但暴露了一个危险信息．新浪军事，2020 年 2 月 29 日．

② 美军拟建“星际迷航式”军用空间站：最终或派驻军人．参考军事，2019 年 7 月 5 日．

有报道称，到 2023 年，西方国家唯一的国际空间站将要坠毁，美国此时宣布将发射新的太空计划也是别有用心，有不甘落后的意思。美国此次“轨道前哨”空间站计划的提出，将和其成立太空部队遥相呼应。[①]随着人类太空活动日益复杂，尤其是爆发太空冲突的可能性不断增强，军用空间站可能发展为多功能军用平台，成为太空中移动的军事基地（堡垒），甚至直接参与攻防对抗行动。[②]果不其然，美国国家航空航天局宣布，1 月 29 日从国际空间站将美国空军空间试验计划 4 号卫星（STPSat -4）送入太空。该卫星于 2019 年 11 月由“天鹅座”货运飞船送到国际空间站上，卫星上除载有空间天气监测传感器、太阳能电池、天线外，还载有用于跟踪卫星和恒星的传感器。可见，美军“一星多能”的强适应性卫星、功能分散化弹性体系卫星以及在轨空间站“寄存卫星”等正并行发展。

3. 小行星防御演习暴露了什么

2019 年 5 月初，在美国第六届行星防御会议上举行了小行星防御演习。NASA 喷气推进实验室虚构了一颗可能在 2027 年 4 月 29 日撞击地球的小行星（代号 2019PDC），由来自 NASA、美国联邦应急管理局、欧洲航天局等机构的专家团队负责迎战小行星，以拯救人类。[③]最后的结果是，虽然人类采用动能撞击法将 2019PDC 撞碎，但一块直径 60 米左右的碎块仍在飞向地球，将其“核爆”摧毁的应急方案则无法执行，专家团队只好进行“B 计划”，着手评估撞击结果，制定疏散方案。分析认为，上述事件中小行星主动防御技术存在空天战争潜力。表面看来，小行星主动防御涉及天文和防灾等领

---

① 不甘落后！五角大楼新动作：成立太空部队！拟建军用空间站．搜狐网，2019 年 7 月 8 日．

② 刘海印．美国防部欲建造军用“轨道前哨”航天器．星际智汇，2019 年 7 月 12 日．

③ 美国举行小行星防御演习，背后隐藏太空作战考量．搜狐网，2019 年 5 月 11 日．

域，但其与空天战争有很多相通之处，防御小行星撞击地球与防御他方非合作太空目标并无太多本质差别，如果能够对跨越上亿千米以外的小行星进行发现、追踪、监视，并发射航天器抵近、绕飞、撞击、着陆、采样、返回乃至推离和摧毁，那么同样的手段更加可应用到距离更近的人造卫星或其他航天器上。因此，小行星主动防御具备太空军事应用潜力。

实际上，美国早已在开展相关试验研究。2005 年 1 月 13 日，美国成功发射彗星探测飞船“深度撞击号”，经过 4. 31 亿千米的长途跋涉，探测器飞抵“坦普尔 1 号”彗星。2005 年 7 月 4 日，探测器本体释放出一颗 372 千克级的撞击器，以 3. 7 万千米/小时的速度撞击彗星的彗核，其威力相当于 4. 5 吨 TNT 烈性炸药的爆炸威力，将彗核表面撞出一个数十米深、足球场大小的环形坑。“深度撞击”计划正是美国持续推进的十余项天基操控技术试验计划之一。无独有偶，在日本的“隼鸟”计划中，“隼鸟 1 号”探测器于 2005 年 10 月到达近地小行星丝川（1998 号 SF36）后，将一枚质量为 5 克的金属“子弹”以 300 米/秒的速度射向小行星表面，使表面飞溅的碎片被吸入到采样装置中。后续探测器“隼鸟 2 号”于 2019 年 2 月 22 日 8 时左右在小行星“龙宫”表面着陆，并在不久之后暴力轰炸了“龙宫”，发射 2. 5 千克撞击器在距地 3. 2 亿千米、直径 900 米的“龙宫”小行星上炸出深层物质。这些太空探索试验背后隐藏的“多面手”功能，不可小觑。

（四）X－37B：依然神秘的空天飞机

2019 年 6 月，荷兰太空观察人士、卫星追踪者拉尔夫·范德贝赫罕见地观察到美国空军秘密的 X－37B 空天飞机。范德贝赫说，几个月来他一直在寻找 X－37B，最终在 5 月成功找到了，但拍到它的照片花了较长时间。范德贝赫解释说："当我6月中旬试图再次观察它时，它并没有按照预期的时间和路径移动。事实证明，它已经移动到了另一个轨道上。多亏了业余卫星观察员网络，我很快又在新轨道上发现了它，因而得以在6月30日和7月2日拍下一些图像。"X-37B再度成为人们讨论的热点，这次不是因为范德贝赫拍到了X-37B轨道飞行图像，而是因为这次拍摄直接证明了X-37B较强的轨道机动能力，进而再次引起人们热议X-37B的特殊功能以及所执行任务的神秘性。

1. X-37B的强变轨能力使其难以被追踪

2019年7月19日，离任美国空军部长威尔逊在阿斯彭安全论坛上谈到太空态势感知和威慑时表示，X-37B看起来像缩小版的航天飞机，但它是无人驾驶的；X-37B"很有意思"，因为它可以沿一个形似鸡蛋的轨道飞行，并且当它靠近地球时，它离大气层足够近，可以原地转向。[①②]威尔逊扬言，X-37B非同寻常的机动能力将会"让敌人发疯"。她说："这会发生在远离我们对手的地球一侧，这意味着我们的对手不知道它接下来会突然出现在哪里。我知道这会让他们抓狂。我为这一点感到非常高兴。"

哈佛-史密森天体物理学中心天文学家和天体物理学家乔纳森·麦克道尔说，威尔逊的言论或能让人们对"先前保密的X-37B轨道相关能力"有所了解。麦克道尔说，X-37B的轨道机动能力很可能能够摆脱对手，哪怕只是在一段短暂的时间内；有时候，这足以摆脱太空侦察者，尤其是已在寻找这款飞行器的对手。安全世界

---

① 连续太空飞行近2年，美军X-37B空天飞机长期执行秘密任务．参考消息网，2019年7月26日．

② 美军"太空战机"飞行两年后返回，曾秘密发射多颗卫星．中国卫星导航定位应用管理中心，2019年10月29日．

基金会国家和国际太空安全项目策划负责人布赖恩·威登说：“X－37B的飞行高度确实比其他几乎所有有源卫星都低，大气阻力肯定很大。所以，威尔逊关于利用这种更大的阻力和它异乎寻常的形状来改变自身轨道的说法可信。”但威登也表示：“我认为，这会让人们对X－37B的使命产生更多误解，并可能让国际社会更加担心它是某种武器平台。我认为此举违背美国的利益，因为在美国试图指出俄罗斯和中国在太空的异常行为并推动关于太空行为准则的讨论时，这会给美国制造更多的外交问题。”他说：“这让俄罗斯和中国又多了一个有关美国如何令太空武器化的话题，即使这并非事实。”

2. X－37B执行情报间谍卫星任务

安全世界基金会认为，X－37B被用作在轨传感器平台和技术测试平台。X－37B可能在为下一代间谍卫星测试技术，以便必要时将这些卫星送回地球进行调整，或者自身充当一颗间谍卫星。

美国《大众机械》月刊网站2019年8月26日报道称，X－37B再次打破此前自己创下的纪录，其已连续在轨飞行716天，而且还在继续。报道指出，这是X－37B的第5次任务，任务代号“OTV－5”，也是迄今为止时间最长的一次，超过了之前在轨飞行的天数①。X－37B此次在近地轨道执行秘密任务，可能涉及为未来的军用航天器测试新技术。实际上，X－37B可承担侦察、导航、控制、红外探测等任务，并且在完成任务后可自动返回地面。2019年10月27日，X－37B返回地球，“OTV－5”太空任务完成，在轨历时780天。

虽然该计划的任务细节很少，但分析认为，X－37B任务由美国

---

① OTV－1于2010年4月发射，在轨224天后于当年12月返回地球。OTV－2于2011年3月发射，在轨468天后于2012年6月返回地球。OTV－3于2012年12月发射，在轨675天后于2014年10月返回地球。OTV－4于2015年5月发射，在轨近718天后于2017年5月返回地球。OTV－5于2017年9月7日发射，在轨780天后于2019年10月27日返回地球。

空军快速反应能力办公室主持，由位于科罗拉多州施里弗空军基地的第 3 太空实验中队负责。而该中队是美国空军太空司令部负责太空示范、探索和实验测试、收集地球上空目标信息以及执行其他情报收集任务的主要组织。因此，可以推测，X－37B 可能因为与施里弗空军基地的关系而被用于情报收集目的，以太空威慑和收集太空物体的情报而闻名。①

3. X－37B **可用作小型"航天母舰"**

长期以来，人们经常猜测 X－37B 可两小时内到达地球任意地点，可在轨遂行侦察、通信、抓捕、操控以及直接作为武器平台遂行天对地高超声速快速打击等任务，而这次"OTV－5"任务后，X－37B用作小卫星或武器载荷的"航天母舰"得到了证实。美国空军专业的太空追踪网站星表披露，X－37B 曾向太空释放了 3 颗用途不明的卫星，这3 颗卫星被正式命名为USA－295、USA－296、USA－297，国际标号为 2017－052C、2017－052D、2017－052E。②美国空军快速反应能力办公室主任兰德尔·瓦尔登表示："今天降落后，意味着 X－37B 成功完成最长时间太空飞行，并完成所有指定的任务。"他补充道："执行任务期间，成功完成了美国空军研究实验室的实验，并发射了多颗小型卫星。"

尽管 X－37B 属于低轨道航天器，其直接的太空作战能力有限，但有专家认为，X－37B 除可搭载与释放卫星外，还可搭载导弹、激光发射器等先进武器实施远程精确打击，其作战潜力不可低估。马歇尔研究所专家斯特纳说："只要有弹药，你就可以把它们塞进去。"

---

① US Air Force's Secret X－37B Space Plane Flies Past Mission's 500－Day Mark. Sputnik News, Jul. 10, 2019.

② 用途不明：美国 X－37B 空天飞机秘密释放 3 颗卫星．凤凰网军事频道，2020 年 2 月 12 日．

根据美国空军消息，X－37B 的下一次任务时间已提上日程，计划于 2020 年 5 月 16 日从卡纳维拉尔角再次发射，进行该飞行器的第六次任务（OTV－6）。美国空军部长巴雷特在由美国航天基金会主办的一场线上活动上表示，“OTV－6”任务携带的实验设备将比任何一次都多。美国空军快速能力办公室主任沃尔登称，“OTV－6”任务中将首次采用一个服务舱来装纳更多的实验设备。其中一件实验性有效载荷即是由美国空军学院研制并由空军研究实验室提供经费的一颗小卫星“猎鹰星－8”。① 可见，X－37B“块头小肚子大”，可以作为弹药或小型卫星的“母星”，即小型“航天母舰”。

4. X－37B 联手战机打造战场“好搭档”

2019 年 11 月 6 日，在美国空军协会举办的早餐会上，美国空军参谋长戴维·戈德芬表示，希望空军能探索一种新方案，将 X－37B 与战斗机联系起来。虽然尚不清楚这位参谋长的详细规划，但据猜测 X－37B 或将作为一个传感器平台跟踪下方的目标，也有可能会作为相距很远的 F－22 和 F－35 战机之间的安全通信节点。②美国空军首席设计师普雷斯顿·邓拉普（Preston Dunlap）对此表示，X－37B 与其他隐形飞机之间的通信将使空军能够看到“太空、空中、陆地表面和网络的图像”。③这表明，X－37B 或成为美国空军太空平台与空中平台协同遂行联合作战的“先行者”，太空力量与空中力量之间的关系不再仅仅是太空支撑空中的关系，而是两者联合行动的关系，这也许也代表了一种新的联合作战理念的诞生，与上述太空“联合打击战斗机”一脉相承。

---

① 再度上天的 X－37B 将载军方和 NASA 实验设备．航小宇，2020 年 5 月 7 日．

② 综保科技．太空飞机联手战机打造战场“好搭档”．美军事进行时，2019 年 11 月 13 日．

③ F－35 to Space? US Air Force looks to connect stealth fighters to X－37B Spacecraft. Sputnik News, Feb. 1, 2019.

（五）天基互联网：全域作战成功的关键

近年来，SpaceX、铱星等公司积极部署互联网星座卫星，全球互联网星座开始进入大规模部署阶段，天基互联网即将在军事、通信、互联网等领域显现巨大价值。其中，天基互联网作为全域作战成功的关键，日益受到美军的高度关注。美国空军正在为军方未来使用低轨太空互联网宽带服务做出部署，2018 年 12 月，即授予 SpaceX 一份价值 2870 万美元的合同，在未来三年内测试军方使用其宽带服务的多种不同方式。截止到目前，美国空军在“利用商业太空互联网进行国防试验”计划下与业内低轨互联网宽带公司签订的合同中，SpaceX 获得的合同份额最大，铱星公司则获得了 250 万美元的合同。随着其他星座的建设，其还将授出更多合同。特别是目前全域作战正成为美军新的战争方式，这是一种计算机协调的，跨越陆地、海洋、空中、太空和网络空间的战斗的愿景，其力量从卫星到步兵再到潜艇都以机器对机器的速度共享战斗数据。[①]可以预见，这种新的战斗愿景，必然以全球高速的数据传输网络为支撑，届时天基互联网不可或缺。

1. “星链”42000 颗互联网卫星一骑绝尘

“星链”计划，即 SpaceX 公司最初计划 2019 ~ 2024 年在太空搭建由约 12000 颗卫星组成的“星链”互联网。2019 年 4 月，美国联邦通信委员会批准 SpaceX 公司的申请，“星链”计划将在 550 千米轨道高度运行 1600 颗卫星，在 335 ~ 346 千米轨道高度之间运行大约 7500 颗卫星，在 1110 ~ 1325 千米轨道高度之间运行大约 2800 颗

---

① Colin Clark. 新的美国战争方式：全域作战 . 圣斯沃茨，2020 年 2 月 20 日 .

卫星。此外，SpaceX 公司还计划在此基础上再部署多达 30000 颗“星链”卫星。自此，SpaceX 公司计划发射近 42000 颗卫星形成太空互联网的“星链”项目名声大振，成为迄今为止提出的规模最大的星座项目。[①]

2019 年 5 月 23 日，SpaceX 公司利用“猎鹰 -9”运载火箭将第一批 60 颗“星链”卫星发射升空之后，11 月 11 日“猎鹰 -9”火箭再次将第二批 60 颗“星链”卫星发射升空。之后，2020 年 1 月 7 日、1 月 29 日、2 月 17 日、3 月 18 日、4 月 22 日，又如“下饺子般”分别将五批各 60 颗“星链”卫星发射升空，表现出不凡的实力。2020 年 3 月，经过数月的考虑，美国联邦通信委员会最终批准了 SpaceX 公司的申请，准许其建造多达 100 万个地面天线，这些天线将帮助用户与该公司的“星链”卫星网络相连并接收数据，从而提供全球宽带互联网服务。从卫星数量上看，“星链”项目可谓最具野心，不得不说如此庞大的“星链”互联网计划，很大程度上与美方觊觎利用商业公司前所未有、大规模抢占有限的频轨资源有关[②]，同时，其民用与军事应用潜力巨大，可能会直接跨越 5G 互联网、颠覆太空作战以及联合作战理念。预计 2020 年“星链”可向美国和加拿大部分地区提供服务，2021 年可向近乎全球的人口密集地区提供服务。在为其“点赞”和拭目以待的同时，恐怕需要从多个方面思考应对之策了。

---

① YR. SpaceX 为什么这么牛?! 学术 plus，2019 年 10 月 18 日.

② SpaceX“星链”项目一期拟在 550 千米、倾角 53 度的轨道上部署 1584 颗卫星。美国联邦通信委员会（FCC）2018 年批准其在 Ku、Ka 和 V 波段频率上运营近 1.2 万颗“星链”卫星。该公司 2019 年底又向国际电联表示，它可能会申请在低地轨道再增设多达 3 万颗宽带卫星，使“星链”编队卫星总数达到 4.2 万颗。2020 年 4 月 17 日，该公司又向 FCC 提交申请，提出要让更多卫星在低于 FCC 此前批准的轨道上运行。这是该公司 12 个月内第三次提出调整已获批准的星座架构，同时，这是否暴露了其为大规模抢占频轨资源而采取“先上去再说”的策略，尽管看似其尚没有论证清楚。

2. SpaceX 公司为什么这么牛

自 1957 年 10 月 4 日苏联成功发射世界第一颗人造地球卫星“斯普特尼克”号以来，全球共发射卫星 9000 余颗，其中，仍在轨有效运行的卫星、空间站、飞船等航天器共 2000 余颗。相比之下，SpaceX“星链”计划可谓“庞然大物”，且要在很短的时间内完成。这确实令人不得不佩服。

首先，SpaceX 公司实力过硬。“星链”项目的成功离不开背后英雄“猎鹰 -9”火箭的支撑。“猎鹰 -9”火箭拥有轰动业界的“四个第一”，即第一枚完全于 21 世纪开发和设计的火箭、第一枚实现可控陆地和海上垂直着陆回收的火箭、第一枚实现多次重复使用的火箭、首度由私人企业承包国家探索太空的火箭。其中，最值得关注的亮点也许非“第一枚实现多次重复使用的火箭”莫属。“猎鹰”9 火箭可谓 SpaceX 公司的梦想之源，正是有了这一可回收式重复使用中型运载火箭的成功，才支撑起 SpaceX 后续新的狂想曲不断。同时，“星链”卫星已实现流水线生产，日产量可达 7 颗。[①]这表明，火箭的可重复使用以及卫星的批量生产能力，为其低成本高效率把大规模“星链”卫星“公交车式”地送入太空提供了重要支撑。

其次，军方大后台。SpaceX 公司为什么这么牛，可能还离不开美国军方的大力支持，因为其发展成果必然会支撑美军方太空应用。这也是特朗普政府《国家安全战略》《国家太空战略》等明确的战略举措之一。美国的《国家安全战略》提出要整合各航天部门活动，开展国际、公私、军民合作，提升太空竞争力。特朗普第 1 号太空政策指令“重启美国太空探索计划”，再次强调美国将与商业和国际

① Zhangran. SpaceX 第四批星链发射. 国际航天动态，2020 年 1 月 29 日.

伙伴合作。特朗普第 2 号太空政策指令“简化太空商业利用监管”，进一步要求确保美国在商业航天领域的领先地位。美国的《国家太空战略》中更是强调要加强国家安全航天、商业航天、民用航天的合作。由此可以看出，重视商业航天、寄民于军已经上升为美国保持太空优势地位的国家战略。从这个角度再看，SpaceX 公司作为商业航天领头羊，必然与所谓的国家安全航天有必然的联系，也必然会受到美国军方的大力支持。如上所述，2018 年美国空军即已向 SpaceX 公司支持 2870 万美元，以扶持该公司把“星链”卫星的应用场景拓展到军用。2019 财年有 2. 15 亿美元的专项军费拨给商业航天企业寻求高速军用互联网的计划。按目前的合同情况，毫无疑问，美国空军已成为“星链”计划的早期启动用户。[①] 2019 年初，美国太空发展局也明确表示，将从 SpaceX 等实施低地球轨道巨型星座计划的企业采购服务，以提高天基系统的灵活性、抗毁伤能力。对此，SpaceX 必首当其冲。[②]

3. “蜘蛛网”也可作为杀手卫星

值得警惕的是，“星链”作为在地球周边轨道构建的一个由卫星组成的“蜘蛛网”，可以跨过所有的山川和大海、崎岖和坎坷，为全球消费者提供高速互联网接入服务。但是，也有报道称，SpaceX 欲射 4 万余颗卫星覆盖太空，军事用途明显。按照 SpaceX 的设想，低轨道卫星负责通信，高轨道卫星负责监测，明显具有很强烈的军事用途。这些卫星不仅会抢占轨道，还会抢占频率，甚至可以作为杀手卫星使用。[③]

---

① 邢强．警惕 SpaceX 的星链！美军已率先试用，隐身战机编队战力将暴增．小火箭，2019 年 11 月 12 日．

② 艾嘉．SpaceX 公司“星链”计划发展情况及影响分析．航天战略新引擎，2019 年 7 月 19.

③ 马斯克欲射 1 万卫星覆盖太空，军事用途明显．华笺流香科学号，2019 年 7 月 5 日．

再比如，带有离子电推进发动机的“星链”卫星，能够实时接收到来自地面的太空碎片监控情况，必要时能够自主进行最优规避轨道的在轨优化计算并实施变轨，以免被太空碎片击中后自身形成更多碎片而引发太空灾难，那这是否意味着“星链”卫星也具备按最优轨道拦截洲际弹道导弹弹头的能力？必要时，“星链”星座相邻的卫星，可以实施对撞自毁，产生上百个碎片，封锁整条轨道，甚至多星自毁可以布置成太空碎片网，影响某些国家的二次核反击能力……[①]

总之，至于 SpaceX“星链”计划、抢占大中小卫星发射市场甚至 SpaceX 公司本身到底暗藏什么玄机，只有仁者见仁、智者见智了。但不管怎样，面对美军防御性和进攻性太空能力的不断提升，增强危机意识，未雨绸缪、有的放矢、错峰对进，非常需要。

4. “全球闪电”计划与天基互联网联姻

如前所述，实施全域作战，需要在地面、空中、海上、太空和网络空间传感器之间传递大量数据，此时，天基互联网将是全域作战成功的关键。2019 年 12 月，美国空军的“全球闪电”计划准备向商业卫星公司授予两个新的合同，以试验天基互联网服务如何增强全域作战能力。[②③]“全球闪电”即美国空军研究实验室“使用商业航天互联网计划国防实验”项目，它是空军负责采办、技术和后勤的助理部长威尔·罗珀负责的“数字化转型”工程的主要支柱，也是空军参谋长戴维·戈德芬所追求全域作战的重要支撑。罗珀在

---

① 邢强．小火箭对 SpaceX“星链”计划低轨巨型星座的分析．小火箭，2019 年 5 月 24 日．

② “多域作战”构想是美国新军事战略的重要组成之一。美军把“多域作战”理解为在不同领域（陆地、海洋、空中、太空和网络空间）同时实施的作战。为了突破敌人建立的严密防御体系，在保持完全行动自由的条件下不同领域保持深度融合协同，军事能力实现灵活转换、经常性机动。目前，“多域作战”正逐渐转升为“全域作战”。

③ Hey SDA，AFRL Boosts Space – Based Internet Tests. *Breaking Defense*，Dec. 6，2019.

新美国安全中心的一次演讲后告诉记者："我们有一个非常强大的计划——全球闪电，它将商业通信引入到现有平台中。这是非常需要的。"罗珀解释说，该计划与高级战斗管理系统的开发紧密相关。美国空军将高级战斗管理系统视为全域作战联合指挥和控制网络的引擎，旨在将美国国防部所有传感器链接到所有服役的作战单元。

近年来，在"全球闪电"计划的推动下，美国空军研究实验室已开始进行一系列实验，以使作战飞机的终端设备能够与基于商业航天的互联网卫星和地面站链接。这些实验始于2018年12月，以将两个示范版本的SpaceX公司"星链"卫星链接到C-12J运输机、AC-130攻击机、KC-135加油机上。2019年10月，SpaceX表示，美国空军正在测试其"星链"卫星网络的互联网加密服务。高级副总裁蒂姆·休斯说，他们2018年初即已开始为美国空军"全球闪电"计划作测试，借助"星链"系统最初两颗测试卫星，向一架飞行中的C-12型军用运输机所搭载终端发射电波，信号传输速率达每秒610兆比特（是美军战区每秒5兆比特的最低传输速率要求的102倍），足以在一分钟内下载一部电影，且具有进一步拓展应用的潜力。[①] 2020年3月，美国Envistacom公司表示，其建立的新型虚拟化生态系统，可为美军太空部队和其他商业服务商提供技术支持和测试。Envistacom公司负责战略和技术的高级副总裁迈克尔·盖斯特表示："我们很高兴我们的传输虚拟化技术和战略概念与国防部以及我们的商业客户保持一致，我们准备为我们的技术合作伙伴提供真正的弹性链接，为6G陆基和天基网络的融合做好准备。"[②]

---

① "星链"网络接受美军测试，借助卫星向军机发射电波．新华网，2019年10月24日．

② 美国开发出新型传输虚拟化生态系统，为美国太空军提供技术支持与测试．电科小氙，2020年4月14日．

四、美国持续扩大太空军事化“朋友圈”

长期以来，美军一直将寻求与盟友达成太空态势感知数据共享协议等作为其改善太空态势感知和提升太空体系作战能力的重要途径，觊觎通过共享太空态势感知数据以及共建军事航天能力、联合开展太空战推演等方式，与盟友结成军事太空联盟。[①]基于此，美军不但能更广泛地感知对手的太空活动，还可以提高对手与之抗衡的成本，从而慑止对手的攻击意图，提升其太空资产安全性，并为其联合作战提供有力可靠支撑。

（一）美国太空态势感知协议“破百”

美军开展的太空态势感知国际合作主要有三种方式：一是与合作伙伴签署数据共享协议；二是在重点地区部署太空态势感知装备，提升美军对南半球与东半球等重点目标的监视能力；三是与合作伙伴联合开展太空态势感知桌面推演，探讨盟国太空作战中心之间的合作水平与互操作性，改善联合太空态势感知对太空作战的支持能力。

2019 年 2 月 19 日，联合部队太空组成司令部在加利福尼亚州范登堡空军基地举办了一次联合太空行动联盟峰会，来自澳大利亚、加拿大、法国、德国、英国和美国的 120 多名国防人员参会。[②]联盟峰会的主要目标是与联盟伙伴合作，确定并发展将联合太空作战中

---

① 田甜，刘海印．盘点美军太空态势感知数据共享合作．星际智汇，2018 年 12 月 22 日．

② Team Vandenberg Hosts Combined Space Operations Coalition Summit. *Space Daily*, Mar. 3, 2019.

心转变为全面运行能力的方法。与会者还讨论了联盟成员可能扩展到美国太空司令部、未来的多国培训机会、太空传感器整合、太空监视和态势感知合作以及未来太空合作的方向。峰会以桌面推演方式结束，推演重点关注的是多国太空部队的指挥和控制以及抵御共同威胁的能力，并通过指定一名多国太空指挥官指挥联盟行动应对这一威胁。各个国家的代表讨论了他们国家的太空指挥和控制的结构与能力，如何同步多国资源以抵御实际或感知的威胁。联合部队太空组成司令部优先考虑与志同道合的合作伙伴合作，开发具有自适应和可扩展的太空指挥与控制系统，以支撑全球太空联合作战。

在此基础上，美军与合作伙伴签署太空态势感知数据共享协议方面“成果颇丰”。2019 年 4 月初，美日两国政府决定于 2023 年起，将日本和美国太空态势感知系统相连接，实现共享他国卫星和太空垃圾等信息，并拟构筑联合防御机制，以应对他国卫星攻击等威胁。[①]美日外长和防长于 4 月在华盛顿召开的“2 + 2”会议上确认强化在太空领域的相关合作，决定在日本计划发射的准天顶卫星系统上，安装由美国负责操控的太空态势感知监视传感器，以监视中国和俄罗斯军用卫星的运行情况以及可能导致卫星损毁的太空碎片和其他物体。4 月 10 日，美国战略司令部和波兰航天局在第 35 届太空研讨会上签署了太空态势感知服务和数据共享协议，以支持美国和波兰在太空疆域的态势感知合作。波兰航天局称，在波兰建立太空态势感知运行中心将有助于提高波兰和盟军卫星在太空中的安全性。[②] 4 月 26 日，美国战略司令部与罗马尼亚航天局签署第 100 个太空态势感知协议。罗马尼亚是第 20 个国家。此前有澳大利亚、日本、意大利、加拿大、法国、韩国、英国、德国、以色列、西班牙、

---

① 张嘉毅．美日太空联合，加剧太空安全风险．全球技术地图，2019 年 4 月 9 日．

② 田甜．美国与波兰签署太空态势感知服务和数据共享协议．国防科技信息网，2019 年 4 月 20 日．

阿联酋、比利时、挪威、丹麦、巴西、荷兰、泰国、新西兰和波兰；两个政府间组织——欧洲航天局和欧洲气象卫星开发组织；以及78家商业公司已经与美国战略司令部签订太空态势感知数据共享协议。5月10日，美国和卢森堡签署协议，旨在促进两国在各种太空倡议方面的合作，包括支持从太空探索和科学研究到太空态势感知和商业航天等广泛主题。[①] 11月4日，美国太空司令部与芬兰空军签署太空态势感知协议，两国将共享公开的太空态势数据，包括全球发射、航天器离轨与再入等信息。12月底，新西兰代表首次参加美国联盟力量太空司令部的每周例会，会上根据“奥林匹克卫士行动”签署了首份“五眼联盟”级别的太空协作任务书。此前联盟力量太空司令部联盟太空作战中心仅包括美国、加拿大、澳大利亚和英国成员。“奥林匹克卫士行动”旨在通过共享联盟数据和资源，优化太空作战能力，加强盟国阻止和威慑对手的能力。该系列例会旨在同步联盟太空战略规划，交流联盟力量太空司令部的总体太空计划，授权联盟太空任务书。[②] 2020年3月，印度航天研究开发组织与美国德克萨斯大学签署有关《在太空态势感知领域开展科学合作》的谅解备忘录，将为两国在太空态势感知技术研发和地面监测设施等方面开展合作铺平道路。印度已正式启动建立太空态势感知控制中心，用于监视和保护高价值太空资产免受太空碎片威胁。[③]

太空态势感知数据共享协议加强了多国航天合作，对于发射支持、卫星机动规划、在轨异常支援、电磁干扰报告和调查、卫星退役活动和在轨联合评估等至关重要。美国空军太空司令部第18太空控制中队太空态势感知共享和太空飞行安全负责人戴安娜·麦基索

---

① 孔紫琴．美国和卢森堡签署太空合作协议．国防科技信息网，2019年5月22日．

② 田甜．美国太空司令部首次召开“五眼联盟”级别会议．国防科技信息网，2020年3月14日．

③ 田甜．美国和印度扩展太空态势感知领域合作．国防科技要闻，2020年3月12日．

克表示，太空态势感知数据共享计划确保美国从合作伙伴处获得了大量信息，以了解轨道上95%的卫星。美国太空司令部称，这些协议将提高太空行动的公开性、可预测性以及太空战场感知透明度。总之，美国持续扩大联盟太空伙伴关系，旨在企图通过建立联合太空作战和互操作性、一体化架构，增建“统一数据库”等，促进其太空态势感知能力以及太空架构抗损性和整体太空领导权的提升。

（二）来了！美英七国《太空行动联合声明》

2019年4月10日，来自澳大利亚、加拿大、法国、德国、新西兰、英国和美国的空军参谋长和高级航天官员，齐聚美国空军太空司令部总部并举行会议，讨论联合太空行动倡议的未来，会后七国发表了《太空行动联合声明》。[①②]

《太空行动联合声明》：作为我们各自国家的国防领导人，我们明确认识到太空领域对我们的经济、技术、国家安全和国防的战略重要性。为此目的，我们一致认为，有关太空领域的军事合作对我们各国的利益至关重要。我们各国正在积极合作，共同应对太空威胁和共同利益，并为人类的未来保留进入太空领域的机会。我们正在积极协调，通过联合太空行动倡议促进我们的国家利益。在某种程度上，联合太空行动的合作包括增强太空态势感知和所有伙伴国家之间的数据共享，以支持太空活动。为了加强我们的太空合作，我们还在讨论作战概念、人员需求和基础设施要求，以便通过联合太空作战中心和其他国家的太空作战中心加强对太空部队的多国指挥和控制。我们认识到联合太空行动倡议在太空合作和能力方面取

---

① YR. 来了！美英七国《太空行动联合声明》. 学术plus，2019年4月19日.

② 田甜. 美英法等七国发布“关于联盟太空作战的多国声明”. 国防科技信息网，2019年4月16日.

得了切实进展；我们致力于确定未来的能力，以支持我们各国在太空和通过太空实现的共同利益。

美国空军参谋长戴维·戈德芬表示，这是有史以来第一次专注于太空问题的国际空军首脑会议。[①]他说："我们讨论的很大一部分是关于如何在太空中一起工作，因为在一起比个人强大得多。"他说："每个国家都说他们需要更多关于太空发生情况的情报，因此这次会议的首要重点领域是太空态势感知；虽然美国拥有重要的太空监视能力，但当各国作为一个联盟工作时，太空安全工作会更加成功；在太空态势感知任务中，问题之一是归因；如果发生了不好的事情，而且我们是唯一看到它的人，因为我们是唯一拥有精湛能力并且我们没有分享这些信息的人，那么我们很难沟通和说服国际社会这种邪恶的活动正在发生。"因此，他说，分享信息是未来成功的基础。

会议重点讨论的另一个问题是太空行为准则。戈德芬说："我们相信我们需要太空行为准则，就像我们对空域一样。美国应该在这次对话中发挥主导作用，但重要的是要建立一个联盟。"他指出，太空是一个共享的公共空间，更多的国家依靠卫星提供基本服务。如果战争真的在太空中开始，那么每个人都会失败。那你怎么阻止战争的发生？通过拥有行为准则，通过建立通信线路，以便最大限度地减少错误计算或不确定性的机会。他说："我们希望对手总是想与国务卿打交道，而且永远不想与国防部长打交道。"现在是时候弄清楚如何更好地分享情报并为"从太空是良性环境到更具竞争性的环境转变"做好准备。他说，现在的问题是如何将这一快速发展的创新应用于美国和盟国应对在太空中面临的安全挑战；如果各国共同努力，如果受到挑战或威胁，会有更多选择，因此必须构建可以互

---

① Sandra Erwin. Air Force Chief Goldfein: To win in space, U. S. must work closer with allies. *Space News*, Apr. 13, 2019.

操作的系统。他指出，美国空军太空司令部正在扩建加利福尼亚州范登堡空军基地的联合太空作战中心。该中心一年前已经开始协调盟友和商业航天公司之间的太空情报，目前参与者包括澳大利亚、加拿大、法国、德国、新西兰和英国，今后参与者会不断增多。他表示，他计划与美国情报界合作，让盟友更容易获取数据。

可见，作为全球公域的太空，太空态势数据共享对支撑太空作战非常重要；美国正在将扩大联盟优势作为提升太空态势感知能力、增加自身太空弹性的一条重要途径；相关国家也觊觎通过与美合作提升自身实力。同时，这也反映了美国大国战略竞争重要战略举措之一——通过结盟捆绑所谓的共同利益从而为自己谋利——正在太空领域落实。特朗普政府《国家安全战略》提出，美国要加强与盟友、伙伴国家之间的太空协作，加强与盟友、伙伴国家之间的情报共享，并明确提出了把发展盟友作为新的战略举措。其《国防战略》也提出，增强同盟关系、发展更多盟友，是其赢得竞争优势继续努力的重要方面。其《国家太空战略》更是强调，构建太空军事同盟，分散太空能力，捆绑政治、经济利益，增加对手顾虑。

（三）日本迷你版“宇宙部队”与美国关系密切

近年来，日本加速了太空军事建设进程，企图在该领域的国际竞争中“不落人后”。[①] 2018 年底，日本新的《防卫计划大纲》称，在太空领域确保日本优势地位，事关生死存亡。2019 年 5 月 7 日，英国华威大学教授克里斯托弗 · 休斯发表《日本安全转向太空》的文章认为，多年来，日本决策者一直为“技术民族主义”的缓慢消亡及其对国家安全构成的影响感到担忧；安倍晋三正试图利用“技

---

① 丰松江．日本太空军事化步伐加快．中国国防报，2020 年 5 月 6 日．

术民族主义”来实现国家安全之目的；日本安全战略正进入太空时代。[①]分析认为，通过将军民两用技术应用于太空，太空领域已成为日本实现“技术民族主义”的重要领域之一。过去20年，日本充分依靠民间航天力量，不断向国家太空安全体系投资，直接服务于为了国家安全的“技术民族主义”目的。

目前，“技术民族主义”成为日本与美国联盟的筹码。“技术民族主义”，是指自主开发和掌握核心技术。比如，在采购防务装备时，日本并未完全屈服于“买美国货”的要求，而是通过寻找新方法来保持“技术民族主义”在其安全战略中的核心地位。因此，日本确保太空“技术民族主义”并大力发展太空军民两用高新技术的首要原因是将其作为美日联盟中的筹码。太空能力为日本规避被美国抛弃增加了一种手段，同时它们又可以并入美国系统，以巩固双边合作。对此，不能忽视日本太空“技术民族主义”崛起背景下的太空军事化趋势以及美日之间在太空领域的联姻。研究美国太空军事化，必然要联系日本的太空军事化。

日本太空军事化政策层层深入递进。日本已将太空视为关键的战略军事领域。2008 年，日本国会通过了《宇宙基本法》，使因“防御性”军事目的而开展军事航天活动成为可能。这一新的法律推翻了日本国会于1969 年通过的“非军事和平利用太空”的原则。自2009 年以来，日本政府《宇宙基本计划》的后续版本已公开承认为了安全而使用太空的必要性，明确要求从国家层面规划军民两用航天计划。日本在内阁设立的宇宙开发战略本部，主要负责统筹规划日本的军用、民用、商用航天活动。2015 年版日本《宇宙基本计划》进一步强化了日本从航天技术发展向军事航天应用转型的策略。2018 年版日本《宇宙基本计划》工程表明确了2034 年前相关太空

① YR. 日本迷你“太空部队”上线，只为抱紧美国大腿．学术 plus，2019 年 5 月 19 日．

项目进度，基本上涵盖了日本太空军事化的核心项目。最新版的日本《防卫计划大纲》更进一步把太空定位为一个关键的战略军事领域。2019 年 1 月 26 日，日本政府已经着手研究自卫队与美军新的美日共同作战计划。美日在太空领域的共同作战计划中，将包括人造卫星的破坏行为。此举表明，日本已经将太空视为与常规作战域同等重要的领域，体现出日本太空军事化的重大推进。2020 年 3 月 29 日是扩大日本自卫队任务范围、允许有限行使“集体自卫权”的安全保障关联法（新安保法）实施 4 周年的日子，日本自卫队与美军的合作领域已经超越传统的陆、海、空范畴，拓展到了太空、网络空间、电磁空间等新战场。日本防卫相表示：“在太空、网络空间等新战场，技术的重要性尤为突出。”①

军民两用太空系统早有部署，优先发展。日本已建造大批可服务于军事目的的军民两用太空系统。从 20 世纪 80 年代中期开始，日本通过研发 H－2 液体燃料运载火箭，逐步开始研发民用太空发射能力。从 20 世纪 90 年代开始，这些行动延伸到为了“科学目的”而发射的 M 系列和“爱普斯龙”固体燃料运载火箭。固体燃料火箭很少仅为民用目的而研发。特别是“爱普斯龙”火箭被认为能搭载战术卫星等军用装备，具备机动能力，可按需发射。20 世纪 80 年代末，日本提出建立基于光学和雷达技术的国产情报搜集卫星星座的计划。日本政府认为这种卫星具备“多用途”，以证明其引入是合理的，但它们实际上是间谍卫星。目前，日本的国家安全战略特别提到了太空与国家安全之间的联系，已将军民两用的导航卫星、遥感卫星、通信卫星与运载火箭项目列为最高优先级。特别是，日本声称，要尽快建立对太空垃圾以及别国卫星实施攻击和破坏行动的监控，“特别是针对中俄等国迅速发展的卫星攻击能力”。有军事专家

① 日媒：自新安保法实施以来日美安保合作大幅扩展．参考军事，2020 年 3 月 30 日．

称，为防范中俄，日本不排除在美国支持下发展“先发制人的卫星打击能力”。①

日本“宇宙部队”——美国“太空部队”迷你版上线。目前，日本安全战略进入太空时代，日本打造太空能力旨在提升其防务能力。2019 年 8 月 5 日，日本《读卖新闻》发表题为《日本将于 2020 年度创建太空部队》的报道表示，日本政府已经就 2020 年度创建自卫队首支太空部队进入最终协调阶段。预计这支 70 人规模的太空部队将部署于航空自卫队位于东京都府中市的府中基地。日本政府也正在完善利用地面高性能雷达和光学望远镜监视太空的轨道监视系统，预计从 2023 年度起正式投入使用，同时将原本在 2022 年度创建太空部队的计划提前到 2020 年度。日本太空部队也将使用这一监视系统，主要任务是对太空垃圾以及别国卫星的实时攻击和破坏行动实施监控，未来或将包括应对对手在太空发起的攻击，体现了日本做太空军事大国的目的。与此同时，日美两国政府决定，2023 年起，将日本自卫队和美军太空态势感知系统联接，实时共享他国卫星和太空垃圾等相关信息，构筑应对他国卫星攻击的联合防护体制，通过日美联手提升威慑力。②在 2019 年 4 月日美“2 + 2”会谈中，双方还就美国于 2022 年帮助日本完成建设监视地球同步轨道目标的太空态势感知系统达成共识。

2020 年 1 月 20 日，安倍晋三在国会施政报告中确认，日本将于 2020 年正式建立“太空作战部队”。对此，日本《读卖新闻》报道称，在其他国家开发导弹和相关技术的背景下，未来日本将与美国加强合作，以确保在太空军事领域抢占先机。虽然日本政府没有明确提及中国，但日本太空作战部队的假想敌已经比较明确。根据日

---

① 日本将正式建立“太空作战部队”被指主要针对中国．环球时报，2020 年 1 月 22 日．

② 规模仅 70 人将与美军合作，日本拟于 2020 年创建太空部队．新华网，2019 年 8 月 8 日．

本防卫省的计划，其太空作战部队以组建太空监测部队起步，首期包括大约 20 名自卫官，此后将逐步扩大至 120 人以上规模。2020 年 4 月 17 日，日本国会通过立法正式批准在 2020 财年建立第一支太空作战中队。该中队将负责运行一个监视系统并与美军共享资源信息。日本太空作战部队预备成员已被派往美国科罗拉多空军基地接受美方培训，日本还将继续参加美国主导的“施里弗”等多国太空桌面演习。可见，日本将在日美安全同盟合作基础上，与美国太空部队加强合作，全面交换情报信息。另外，日本还将与以美国为首的“五眼联盟”开展情报合作，建立太空军事情报网。[①]

日美合作打造太空交通管制系统。在日本实现对低轨目标观测能力达到亚米级提升且完成轨道信息分析系统建设后，日美将合作打造防止卫星相撞的太空交通管制系统，其中，美方准备建立像空中交通管制系统那样能掌握卫星位置的信息网，日本则最早在 2020 年中确立太空垃圾清除技术。[②]双方已于 2019 年 7 月在华盛顿就此议题举行政府间对话，提出要扩大合作。目前，美军基于安全，正在研发太空管制系统。由于商业用途的卫星不断增加，为减轻美军管制业务负担，美国商务部建立了民间也能利用的太空交通信息网，还考虑建立一旦有其他卫星或太空垃圾靠近即发出警报的系统。日本方面，安倍晋三 2019 年 6 月在大阪举行的二十国集团峰会上宣布，开始太空垃圾清除技术的实证试验。据悉，日本将在 2022 年之前发射实验卫星，与太空垃圾并排飞行以拍摄图像、收集数据等，掌握太空垃圾的飞行方式，然后发射有清除功能的其他实验卫星，尝试捕获太空垃圾。日本计划在 2025 年将这些技术投入实际应用。英国和法国等欧洲国家都在研究监测及清除太空垃圾的技术，日美

① 杨依然，张岸佳．日本正式通过立法建成太空部队．国防科技要闻，2020 年 4 月 24 日．

② 防止卫星相撞，日美拟合作打造太空“交通管制”系统．中国卫星导航定位应用管理中心，2019 年 9 月 24 日．

也考虑与它们合作。对此，应敏锐地看到空间碎片移除清除能力潜在的巨大军事意义。

总之，日本以太空作为新的作战域，提出了“跨域作战”的新型作战理论，强调将新型的太空、网络和电磁频谱作战域与传统的陆、海、空作战域有机融合，从而构建多域一体的联合防卫力量。同时，日本基于其航天技术基础，在“技术民族主义”的驱动下，其太空军事化“小步快跑”已是事实，不可小觑。在可预见的将来，日本很有可能持续扩大对太空军事力量建设的投入，综合调动自身力量与外部支持，加速发展太空军事能力，这必将对国际太空安全的格局和态势造成深远影响，值得警惕。

（四）英法太空计划“雄心勃勃”为哪般

2019 年 7 月 18 日，英国国防大臣佩妮·莫道特提出一项雄心勃勃的太空计划。[①][②]莫道特表示，英美两国已结成联盟，旨在增强太空防御能力，抵御中俄等竞争对手的敌对行动。英国还计划与美国及其他国际伙伴合作，加强对太空敌对行为的威慑，并减少卫星运行轨道上太空碎片的扩散。

莫道特称，“小型卫星示威者”将在一年内发射，资金来自数百万英镑的转化基金。这些小的低轨道卫星可以比它们的“前辈”更经济有效地发射到太空，而且可以更快地被替换。该项目最终可能会实现高分辨率的实时视频信息直接发送到英国空军战斗机机群的驾驶舱，为飞行员提供前所未有的战场信息。为支持这一最先进的系统，英国国防部成立了一支由英美防务和工业人员组成的跨大西

---

① https：//www. gov. uk/government/news/defence – secretary – outlines – ambitious – space – programme.

② 英美两国将联合保持太空优势．国防科技要闻，2019 年 7 月 24 日．

洋团队。莫道特称，英国在太空领域面临不断演变的威胁。比如，中国试射了“命中即摧毁”的拦截器导弹，俄罗斯成功进行了反卫星导弹系统的飞行试验。莫道特强调，英国已成为以美国为首的“奥林匹克卫士行动”联盟的第一个正式伙伴。英国将在未来 18 个月内为联盟派遣 8 名成员，进入美国和其他国际伙伴位于加利福尼亚州的联合太空作战中心，以支持该行动。此外，莫道特还宣布将联合部队司令部改组为战略司令部，以应对不断演变的“灰色地带”威胁。2012 年 4 月 2 日，英军联合部队司令部正式挂牌成立。目前，作为现代化国防计划的一部分，联合部队司令部经过改组后，战略司令部将在陆、海、空、天、网五个作战领域一体化协同方面发挥更大作用。对此，美国《防务新闻》周刊网站 2019 年 7 月 18 日报道称，英美军队将继续联手保持太空优势，共同应对中俄威胁。①

长期以来，英国在太空军事领域能力的发展也几乎是与美国绑定在一起的。比如，英国已经成为美国军用卫星“先进极高频”和宽带全球卫星通信系统的用户，并正在协商成为美军“移动目标系统”的合作伙伴。然而，英国国防大臣此次讲话或许表面看是要加强与美方的太空合作，实则也有对依赖美国“不放心”并借美国之力发展英国太空能力的味道。而美媒迫不及待地发表“英美军队将联手保持太空优势，共同应对中俄威胁”的评论，也有借渲染“中俄威胁论”强化“捆绑”盟友的味道。所以，莫道特的发言与美国《防务新闻》周刊的“一唱一和”，可能是“各怀鬼胎”。

2019 年 7 月 13 日，法国总统马克龙宣布，太空领域已成为大国角逐的新战场，太空军事威胁成为一个真正的国家安全问题，法国要加强自身在太空的战略地位和军事能力。法国将解散于 2010 年成立的联合太空司令部，于 2019 年 9 月成立新的太空司令部外，隶属

① 美媒：英美建太空联盟应对中俄威胁”．参考消息网，2019 年 7 月 20 日．

法国三军的所有与太空相关的部（分）队都将归其统一指挥。按照计划，该司令部将于2025年全面运行，初步编制220人，此后将会逐步扩大规模。而法国的最终目标是要建立一支独立的太空军军种。为了配合这一新太空军事职能机构的组建，法国还将建立一个国防太空实验室，负责与国防武器装备总署和法国航天局展开密切合作；建立一所航天学院，负责进行专业化与职业化的太空人才培训。除了组建专门的太空司令部外，法国还制订了专门的《太空防御战略》。一是提升太空态势感知能力，如增强探测1500千米之外的小型卫星目标的能力；二是建立主动防御能力，如部署既可保护重要卫星又可对地球同步轨道附近的可疑卫星进行高分辨率成像的“保镖”纳卫星；三是升级换代所有军用卫星，2019～2025年将投入43亿欧元重点用于更新法国的观测卫星和通信卫星。

分析认为，法国之所以大张旗鼓提出建立新的太空司令部，全面提升太空军事能力，与当前太空安全态势和太空军备竞赛加剧密不可分。马克龙将成立的太空司令部形容为有效应对太空安全威胁的防御性措施。[①]法媒认为，法国成立太空司令部，也是对美国加紧组建太空部队可能引发新一轮太空军备竞赛的回应。比如，法国《费加罗报》分析称，法国之所以提出要成立太空司令部，目的是为了应对来自其他大国尤其是美国日益增长的威胁。实际上，马克龙也曾表示过类似的想法。马克龙在2018年法国驻外使节会议上表示，不能只依赖美国保障欧洲安全，欧洲国家应承担责任，保卫国家安全和主权。这也是法国作为一个长期奉行独立自主的欧洲大国不愿意单纯依赖北约或盟国安全保证的直接体现。

---

① 王鹏．法国强化太空军事能力建设．中国青年报，2019年8月15日．

（五）太空战演习持续纳入盟国伙伴

美国《国家太空战略》提出，要通过“施里弗”等演习吸纳多国家多领域的太空合作盟友与机构参与军事航天应用，通过构建太空军事同盟、分散太空能力的方式，与盟友“捆绑”政治、经济利益，增加潜在对手与美国展开对抗的顾虑。可见，通过组织太空战演习，加强与盟友之间的协作，是美军扩大太空军事联盟优势的重要途径。

“全球哨兵”演习，即是旨在通过演习强化美国与盟国之间的联合太空态势感知能力。除此之外，目前，“施里弗”“太空旗帜”演习也在逐渐扩大纳入盟国伙伴开展多国联合演习。“施里弗-2019”演习虽然参与军演的人数比较少，但美军27个单位以及澳大利亚、加拿大、新西兰和英国等方面均派人参与了此次演习。值得关注的是，2019年，美军举行了两次“太空旗帜”演习，也首次纳入了盟国伙伴。这表明，美军定位于应对所谓太空新挑战、加强太空实战化训练而实施的常规太空演习项目，均在强化多国联合作战。

以“太空旗帜”演习为例，2019年4月19日，美国空军太空司令部在位于华盛顿特区的波音虚拟作战中心完成第六次“太空旗帜”演习（SF 19-2）。[①] “SF 19-2演习”负责人尼尔·福尼认为，“太空旗帜”演习对提高当今太空作战人员作战技能具有直接影响，可以让这一代人更好地成为太空战士。演习结束后，美国空军参谋长戴维·戈德芬在会见参演人员时表示：“这事关威慑。我们要让敌人充分怀疑，他们不可能赢，也不可能完成他们的目标。我们不希望在太空打响战争或扩大战争，因为一旦开战，对谁都不利。”8月

① 田甜，刘海印．美军完成第六次“太空旗帜”演习．星际智汇，2019年5月11日．

12 日 ~16 日，美国空军太空司令部在科罗拉多州斯普林斯举行第七次“太空旗帜”演习（SF 19 -3），首次纳入盟国伙伴，来自美国、澳大利亚、加拿大和英国等国家约 160 名代表参加了演习。[①]演习内容包括：美国空军太空司令部在“今夜开战”任务下，与盟国合作，利用现有能力慑止、破坏太空域中的敌对行动；演练情报与太空作战整体任务规划的融合。此次演习被视为推动美军及盟国在太空领域联合训练标准化的关键一步。“太空旗帜”演习规划者的目标是继续扩大与联盟伙伴的合作，最终使“太空旗帜”成为多域联合联盟太空作战演习。

（六）美国敦促北约宣布太空为“战场”

2019 年 10 月 14 日，北约军事委员会举行会议专门讨论了太空问题，新成立的美国太空司令部司令约翰·雷蒙德做了简报。[②]北约军事委员会副主席斯科特·金德斯瓦特在会议开始时介绍了北约在太空安全方面的认识，并着重强调了北约新达成的太空政策：“今年六月，国防部长们同意北约的首个太空政策。他们认识到，太空是我们日常生活的一部分，虽然太空可以用于和平目的，但也可以用于侵略。卫星可能会遭到黑客攻击、被中断或武器化。反卫星武器可能削弱通信。因此，重要的是我们在太空中也要保持警惕和有韧性。”

随后，雷蒙德详细介绍了美国太空司令部已于 8 月份重新设立，将着重于保护美国太空资产并加强军方在太空作战中的能力。他说：“太空已经成为至关重要的领域，对国家的安全和经济至关重要，不

---

① 美军举行“太空旗帜”第七次演习．微视航天，2019 年 9 月 7 日．

② Space is essential to NATO's defence and deterrence. *Defense - Aerospace*, Oct. 17, 2019.

再是一个良性的环境。通过这一命令，我们将通过与盟友、美国情报界和商业公司更紧密地合作来获得更好的太空情报。我们的目标是阻止冲突，但如果阻止威慑失败，我们需要做好准备。”然后，金德斯瓦特表示，北约不想太空军事化，但为了共享信息、提高互操作性并确保我们的使命和行动，可以呼吁即使在太空中也需要他们的支持。

12月4日，在美国敦促下，北约各国领导人在伦敦峰会达成一致，宣布太空为“第五战场”。北约秘书长延斯·斯托尔滕贝格表示，鉴于太空对防御和威慑、预警、通信和导航的作用不可或缺，决定正式确立太空作战区域的地位。这意味着太空将适用于北约集体防御条款，成为继天空、陆地、海洋、网络空间之后新的作战领域，也意味着美国在推动太空军事化方面不再只是“单打独斗”。12月6日，美国空军太空司令部副司令戴维·D. 汤普森表示，从GPS定位服务到通信，美国对太空能力的依赖已得到充分证明。该司令部目前的重点是寻找确保该国继续获得太空并防止对手破坏太空的方法，特别是通过强化现有系统以抵抗威胁。美国现在第一次在太空中开展与盟国合作，数十年来甚至数百年来在陆地、海上和空中一直是这样做的；很长一段时间以来，美国一直在太空中独自前进；现在，我们正在迅速采取一种新方法……一个有意愿的联盟，一个志同道合的联盟，一个将他们所需的能力、我们需要的能力带给各方的联盟；这些伙伴关系不仅与军方建立伙伴关系，而且还与美国国家宇航局等民间机构以及商业航天机构建立伙伴关系。①

对此，俄罗斯战略研究所跨大西洋研究中心首席研究员谢尔盖·叶尔马科夫评论称：“北约将太空列为又一个作战区域的意愿主

---

① Air Force Space Command works to counter adversary exploits . *Defense – Aerospace*, Doc. 7, 2019.

要来自美国的压力，这一点显而易见；但是，实际上，对于北约个别国家（例如法国）而言，太空早就是作战区域；北约在该领域，包括在实践中，不断发展军事力量。对北约来说，宣布太空成为作战区域的另一个重要因素是，太空将适用于《北大西洋公约》第五条，即集体防御条款。这样一来，美国人将推动盟国参与完成自己的军事政治任务，包括对付美国的主要地缘政治对手。”[①]可见，美国通过逐个“公关”突破，持续扩大太空军事化“朋友圈”、拓展最大化的太空军事同盟、强化其全球影响力。而在这一方面，必然是此消彼长的关系。那么，如何把朋友变得更多、把敌人变得更少，必然是维护太空安全与发展的一项重要工作，此必源于睿智。

小 结

在太空成为作战域的视角下，美国快速响应太空作战、弹性太空体系架构、有限太空战等发展理念可谓不断翻新，备战太空攻防能力建设可谓多管齐下。提升太空情报与预警能力，增强“太空战士——航天器”的行动与生存能力，创新发展防御性和进攻性太空作战能力，积极扩大盟友、合作伙伴与话语权优势，必然成为其以比对手更快的速度发展太空能力的四大强着力点。因为，在平时，这是强力慑止战略竞争对手的后盾；在战时，这又是决定战争胜负不可或缺的关键要素。尽管不能穷尽美国太空军事化能力建设的方方面面，但“太空篱笆”、GSSAP、GPS－3、下一代“过顶持续红外”、天基感知拦截层、“卫星保镖”、天基激光武器、太空维修机

① 执戈者．美国拉拢盟友打造“太空联盟”，目标直指中俄．第一军情，2019 年 11 月 27 日．

器人、X-37B、天基互联网、百余份太空态势感知协议等，在引人注目的同时，也牵动着国际社会携手维护太空安全的“神经”。尤其是这一个个犹如埋在太空的“地雷”，看似悄无声息，实可瞬间作响。届时，地球或笼罩在太空“雷”之下，面临顿时失去太空或来自太空威胁的“科幻”状态。然而，若到那时才解决太空安全治理怎么办、太空危机管控与战争制胜机理是什么、人类应该怎么做等问题，或将为时晚矣。

附件：特朗普政府《国家太空战略》要点

2018 年 3 月 23 日，美国政府网站发布《国家太空战略》概要说明。该文件显现出特朗普政府在太空领域主张的“美国第一”战略理念，寻求通过改进军事航天方法和改革商业监管来保护美国太空利益，首次涵盖军事、民用、商业太空三个方面的战略。其核心是：美国第一；传承探索、卓越发展；在太空作战域以实力慑止和击败对手。[①]

一、奉行“美国第一”战略理念

新版《国家太空战略》遵循更广泛的美国国家安全政策，将美国利益置于首要位置。

1. 新战略将美国利益和福祉摆在首位，确保该战略使美国更加强大、更具竞争力、更加伟大。

2. 新战略强调要使国家安全航天、商业航天和民用航天三个领域更具活力，同时要加强三者之间的相互合作。军方将与商业界合作，确保美国企业保持在航天技术领域的世界领先地位。

3. 新战略将确保国际协议将美国人民、工人和企业等各类利益

---

① President Donald J. Trump is unveiling an America first national space strategy. https://www.whitehouse.gov/briefings－statements/president－donald－j－trump－unveiling－america－first－national－space－strategy/.

置于首位。

4. 新战略将监管改革作为重要优先事项，以释放美国工业界活力，确保美国保持全球领先的太空服务与技术供应商地位。

二、秉持美国精神，保持航天优势地位

新版《国家太空战略》将贯彻美国精神、传承美国的开拓和探索传统。

1. 新战略建立在美国勇于开拓的航天传统基础之上，为美国开展下一代太空探索奠定基础。

2. 新战略明确规定，确保由太空带来的科学、商业和国家安全利益，是特朗普政府的最高优先级。美国将继续引领创造并运行维护对美国繁荣、安全和生活方式至关重要的关键太空系统。

3. 新战略将实施振兴措施，以确保美国在太空领域的领先与成功。

三、强调通过实力实现和平

新版《国家太空战略》以《国家安全战略》为基础，强调以实力维持太空疆域的和平。

1. 新战略保护美国在太空领域的核心利益——确保美国不受阻碍地进入太空并在太空自由行动，以保障美国安全、促进经济繁荣、推动科学进步。因此，新战略要求加强太空活动的安全性、稳定性和可持续性。

2. 新战略申明，任何对美国太空架构关键部分的有害干扰或攻

击，都将直接影响到这一核心利益，美国将在其选定的时间、地点和领域以其选定的方式予以审慎回应。

3. 新战略认为，美国的竞争对手和敌人已经使太空转变为一个作战域。美国虽然不希望太空疆域发生冲突，但仍将为迎接和克服太空疆域出现的任何挑战而做好准备。

4. 根据新战略，美国将设法在太空疆域中慑止、应对和挫败对美国及其盟友国家利益怀有敌意的威胁。

四、实施整个政府层面的统一方法

新版《国家太空战略》将推动整个美国政府层面采取措施实现美国在太空疆域的领先地位，并与私营部门和盟友建立紧密合作关系。新版《国家太空战略》以四大支柱为基础：

1. 转变为更具弹性的太空体系架构：美国将加速太空体系架构的转型，以增强抗毁性、防御能力和受损后重建的能力。

2. 强化威慑和作战选项：增强美国及其盟友的作战选项，以慑止潜在敌人将冲突扩展到太空，如果威慑失败，则对敌人出于敌对目的而进行的威胁进行反击。

3. 改进基础能力、结构和程序：通过改进态势感知、情报能力和采办流程，确保有效的太空作战行动。

4. 营造有利的国内和国际环境：简化监管框架、政策和程序，以更好地利用和支持美国商业产业；继续开展双边和多边合作，以支持人类探索、促进责任分担并制定合作的威胁应对措施。

五、确定美国航天事业的新方向

特朗普政府已经采取重大举措重新调整美国太空政策，为未来航天事业设定正确的发展方向。

1. 2017 年 6 月 30 日，特朗普总统在 24 年来首次重建国家太空委员会。

2. 2017 年 12 月 11 日，通过签署第 1 号太空政策指令，特朗普总统再次将美国的目标引向星际探索。该指令指示美国国家宇航局将美国宇航员送回月球进行长期探索和开发利用，随后开展前往火星和其他目的地的载人探索任务。在签署该指令时，总统下令采取行动与商业和国际伙伴合作，以促进人类在整个太阳系扩展。

结 束 语

“夫英雄者，胸怀大志，腹有良谋，有包藏宇宙之机，吞吐天地之志者也。”

——罗贯中《三国演义》

在认识和拥抱“新太空”的过程中走向未来

人类是注定要走向未来的。太空是人类的共同财产。人类探索和利用太空涉及人类的共同利益。目前，由来已久的太空竞争呈现出许多新趋势新特点，竞争日趋激烈，不稳定不安全因素增多，甚至呈现对抗性态势，不得不说人类正在面对一个“新太空”。[①]对此，只有坚持和平利用太空这一主题，高度关注和前置化解太空安全风险，全力维护太空安全与发展，方可在认识和拥抱“新太空”的过程中走向未来。[②]

太空竞争伴随人类太空发展史。纵观人类历史，世界军事技术与战略战术发展始终伴随新型战略空间拓展与制高点争夺。航空航天技术的日新月异与国家利益的持续拓展已使太空成为国际战略竞争的制高点。自 1957 年 10 月苏联发射世界上首颗人造卫星“斯普特尼克”号、1958 年 1 月美国发射其第一颗人造卫星“探险者－1”号之后，世界主要国家围绕进出、利用和控制太空，纷纷制定太空战略、发展太空军事力量，太空成为军事争夺的新赛场，在强力改变人类生产生活方式的同时，也在不断塑造新太空时代特有的全球安全治理格局框架。

太空霸权主义有过之而无不及。太空良性竞争，可实现扬长补短，促进共同进步；而恶性竞争，必催生霸权主义，造成零和博弈。历史上传统自然空间的拓展充满了血雨腥风。尽管目前太空看似风

---

① 丰松江．认识一个前所未有的“新太空”．世界知识，2018 年 5 月 16 日．

② 丰松江．美俄新一轮太空军事竞争态势及启示．首届新兴领域高端战略论坛，优秀论文一等奖，2019 年 6 月．

平浪静，然而太空军事化武器化逐步加深已使太空安全风险倍增。自特朗普政府上台以来，强调太空是与传统陆、海、空一样的作战域，将巩固在太空领域的绝对优势地位作为国家战略的重要方向，明确“美国必须像主导地球一样主导太空”的政策目标，加快太空战略调整，重塑太空军事力量体系，抢占技术与话语权优势，全力维持其太空霸权。

世界太空安全面临严峻威胁。技术与战争的逻辑演进必然导致太空军事化应用。[①]然而，为保持太空军事化应用能力，必须要首先形成确保太空系统安全的能力。此时，太空呈现军事化的第二个层面——太空武器化。[②]而太空军事化武器化进程明显加快将引发军备竞赛，并使得太空战场化。特别是因太空与反导、核威慑紧密相连，一旦太空武器化得以落实，或将进一步刺激太空军备竞赛、反导竞赛，也必然会进一步打破全球战略平衡与稳定，级联加剧陆、海、空等领域的军备竞赛。届时，太空军备竞赛将会导致航天大国的连锁反应，使太空安全形势更加紧张。太空军备竞赛、反导竞赛也会改变核大国之间复杂和脆弱的关系，给国际战略稳定带来新的更复杂的不确定性。

全力维护太空安全与发展。太空真硬打起来将会一损俱损。太空大战将毁掉太空，人类将倒退几十年。太空“硬攻击”样式往往会作为威慑手段存在，除非到所谓的“最后一刻”，否则不应该被使用。太空非对称潜力——以备止战。尽管明知太空系统存在令人信服的安全理由，一些国家仍不忘在太空“虎视眈眈”。但尽管如此，也可判断“未来太空安全的核心趋势仍是相对稳定状态下的对抗，而不是对攻”。对此，“上医治未病，以不变应万变”可谓上策。但

---

① 杜雁芸、刘杨钺．科学技术与国家安全．社会科学文献出版社，2016 年 4 月．

② 何奇松．太空武器化及中国太空安全构建．国际安全研究，2020 年第 1 期．

这必须以强大高效的“太空探测预警（知己知彼）、非对称进攻反击（慑敌破敌）、弹性体系响应（保己用己）”三大能力为基础和支撑。从技术到能力，时不我待，因为一个国家特别是大国对新领域的开拓和跨越，往往要在军事实力上产生化学反应后腰杆才硬、说话才算数。大国战略博弈愈演愈烈，太空安全态势瞬息万变，太空科学技术日新月异，应从国家安全战略高度关注，抢抓当前历史性时间窗口，坚持非对称思路，统筹谋划、转危为机，以前沿科学技术突破为支撑，加紧实战能力转化与战略力量形成，全力维护我国太空安全与发展。

新型战略空间须共有共建共治。① 太空、网络、临近空间等新型战略空间对人类未来生存与发展不可或缺，其发展与应用将深度融合且愈加相互依存。②此时，面对已成为国际战略竞争制高点、国家安全高边疆和军事斗争新战场的“新太空”，国际社会应积极秉持人类命运共同体理念，坚持新型战略空间的和平利用，坚持共商共建共享，统筹安全与发展，增强忧患意识，居安思危，综合施策，主动塑造良性竞争与和平合作新时势，全力推动新时代太空等新型战略空间人类命运共同体建设，为促进世界的和平与发展做出新的重大贡献。

太空安全与发展，人类之福矣。太空战，应休矣。

路漫漫其修远兮，吾将上下而求索！

---

① 丰松江．新型战略空间须共有共建共治．参考消息，2018 年 3 月 23 日；收录《百年大变局》，红旗出版社，2019 年 8 月．

② 丰松江．经略临近空间——大国战略竞争的新制高点．北京：时事出版社，2019 年 6 月．

礼之用，和为贵。

——《论语·学而第一》

立天下之正位，行天下之大道。

——《孟子·滕文公下》

万物并育而不相害，道并行而不相悖。

——《礼记·中庸》

一花独放不是春，百花齐放春满园。

——《古今贤文》

故国虽大，好战必亡；天下虽安，忘战必危。

——《司马法·仁本》